新编

新编高职高专旅游管理类专业规划教材
谢彦君　总主编

U0793643

LÜYOU JIEDAI LIYI

旅游接待礼仪

吕　欣　主　编
韩　枫　裴智君　副主编

旅游教育出版社

总序

经过将近三年的策划与组织，旅游教育出版社的"新编高职高专旅游管理类专业规划教材"终于要整体付梓印行了。本套丛书不管是在编写宗旨的确立还是在撰著者的遴选方面，都经历了一个较为严谨而细致的过程，这也为保证丛书的质量奠定了一个良好的基础。

中国的高等旅游教育和旅游产业发展，已经度过了三十多个春秋。从20世纪70年代末的筚路蓝缕到今天已蔚为大观的局面，这当中包含了几代学人和业者共同努力、共同创业的艰辛。在今天看来，尽管在这个知识和行业共同体中曾经并依然存在着观点、思想和认识上的碰撞和摩擦，但一路前行的步伐却始终没有停止过。这也是中国旅游教育界、旅游产业界呈现于世人的最令人鼓舞的风貌和景观。

在整个高等旅游教育体系中，职业教育的发展，只是在最近的十几年中才真正被政府纳入到大力发展的战略框架当中，并在今天形成了占据旅游高等教育半壁江山的势头。如果站在整个旅游高等教育的视野来审视旅游职业教育和普通教育在整个旅游高等教育中的局面，大家会有一个基本的共识：旅游高等职业教育在人才培养方面，无疑更加体现了专业细分、供需对接、学为所用的人才培养效率和效果，并不像旅游本科教育那样，每年的毕业生有70%以上流入其他行业或领域，从而造成社会教育资源的极大浪费。这个问题学界多有认识、阐述和呼吁，并一致认为，其根源在一定程度上是由本科专业目录管理过于僵化的行政机制所造成。值得欣慰的是，最新的本科专业目录调整方案中，已经增设了饭店管理专业，这一举措借鉴了旅游专业高等职业教育按照旅游大类进行专业细化的成功方面，进一步昭示了旅游大类下设专业(二级学科)进一步有限度细化的趋势。

不过，尽管旅游专业的高等职业教育有其成功的地方，但也不是没有问题。在专业格局有了科学摆布的前提下，人才培养的质量就取决于具体的人才培养方案了。在这当中，各个学校所拥有的教学资源、师资队伍、教材、教学法等方面的准备，就成为关键的教育因素。如果仔细盘点目前我国旅游专业高等职业教育在这一方面的家底，其实还很不容乐观。在我看来，由于我们对职业教育在认识上还不够成熟，准备上还不够充分，操作上还有待完善，加之旅游职业教育向来多以接待服务为教育的主体内容，缺乏硬技术、高门槛，因此，中国的旅游职业教育，依然显得离岗位培训距离不远、差异不大。在知识体系和职业技能的衔接方面，始终没有找到最好的途径和策略。因此，旅游职业教育在培养人的职业深度发展空间方面，始终有浅薄无力的缺欠。这是一个需要警觉，同时也是一个需要时间才能加以解决的问题。

旅游教育出版社在策划本套丛书的初期，就曾意识到这个问题，并有努力解决这一问题的想法。在本套丛书的书目确定、作者遴选、写作宗旨的厘定等方面，都试图对上述问题做出回应。从各位作者所做的努力来看，本套丛书还是在一定程度上解决了这个问题。整套从书中，不乏在这方面做得很好的，也有在其他方面展现了充分特色的著作。因此，希望本套丛书的面世能够给旅游职业教育提供一套比较适用的教材资源。

本套丛书的作者都来自职业教育工作的教学与科研第一线，他们在各自所长的学科领域也都多有建树。作为本丛书的主编，我十分感谢他们在编写过程中所做出的巨大努力以及展现出来的合作与奉献精神。

由于水平所限，加之本人对旅游职业教育的理解缺乏深度，因此，本套丛书还是会存在总体架构、基本思想和具体编写工作方面的诸多不足甚至错谬。希望广大读者和其他人士对本书的缺欠不吝赐教，以图再版时予以修正，避免贻误学生。

是为序。

谢彦君

2011年7月22日于灵水湖畔

前言

礼仪是一种文化，是人类文明和进步的重要标志。在经济全球化的时代，礼仪的作用显得越来越重要，特别是对于旅游业这种服务型产业而言，礼仪的作用尤为凸显。旅游服务礼仪已直接体现为一种生产力，正在创造着利润与价值。随着全球旅游业的快速发展和国际旅游市场竞争的日益激烈，提高旅游接待人员的服务礼仪水平已成为旅游企业提升竞争力的重要手段。为了满足旅游企业对服务技能型人才的需求，为了更好地服务旅游经济的发展，由富有旅游接待礼仪教学与实践经验的教师组成团队，精心编写了此教材。

本教材汇集了编写者的经验与探索，其特色是：

一、注重融入新的教学理念，借鉴和吸收多方权威人士的论断与研究新成果，从不同的视角，精选素材，确定内容，使教材富有新意和时代感。

二、立足于高职人才培养方向，强调应用性和系统性，对以往教材体系进行整合。注意结合旅游业发展的新形势和新特点，彰显旅游业发展的新趋势，注重教材内容和教材结构的创新，体现与时俱进的精神和前瞻性及新颖性。

三、突出实操性，通过"特别提示"环节彰显可操作性和规范性，并着眼于服务细节的强化；"拓展知识"环节具有补充强化和开阔视野的作用，有益于相关内容的掌握和理解；通过"案例分享与思考"、"本章闯关测试"两个环节贴近实际的精选案例，着力于实践能力的训练和培养。

四、以内强素质、外塑形象为基点，在着力强化服务操作技能技巧及规范等方面的内容培训和学习的同时，还注意通过点滴渗透，树立礼仪意识、观念和良好的服务心态，提升学习者的主观能动性、服务热情和专业服务价值。

五、流程清晰，内容简明，详略得当，图文并茂，便于学习与掌握。配备有教学资源包（包括教学课件、期末考试样题），以方便教师授课之用。

本教材由大连商务职业学院吕欣担任主编并统稿，辽宁省交通高等专科学校韩枫、海南外国语职业学院裴智君为副主编。全书共十章，其中第三、四、五、九章由吕欣编写，第一、七章由韩枫编写，第二、八章由裴智君编写，第六、十章由佳木斯大学祝招玲编写。教材课件分别由裴智君(第二、八章)和韩枫(其余各章)制作，期末考试样题由祝招玲编写。

本教材适用于高职高专旅游专业的教学，也可用于旅游企业的职业教育与培训。

本教材在编写过程中，参考和引用了一些相关文献和资料，在此向它们的作者表示诚挚的谢意。受水平等因素所限，书中难免存在疏漏与不足之处，敬请专家和广大读者指正。

编　者

2011 年 6 月

目录

第一章 旅游接待礼仪概述

引言

我国素有“文明古国”、“礼仪之邦”的美称,礼仪文化源远流长。礼仪是一个人、一个组织乃至一个国家文明和进步的标志,是现代社会人际交往活动中的规则。礼仪接待是旅游接待优质服务的重要组成部分。本章解释了礼仪的基本概念、礼仪的起源与发展,归纳出礼仪的特征和原则以及礼仪在旅游活动中的重要作用等。

学习目标

1. 明确礼的含义,把握礼貌、礼节、礼仪之间的关系。
2. 明确礼仪的特征、原则。
3. 掌握礼仪在旅游接待中的重要作用。

第一节 礼仪的基本概念、特征和原则

“人无礼则不立,事无礼则不成,国无礼则不宁”。礼仪是人类社会历史发展的产物,是在长期的社会实践中逐步形成的,它支配着人们的思想和行为。

一、礼仪的基本概念

礼仪的内涵非常丰富,它是由“礼”和“仪”两部分构成的。

(一)礼的含义

礼的含义比较丰富。“礼”的本意是敬神,礼字源于“禮”,今天引申为表示敬意的通称,是人们在长期的生活实践与交往中约定俗成的行为规范。在古代,礼特指奴隶社会或封建社会等级森严的社会规范和道德规范。在现代社会,礼是为表

示敬意和隆重而举行的仪式，也可以是社会交往中的礼貌和礼节。在西方，“礼仪”（etiquette）一词来源于法语，原意是“法庭上的通行证”。古代法国的法庭为了保证法庭秩序，制定了许多法庭规则，并把这些规则写在准许进入法庭的通行证上，以让人们入庭后有所遵循。后来，“礼仪”一词进入英语，逐渐演化成“人际交往的通行证”，因为在社会生活的各个领域，人们都需要遵守一定的准则和规范。英语中的“礼仪”主要指有教养的礼节和规矩、谦恭有礼的言谈举止以及一定的仪式、典礼、习俗等。

拓展知识

《说文解字》对礼的解释是：“禮，履也，所以事神致福也，从示从豊。豊，乃行礼之器也，从豆，象形。”其中，禮字左边的“示”表示祭祀的容器，它是庆丰收时用的，所以右边加上“豊”。“豊”是古代礼器的一种，礼器是古人祭祀时行礼的器物，它包括烹煮器、食器、酒器、水器和乐器等。“豊”属于食器，它主要是用于盛放黍、稷、稻、粱等熟食。礼器是物化的礼制，也是中国古代文化的凝结物。

此外，据考证“礼”字古时候通“履”字，意为鞋子，穿鞋子走路要合适，因此“礼”要适度。

（二）礼貌

礼貌是指人与人之间在交往活动中相互表示敬意和友好的行为准则，它调整人们之间的相互关系、维持社会生活正常秩序的道德规范和行为准则，反映了人们的文化层次和文明程度。礼貌一词，出自《孟子·告子下》：“迎之致敬以有礼，言将行其言也，则就之；礼貌未衰，言弗行之，则去之。其次，虽未行其言也，迎之致敬以有礼，则就之；礼貌衰，则去之……”礼貌是一个人待人接物时的外在表现，它基于相互尊重而且要表里如一，它通过语言、动作、表情等来表达对人的尊重。具体分为礼貌行为和礼貌语言。在日常交往中，人们会通过微笑、点头、鞠躬、握手、拥抱、合十礼等行为和“谢谢您”、“恭候光临”、“我能为您做点什么”等语言，来展示一个人的礼貌程度。在不同的国家和民族，处于不同的时代和不同的行为环境中，礼貌表达的形式和要求虽然不同，但其基本要求是一致的，即要态度和善、遵守秩序、尊老爱幼、仪表端庄、言行一致、整洁卫生、不卑不亢、符合职业素质要求。

（三）礼节

“礼节”一词出自《荀子·非十二子》：“遇友则修礼节辞让之意。”节，即是节制、适度。礼节是人们在日常生活特别是在交往中相互表示友好和敬意的惯用形式。礼节是外在行为规则，处于礼学体系中最表层，是礼貌在语言、行为等方面的具体表现。

中国古代的跪拜、作揖、拱手等，当今世界通行的点头、握手、鞠躬等，欧美国家的拥抱、亲吻等，南亚各国的合十、贴面、敬礼等，都是不同国家礼节的表现形式。

（四）礼仪

礼仪是一个复合词语，包含“礼”和“仪”。礼表示敬神，仪表示法度标准。

礼仪，从广义上说，指的是一个时代的典章制度；从狭义上说，指的是人们在社会交往中由于受历史传统、风俗习惯、宗教信仰、时代潮流等因素的影响而形成的，既为人们所认同，又为人们所遵守，以建立和谐关系为目的的各种符合礼的精神要求的行为准则或规范的总和。

在礼的系统中，礼仪是有形的，其基本形态既受到礼的基本原则的制约，也受到物质水平、历史传统、文化心态、民族习俗等的影响。

礼仪的表现形式有个人礼仪、家庭礼仪、公务礼仪、社交礼仪、商务礼仪、习俗礼仪、宗教礼仪、服务礼仪、涉外礼仪等。

特别提示

礼貌、礼节、礼仪都体现为一个“礼”字，都是人们在交往中，相互表示敬重和友好的形式，其本质都是尊重人、体贴人。从本质上看，三者是一致的，礼节是礼貌的具体表现，礼貌是礼节的规范，礼仪通过礼貌、礼节得到体现，三者相辅相成，密不可分。但三者又有各自的特殊含义和要求。

礼貌侧重强调个人的道德品质，礼节侧重于这种品质的外在表现形式。有礼貌而不懂礼节，往往容易失礼；谙熟礼节却流于形式，充其量只是客套。

礼貌是礼仪的基础，礼节是礼仪的基本组成部分。礼是仪的本质，而仪则是礼的外在表现。礼仪在层次上要高于礼貌礼节，其内涵更深、更广，它是由一系列具体的礼貌礼节所构成，是程序化了的礼节；礼节只是一种具体的做法，而礼仪则是一个表示礼貌的系统、完整的过程。

二、礼仪的特征

（一）时代性

礼仪规范不是一成不变的，随着社会经济的不断发展、人际交往的日益频繁，礼仪不断地更新形式，表现出强烈的时代特色。

跪拜礼是古人日常生活中常见的传统礼节，而握手是现代社会交往的常见礼节。现代人讲究快捷、高效的生活节奏，又讲究平等和相互尊重，为此就要有与之相应的现代礼仪活动。因此，需要在实践中不断更新丰富礼仪的形式和内容，发展建立新的符合时代要求的现代礼仪。

（二）可操作性

在日常生活中，人们见面时的点头问候、致意、握手、拥抱等礼节，没有高难度的技巧，它是人们长期积累下来的习俗，存在于人们的举手投足之间。所以，人们不需要多高的学历就可以学习。简单易学、可操作、标准清楚、规则简明是礼仪的又一个特征。正因为礼仪具有可操作性，才使它可以推广和宣传，从而成为人们提升文明程度的一个标志。

拓展知识

希尔顿于1919年把父亲留给他的1.2万美元连同自己挣来的几千美元投资出去，开始了他雄心勃勃的经营旅馆生涯。当他的资产从1.5万美元奇迹般地增值到几千万美元的时候，他欣喜自豪地把这一成就告诉母亲，母亲却淡然地说："依我看，你跟以前根本没有什么两样……事实上你必须把握比5 100万美元更值钱的东西：除了对顾客忠诚之外，还要想办法使在希尔顿旅馆住过的人还想再来住。你要想出这样的简单、容易、不花本钱而行之久远的办法来吸引顾客。这样你的旅馆才有前途。"

母亲的忠告使希尔顿陷入迷惘：究竟什么办法才具备母亲指出的这四大条件呢？他冥思苦想不得其解。于是他逛商店，串旅店，从自己作为一个顾客的亲身感受之中得出了"微笑服务"的准确答案，它同时具备了母亲提出的四大条件。

从此，希尔顿实行了微笑服务这一独创的经营策略。每天他对服务员说的第一句话是："你对顾客微笑了没有？"他要求每个员工不论如何辛苦，都要对顾客投以微笑。

1930年西方国家普遍爆发经济危机，也是美国经济萧条严重的一年，全美旅馆倒闭了80%。希尔顿的旅馆也一家接一家地亏损不堪，曾一度负债50亿美元。希尔顿并不灰心，而是充满信心地对旅馆员工说："目前正值旅馆亏空、靠借债度日的时期，我决定强渡难关。请各位记住，千万不可把愁云挂在脸上，无论旅馆本身遭遇的困难如何，希尔顿旅馆服务员的微笑永远是属于顾客的阳光。"因此，经济危机中幸存的20%的旅馆中，只有希尔顿旅馆的服务员面带微笑。经济萧条刚过，希尔顿旅馆便率先进入了繁荣时期，跨入了黄金时代。

众所周知的有美国"旅馆之主"之称的希尔顿，是世界上非常有名气的酒店业者，是国际酒店第一管理者，也是经营最长久的一个。在从1919年到1976年的57年时间里，美国希尔顿旅馆从一家店扩展到70家，遍布世界五大洲的各大城市，成为全球最大规模的旅馆集团之一。50年来，希尔顿旅馆生意如此之好，财富增加得如此之快，简直堪称奇迹，其成功的秘诀之一，就在于服务人员微笑的魅力。

（三）继承性

礼仪是人类历史发展过程中逐步积淀而成的一种文化，它经历了长期的演变过程，并且被一代一代地传承下来。任何一个国家、民族的礼仪都有自己一脉相承的文化，又不断吸收其他国家、民族的礼仪文化。礼仪的继承性就体现在对代表礼仪的主流和本质的、体现社会文明和进步的高尚礼仪的继承和发展。礼仪的继承性具有一定的稳定性，被继承的礼仪作为一种良好的社会行为规范，在社会发展的一定历史时期内成为社会进步和人类文明的重要标志。同时，礼仪又具有与时俱进的变革性，它不是一味地全盘继承，而是经过一代又一代的去粗取精，取其精华，去其糟粕，在扬弃中不断推陈出新，不断适应时代和社会的需要。

（四）差异性

礼仪作为人们相互交往中的行为规范，既有共性，也存在差异性。一是不同的时代，存在差异性；二是不同国家、民族、地区存在差异性；三是即使同一时间、同一地点，对待不同的人物、事件，也存在差异性。

拓展知识

有个酒店住入了一个少数民族团体，团体中美丽的少女们都各戴着一顶很漂亮的鸡冠帽。有个酒店男员工与之混熟了一点后，出于好奇，用手摸了一下一位少女的帽子，结果被弄到族长那里去，族长以为男员工爱上了那位少女，向她求婚。后经酒店领导出面调解，二人以兄妹相称。

在历史上这个少数民族曾在一夜里受到外族的入侵，恰巧一公鸡鸣叫，唤醒了人们，才免去了一次灭族之灾。以后，为了纪念这只公鸡，村里美丽的少女都戴上鸡冠帽，男子一触摸就表示求婚。因此在与少数民族的交往中，应了解并尊重少数民族的风俗习惯，不做他们忌讳的事，这样才有利于各民族之间平等友好地交往。

三、礼仪的原则

礼仪的原则在社会交往中被共同完善、共同认可，具有指导作用。原则是对实践的高度概括，礼仪原则可以规范人们的礼仪行为，减少社交活动中的尴尬现象。

（一）真诚尊重的原则

苏格拉底曾言："不要靠馈赠来获得一个朋友，你须贡献你诚挚的爱，学习怎样用正当的方法来赢得一个人的心。"可见在与人交往时，真诚尊重是礼仪的首要原则，只有真诚尊重，方能建立和谐愉快的人际关系。

真诚尊重是对人对事的一种实事求是的态度，是待人真心实意的友善表现。

真诚尊重首先表现为对人不说谎、不虚伪、不骗人、不侮辱人，其次表现为对于他人有正确的认识，相信他人，尊重他人。只有真诚尊重方能使双方心心相印，友谊地久天长。

真诚尊重固然重要，然而在社交场合中，真诚尊重也存在许多误区。一种是在社交场合，一味地表达自己的所有真诚，却不管对象如何；一种是不管对方是否能接受，凡是自己不赞同的或不喜欢的一味地抵制排斥，甚至攻击。如果在社交场合中，陷入这样的误区是很糟糕的。故在社交中，必须注意真诚尊重的一些具体表现，在你倾吐衷言时，有必要看一下对方是否是自己的知音，如对方压根儿不喜欢听你的真诚的心声，那你就徒劳了。另外，如对方的观点或打扮等你不喜欢、不赞同，也不必针锋相对地批评他（她），更不能嘲笑或攻击他（她），你可以委婉地提出或适度地表示不喜欢或干脆避开此问题。有人以为这是虚伪，非也，这是给人留有余地，是一种尊重他人的表现，自然也是真诚在礼貌中的体现。就像在谈判桌上，尽管对方是你的对手，也应彬彬有礼，显示自己尊重他人的大将风度，这既是礼貌的表现，同时也是心理上战胜对方的表现。要表现你的真诚尊重，在社交场合，切记三点：给他人充分表现的机会，对他人表现出你最大的热情，给对方永远留有余地。

（二）平等适度的原则

在社交场合，礼仪行为总是表现为双方的，你给对方施礼，自然对方也会相应地还礼于你。这种礼仪施行必须讲究平等的原则，平等是人与人交往时建立情感的基础，是保持良好的人际关系的诀窍。平等在交往中，表现为不要骄狂，不要我行我素，不要自以为是，不要厚此薄彼，更不要傲视一切，目中无人，更不能以貌取人，或以职业、地位、权势压人，而是应该处处时时平等谦虚待人，唯有此，才能结交更多的朋友。

适度原则即交往应把握礼仪分寸，根据具体情况、具体情境而行使相应的礼仪。如在与人交往时，既要彬彬有礼，又不能低三下四；既要热情大方，又不能轻浮谄谀；要自尊却不能自负；要坦诚但不能粗鲁；要信人但不能轻信；要活泼但不能轻浮；要谦虚但不能拘谨；要老练持重，但又不能圆滑世故。

（三）自信自律的原则

自信的原则是社交场合中一个心理健康的原则，唯有对自己充满信心，才能如鱼得水，得心应手。自信是社交场合中一种很可贵的心理素质。一个有充分自信心的人，才能在交往中不卑不亢、落落大方，遇到强者不自惭，遇到艰难不气馁，遇到侮辱敢于挺身反击，遇到弱者会伸出援助之手；一个缺乏自信的人，就会处处碰壁，甚至会一败涂地。

自信但不能自负，自以为了不起、一贯自信的人，往往就会走向自负的极端，凡事自以为是，不尊重他人，甚至强人所难。那么如何剔除人际交往中自负的劣根性呢？自律原则正是正确处理好自信与自负关系的又一原则。自律乃自我约束的原则。在社会交往过程中，在心中树立起一种内心的道德信念和行为修养准则，以此来约束自己的行为，严于律己，实现自我教育、自我管理，摆正自信的天平，既不必前怕虎后怕狼地缺少信心，又不能凡事自以为是而自负高傲。

（四）信用宽容的原则

信用即讲究信誉的原则。孔子曾有言："民无信不立，与朋友交，言而有信"，强调的正是守信用的原则。守信是我们中华民族的美德，在社交场合，尤其要讲究守信。守信一是要守时，与人约定时间的约会、会见、会谈、会议等，绝不应拖延迟到；二是要守约，即与人签订的协议、约定和口头答应他人的事一定要说到做到，所谓言必信，行必果。故在社交场合，如没有十分的把握就不要轻易许诺他人，许诺做不到，反落了个不守信的名声，从此会永远失信于人。

宽容的原则即与人为善的原则。在社交场合，宽容是一种较高的境界，《大英百科全书》对"宽容"下了这样一个定义："宽容即容许别人有行动和判断的自由，对不同于自己或传统观点的见解能够耐心公正地容忍。"

宽容是人类的一种美德，在人际交往中，宽容是创造和谐人际关系的法宝。宽容他人、理解他人、体谅他人，千万不要求全责备、斤斤计较，甚至咄咄逼人。总而言之，站在对方的立场去考虑一切，是你争取朋友的最好方法。

第二节　旅游接待与礼仪

在一次导游经验交流会上，一位资深导游说道："作为旅行社的一名导游员，我在旅游行业已经工作了十年，在带团的过程中，我有很多体会，归纳为一点就是做好富有人情味的超常服务。导游服务在旅途中是不可忽视的，食、宿、行、游、娱、购这六个方面都要照顾到，只有不怕辛苦，做好富有人情味的超常服务，才会使客人感到心理上的满足。"①

旅游接待服务是面向世界的工作，客人来自五湖四海，在外国人眼里，旅游接待人员代表的是中国的形象；在中国人眼里，旅游接待人员代表的是旅游目的地的形象；在旅游目的地人眼里，旅游接待人员代表着旅游企业的形象。旅游业常被称为是两个C的行业：一个C（Comfort）代表舒适，另一个C（Courtecsy）代表礼貌。它要求旅游接待人员在工作中必须以礼待客，礼字当先，让客人能高兴而来，满意而归。

---

① 李嘉珊，刘俊伟.旅游接待礼仪.北京：中国人民大学出版社，2006.

一、旅游接待礼仪的基本原则

（一）以我为主，尊重他人

在旅游接待，特别是接待外宾中，要以我国的礼貌语言、礼貌行动、礼宾规程为主，使外宾感受到中国无愧是礼仪之邦。同时，还要充分考虑到国情、民族、文化背景的不同，当我们的接待方式不适合外宾时，可适当运用他们的礼节、礼仪，以表示对外宾的尊重。

（二）不卑不亢，自尊自爱

旅游接待人员在接待工作中首先要自尊自爱，对任何宾客都既不要低三下四，也不要趾高气扬，要维护国家的形象，也要维护自己的风度。

（三）一视同仁，真诚关心

宾客最讨厌服务人员以貌取人，所以，旅游接待人员应做到对所有的宾客都热情友好，以礼相待。所谓“来的都是客”，要用真诚友好的态度使旅游者乘兴而来，满意而归。

案例分享

香港丽晶酒店的礼宾服务在全香港五星级豪华酒店中是数一数二的。丽晶礼宾部的主管考夫特先生说：如何关心客人、如何使客人满意和高兴是酒店服务最重要的事情。考夫特先生在1980年丽晶开业时就从事礼宾工作。多年来，每个到过丽晶接受过考夫特先生亲自服务的客人无不为他提供的“难不倒”服务所折服。

一次，客人在午夜提出要做头发，考夫特先生和值班的几位酒店员工迅速分头忙着联系美容师，准备汽车，15分钟内就把美容师接到酒店，引入客人房内，客人感动地说这是奇迹。

又有一次，一对美国夫妻想到中国内地旅游，但要办签证，可他们只在动身的前一天才提出来。考夫特先生立即派一名工作人员直奔深圳，顺利地办完手续。他说：“时间这么紧，只有这个办法，因此，再累再苦也得去。”

有人问考夫特先生，如果有人要上等特殊年份的香槟酒，而酒店中没有怎么办？考夫特先生说：“毫无疑问，我要找遍全香港。实在满足不了客人，我会记下香槟酒的名称及年份，发传真去法国订购，并向客人保证，他下次再来丽晶时，一定能喝上这种香槟酒。”

当然，我们不可能完全像考夫特先生那样，也许我们的酒店也不具有这种条件。但是，这种做酒店服务所应该具备的全心全意为客人服务的精神和意识，是我们每个优秀员工都必不可少的。

例如：某酒店前台迎送服务礼仪规定，“客人乘坐的车辆到达酒店时，要主动为客人开启车门，用手挡住车辆门框上沿，以免客人下车时碰到头部，并主动向客人招呼问好”。但是，如果遇到老年客人，下车时还需要搀扶一下。搀扶老人，酒店没有明文规定，但对于一心一意为客人服务的员工来说，又是应该想到的，应该做到的，这就是酒店礼仪的灵活运用，真情服务，也就是个性化服务。这些类似的服务可以增加客人的满意度，而客人的满意度会带来客人的忠诚，客人的忠诚会带来企业的获利和成长。

（四）理解宽容，得理让人

旅游接待中要多站在客人的角度，学会换位思考，理解客人的观点、立场和态度。旅游接待工作中，最怕的就是互相缺乏理解，甚至产生误解，误解则往往导致失礼。

二、礼仪在旅游接待中的重要作用

礼仪作为一种行为规范或行为模式，在人们的社会生活各个方面都发挥着重要作用。

（一）有助于旅游从业人员与旅游者之间的交流与沟通

在旅游活动的交往中，旅游者与旅游从业人员之间由于互相不了解，存在距离感。这时，礼仪就像美酒，滋润着人们的心灵，沟通人们的情感。

（二）有助于妥善处理旅游纠纷问题

旅游服务工作面对的客人形形色色，他们由于职业、年龄、素质、宗教信仰等方面的不同，对服务质量也有个性化的要求，因而无论服务工作如何出色，都难免出现纠纷。有理有节地处理纠纷是解决旅游纠纷的第一原则，而有理有节正是礼仪的根本内涵。

（三）可以约束旅游从业人员的行为

旅游从业人员面对的不仅有我国客人，还有其他国家或地区的客人，从一定意义上说，他们代表的是我们中华民族的形象和风貌，所以他们的行为是否符合礼仪标准特别重要。旅游工作中，自觉接受礼仪约束的人，才是被人们所认可、符合旅游业要求的旅游从业人员。

（四）可以提高旅游服务质量

在旅游业的竞争中，最根本的是旅游服务质量的竞争。旅游服务质量是旅游业的生命线，是旅游业的核心。旅游从业人员如果能够讲究旅游礼仪，运用自己主动、礼貌的服务态度、服务技巧帮助客人，使客人在旅游过程中对服务工作有亲切感，就可以达到他们对服务质量的要求。

思考与练习

1. 你认为能影响一个人知礼、懂礼、用好礼的因素有哪些？你想如何提高自己的礼仪素养？

2. 礼仪在旅游接待中有哪些重要作用？

3. 旅游接待礼仪的基本原则是什么？

4. 礼仪的特征及礼仪的原则各是什么？

第二章　旅游接待人员的形象礼仪

引　言

作为旅游接待人员，良好的个人形象是做好服务接待工作的基础和前提。旅游接待人员的仪容、仪态和服饰不仅体现了个人的精神面貌和工作状态，还有可能成为游客的审美对象，代表企业的文化形象。因此，旅游接待人员应注重自身的仪容、仪态和服饰礼仪，在工作当中关注相关的仪表形象礼仪知识，以最好的状态投入工作，把最好的一面展现给游客。

学习目标

1. 掌握旅游接待人员仪容、仪态、服饰礼仪的知识要点。
2. 通过理论学习和实际操作相结合养成旅游接待人员良好的形象礼仪素养。

第一节　仪容礼仪

一、仪容概述

仪容，指人的容貌，主要包括面部、头部、颈部、手足等部位。仪容礼仪作为旅游接待人员个人形象塑造的重要组成部分，在旅游接待服务中起到举足轻重的作用。修饰得当的容貌既能体现个人的自尊，又能表示对他人的尊重，还能维护旅游接待人员所在企业的形象。因此，旅游接待人员应掌握相关仪容礼仪的修饰技巧。

（一）面部的修饰

脸是人际交往中最引人注意的部位，脸部的修饰至关重要。旅游接待人员在工作中应特别注意眼睛、鼻腔、口腔、耳朵、脖颈等部位的修饰与美化。

1. 脸部

勤于洗脸是清洁脸部最简单最直接的方式。正确的洗脸方法是：用温水先润湿脸部，再用适合自己皮肤的洗面奶或洗面乳，用双手的中指、无名指由下颌向上由内向外揉搓打圈，经过鼻翼两侧至眼眶，再在颈部和耳部反复多次，以达到对脸部皮肤彻底清洁的目的。最后用温水洗净面部。洗脸后再进行2～3分钟适度且有规律的面部按摩，可以促进脸部血液循环和加速新陈代谢，有效防止皮肤的皮下脂肪层松弛和老化，对脸部皮肤的保养起到意想不到的作用。

2. 眼睛

眼睛是人际交往被关注最多的地方，眼部是面部修饰的首要之处。

(1)清洁

清洁是指要及时清除眼睛周围的分泌物或沾染的不洁之物。一般情况下，眼睛应该无眼屎，无睡意，不充血，不斜视。若感染了眼部疾病，要及时就医，自觉避免社交活动。旅游接待人员一般不用假睫毛。

(2)修眉

若眉毛的形状不规整，可进行必要的修饰，但尽量不要文眉。

(3)眼镜

戴眼镜者要注意保持眼镜的端正和洁净明亮。旅游接待人员在岗时一般不戴墨镜或有色眼镜，不戴夸张性的装饰眼镜，外出戴墨镜进入室内后一定要及时收好。

3. 鼻腔

鼻子处于五官的中心部位，是面部最突出的部分，应时刻保持鼻腔的健康和清洁。首先不要随便吸鼻子，擤鼻涕；其次，也不要当众用手挖鼻孔或让别的东西充塞鼻孔。此外，鼻毛过长或过旺、有碍美观时，应及时用小剪刀修剪鼻孔以外的鼻毛。

4. 嘴部

(1)口腔卫生

牙齿洁白、口腔无异味，是对口腔的基本要求。口腔的护理应特别注意口中的异味，即通常所说的口臭。与人交谈时如果口中发散出难闻的气味，会使对方很不愉快，自己也很难堪。在出席社交场合前不能吃带有强烈气味的食品，例如韭菜、大蒜、臭豆腐等。若碰巧吃了此类食物，可在口中嚼一点茶叶、红枣和花生以助于清除异味，必要时可以使用口香糖减少口腔异味。常规的牙齿保洁应做到"三·三·三"，即每日三餐后的三分钟内要刷牙，并且每次刷牙的时间都不应少于三分钟，以去除口腔中的残渣和异味。平时饭后最好不要剔牙，切忌不加掩饰地当众剔牙。

(2)整理胡须

成年男士唇间长有胡须是生理特点。在社交场合和正式场合，男士应注意及时整理生长的胡须，以保持自身容貌的整洁。但有宗教信仰或特殊需要的人士除外。

(3)避免异响

异响是指由嘴巴、鼻子及身体其他部位发出的咳嗽、哈欠、喷嚏、吐痰、吸鼻、打嗝、打响指等不雅声音的统称，在公共场合和正式场合应当避免。当咳嗽、哈欠、打喷嚏、吐痰、打嗝时，应用手纸捂住口鼻，面向一侧，尽量避免声响，同时向身边的人致歉。

5. 耳朵

对于耳朵的修饰在日常洗脸、洗头、洗澡时，应适当地清洗一下耳朵，并及时清除耳道里的分泌物。个别人耳毛长得较快的，当耳毛长出耳孔之外时，应进行必要的修剪。

6. 脖颈

脖颈属于面部的自然延伸部分，对脖颈的修饰须注意以下两点：

(1)清洁

在日常的仪容卫生打理时，要注意保持脖子的干净整洁，尤其是脖后、耳后容易被忽视的角落，绝不能成为藏污纳垢的地方。

(2)护肤

脖子上的皮肤细嫩，为防止过早老化，在日常脸部护理的基础上，对脖颈的皮肤也应进行相应的护理。

(二)其他部位的修饰

1. 手臂

手臂是日常交往肢体动作较多的部位，要进行各种手语和手势动作，若手臂的"形象"不佳，整体形象将会大打折扣。手臂的修饰，大体可分为手掌、肩臂和汗毛三部分。

(1)手掌

手是人的"第二张脸"，手掌是手臂的中心部位，也是做手语的关键部位。对它的修饰需要做到以下几点：

①干净。在日常生活中，手是接触他人和物体最多的地方。为了保持手部的清洁、卫生和健康，应当勤洗手。外出回来或接触到各种东西后，以及餐前便后，都应及时洗手。在日常生活中和工作场合，双手应当修剪整齐，保持清爽干净。双手护养的最基本方法是，在接触水后擦一些护肤霜在手上。如果在户外工作或外出时，应该在手上涂一层防晒霜。

②指甲。指甲要定期修剪，建议每周修剪一次或依据个人的生理情况而定。指甲的长度以不超过手指指尖为宜。不论出于什么理由男士都不应该留长指甲，女性旅游从业人员也不应留长指甲。在涂抹指甲油颜色时，应选择无色或接近肉色的颜色为宜，切忌在服务场合涂抹颜色过艳的指甲油。非正式场合则无限制。

(2)肩臂

在正式的旅游接待服务场合中，手臂尤其是肩部，不应穿着无袖的服装将肩臂裸露在外。

(3)汗毛

由于个人生理条件的差异,个别女性手臂上的汗毛生长得过浓或过长,应当采用适当的方法进行脱毛。在公众场合或社交场合,腋毛属于个人隐私,不应让外人看见,应进行适当的处理。

2. **腿部**

腿部的修饰主要包括脚部、腿部和汗毛三部分。

(1)脚部修饰

在旅游服务场合不允许光脚穿皮鞋,使脚部过于暴露的鞋子(如拖鞋、凉鞋)也不能穿。在非正式场合光脚穿鞋子时,要确保脚的干净和清洁。日常应注意保持脚部的卫生,脚指甲要勤于修剪,避免脚气等异味。

(2)腿部修饰

在正式场合中,不允许男士暴露腿部,即不允许男士穿短裤;女士可以穿裙子或长裤,但不允许穿短裤或是暴露大部分大腿的超短裙。女士在正式场合穿裙子时,应穿着丝袜,非正式场合则无限制。

(3)汗毛修饰

一般成年男士腿部的汗毛都比较重,因此在正式场合不应穿短裤或卷起裤管。女士的腿部汗毛如果过于浓密,则应设法剃除,或选穿深色丝袜加以遮掩。

二、化妆礼仪

面部是仪容最重要的部位,也是化妆的关键部位。俗话说"三分长相,七分打扮"。化妆是一门技术,也是一门艺术,更是一项重要的礼节。旅游接待人员在日常工作中最适合化淡妆来呈现自然、大方的仪容美。

(一)化妆的原则

在旅游接待活动中,适当化妆不仅是接待工作的需要,同时也是对客人尊重的一种表现。美容化妆必须坚持美化、自然、协调的原则。

1. **美化原则**

美化的原则是从效果来说的,要使化妆达到美的效果,首先必须了解自己的脸的各部位特点,孰优孰劣要心中有数;还要清楚怎样化妆和矫正才能扬长避短,变拙陋为俏丽,使容貌更迷人。这些要在把握脸部个性特征的基础上和正确的审美观的指导下进行。

2. **自然原则**

自然地化妆要依赖正确的化妆技巧、合适的化妆品;要一丝不苟,井井有条;要讲究过渡,体现层次;要点面到位,浓淡相宜。化妆时不讲艺术技法手段,胡来一气，敷衍了事，片面追求速度，都有可能使妆面失真。

3. 协调原则

主要包括四方面的原则：一是妆面协调，指化妆部位色彩搭配、浓淡协调，所化的妆应针对脸部个性特点，整体设计协调。二是全身协调，指脸部化妆还必须注意与发型、服装、饰物协调，如穿大红色的衣服或配了大红色的饰物时，口红可以采用大红色的，力求取得完美的整体效果。三是身份协调，指礼仪人员化妆时要考虑到自己的职业特点和身份，采用不同的化妆手段和化妆品。作为职业人士，应注意化妆后体现端庄稳重的气质；作为专门从事各种关系建立和协调的从业人员出头露面的机会多，与有身份、有地位、有权力的人打交道频繁，要表现出一定的人际吸引魅力，化妆就不能太艳俗或太单调，而应浓淡相宜，青春妩媚，适合人们共同的爱美之心。四是场合协调，指化妆要与所处的场合气氛一致。日常办公，妆可以化淡一些；出入宴会、舞会场合，妆可以化浓一些，尤其是舞会，妆可以靓丽一些；参加追悼会时应素衣淡妆，切忌使用鲜艳的红色化妆。不同的场合不同的化妆，相得益彰，不仅会使化妆者内心保持平衡，也会使周围的人心理融洽。

（二）女士化妆

旅游接待礼仪要求女员工上岗时化淡妆，这是对服务对象尊重的一种表示。为了能达到事半功倍的效果，我们应熟练掌握旅游职业妆基本上妆技巧和步骤。

1. 清洁面部

将脸用温水打湿；取适量洗面奶于手心，搓至起泡；由下巴向额头，用手指轻轻地按摩清洗 1 ~ 2 分钟；用清水清洗；用纸巾或毛巾把多余的水分吸干；在清洁的面部涂上爽肤水和护肤液，这样可以滋润和保护皮肤，起到隔离作用，同时也能更好地上妆，防止妆后脱落。

2. 基面化妆

基面化妆主要是打粉底，又叫敷底粉或打底，是调整面部皮肤颜色的一种基础化妆。首先将适合自己肤色的粉底液在手背上晕开，点在脸部，并用海绵或棉扑顺着皮肤纹理慢慢晕开；再用比粉底液稍白一点的提亮粉底涂在鼻梁、眼袋、下巴处，目的是让脸的立体感增强，突出轮廓；最后用散粉定妆。需要说明的是，打粉底时切勿忘记脖颈部位，避免使面部和颈部泾渭分明。

3. 眼部化妆

涂眼影，涂眼影是为了强化面部的立体感，以凹眼反衬隆鼻，使化妆者的双眼显得更为明亮传神。用眼影棒沾眼影色在眼周、眼尾上眼皮、眼窝处点抹并扫开。手法先上后下至下眼睑的尾部。（旅游工作岗位一般不需要涂眼影，旅游社交场合需要时可增加）

描眼线，用眼线笔沿眼睫毛根部底线描画，画眼线的笔法应先粗后细、由浓而淡。画上眼线时,应从内眼角朝外眼角方向画;画下眼线时,则从外眼角朝内眼角画,并在距内眼角1/3处收笔。

描眉形,可用蓝灰色打底,棕色或黑色描出适合的眉形,直线形眉使脸形显短,弯形眉使人显温柔。眉形的画法讲究三点一线,即眉头、内眼角与鼻翼三点一线,眉尾、鼻翼与外眼角三点一线,眉头、眉尾在一条水平线上。

涂睫毛膏,涂之前先用睫毛夹夹睫毛,伸到睫毛根部夹紧5秒,后2/3段再夹5秒,使睫毛卷曲上翘后,从睫毛根部由里向外涂抹睫毛膏。

4. 抹腮红

抹腮红的关键技巧在于操作要轻,腮红分布要均匀,色彩过渡要自然,并以使用后不产生人工涂抹的痕迹为佳。腮红着色的中心位置应掌握在颧骨附近。操作时要用胭脂扑或胭脂扫,以颧骨为出发点往耳朵上缘方向轻轻抹去,接着轻柔地把胭脂晕开。需要说明的是,开始涂抹时胭脂用量要少,少到几乎看不出明显的效果,晕开后似化妆未化妆,待手法熟练后再根据实际需要逐步作适当的调整。抹腮红可用来掩饰面部的某些缺陷,以下介绍几个基本方法:

①用横抹的手法可增加脸形宽度,适用于脸形狭长者。

②用竖抹的手法可增加脸形长度,适用于脸形宽阔者。

③外侧用色偏重,可产生增宽面庞的效果,适用于长脸形。

④内侧用色偏重,可产生增长面庞的效果,适用于圆脸形。

⑤欲突出面部器官的优点需用浅色、亮调色。

⑥欲掩饰面部器官的缺点需用深色,暗调色。

5. 涂唇膏

唇部化妆主要是涂唇膏(口红)以增强口唇的色泽。涂口红,一般是使用管状固体的唇膏,但最好还同时备一支唇线笔和唇化妆笔,配合使用会使效果更佳。唇部化妆的第一步,宜先用唇线笔按自己设计的唇形或自然唇形勾勒一圈,用于定型和防止唇膏外溢。接着再开始涂口红,要领是把唇膏涂在唇线内。讲究一点的话,可在唇线画好后,用唇化妆笔均匀地蘸好唇膏,沿唇纵向纹理,从嘴角两侧往中央一点点涂抹,涂好后要仔细检查一下是否涂满、涂匀,有无遗漏之处,以避免唇线与唇上的色彩有明显不同。为了方便喝水、用餐,可用餐巾纸轻轻按一下嘴唇,使口红固定下来,避免染到杯子和餐具上。

由于每个人的唇形不同,涂口红时可采用一些针对性的方法,以达到理想的效果。下面介绍三种较常见的方法:

①嘴唇太小、太薄的,宜使用大红、玫瑰红、猩红等色彩浓的唇膏,用唇线笔勾勒唇形应稍微放宽些,即在天生的唇线外0.5~1毫米处勾一圈,涂唇膏时要尽量遮盖掉原来的唇线,这样就可克服小而薄的先天不足。

②嘴唇大而厚的，唇膏色宜淡不宜深，淡红色的唇膏是首选的色调，加上用粉底作掩饰，把嘴唇变得小些。关键的方法是，勾勒唇线要沿天生的唇线内0.5～1毫米处画一圈，这样可相对克服一点原来大而厚的印象。

③如果是嘴角下垂者，就需用改变唇形的方法来解决。其要领是将唇中部的曲线稍向上下扩大些，从视角上冲淡对唇角下垂的注意，在勾勒唇线时要把下垂部分适当提高些、延长些。下唇使用的口红颜色可比上唇稍暗一些。

6. 妆后检查

主要是查看发际和眉毛是否沾上粉底霜，双眉是否对称，胭脂是否涂匀，妆面是否平衡，适当调整修改；与穿着是否协调，适时补妆。

7. 化妆的注意事项

(1)化妆的浓淡要视时间和场合而定

尽量避免浓妆艳抹，选择质量较好的化妆品，不要使用伪劣商品，以减轻化妆品对皮肤造成的刺激；使用化妆品的同时，应适当配用一些皮肤营养品以保护肌肤。

(2)不宜在公共场所化妆或补妆

不以残妆示人，不要议论他人的妆容，尽量避免化妆时影响他人。

(3)不借用他人的化妆品

有皮肤过敏症者不宜用化妆品，在面部皮肤有创伤时也应尽量避免使用化妆品，工作结束后要养成卸妆的习惯，让皮肤得到休息。

(三)男士修容

男士由于生理因素和户外活动量较大，与女士相比，一般皮肤粗糙、质地硬、毛孔大，汗液和油脂分泌量大，常会使灰尘和污垢积聚在皮肤表面而使毛孔堵塞，引起细菌感染，诱发皮炎。因此，男士更需要接受美容护理。从工作角度来说，男士美容意在向社交对象表示尊重之意，特别是一些重要的接待场合参加服务工作，女士不化妆，男士不修容，就会被对方看做是不尊重，甚至为蔑视。因此，旅游接待人员要重视男士修容。男士修容，一般包括清洁面部、护肤和护唇、发型几项内容。

1. 清洁面部

清洁面部就是清除掉脸上的污垢，保持面部干净、清爽。为此，就要勤洗脸、勤修面。每天上班前要养成剃胡须的习惯，要保持好口腔的清洁卫生，清除口中异物和异味。仔细检查鼻孔、眼角的卫生等。

2. 护肤和护唇

护肤类化妆品的主要功能就是保养皮肤，使之更为细腻滋润。男士护肤类的化妆品品种繁多，功能不一，各有特点，使用者可根据自己的皮肤情况和使用时间来选择。无色唇膏，主要是在冬季或干燥季节时使用，滋润嘴唇，防止爆皮和开裂。

3. 发型

美发是男士修饰容貌的重要组成部分，是人们关注的另一个焦点，因而在面部修饰时不能忽略此项。男士的发型可选择中分式、侧分式、短平式、后背式等，原则是前不过眉，后不及领，两侧不遮挡耳朵为宜。

三、美发礼仪

“完美形象，从头开始”。整洁的头发配以大方的发型，往往能给人留下神清气爽的良好印象。旅游接待人员的发型不仅要符合美观大方、整洁和方便生活与工作的原则，而且还要与自己的脸形、体形、年龄和服装等因素结合，才能给人以完美的印象。

（一）清洁头发

健康秀美、干净清爽、卫生整齐是对头发最基本的要求。头发不仅能够保护头皮，而且能很好地装饰头部。蓬头垢面不美观，更不礼貌，是仪容美的大忌。清洁是保养头发最基本的方法，需根据自己的发质，选用优质的洗发露，并遵循正确的洗发方法，勤洗发不仅不会引起掉头发，反而会令头发更加健康。

1. 洗发

保持头发的清洁，首先要勤于洗发，一般每周 2～4 次，或视个人具体情况而定。洗发有讲究，首先要注意水的选择。洗头发的水宜用 40℃ 左右的温水，太冷太烫都不合适。其次要选择适合自己头发性质的洗发水，洗净后适当抹一些护发素或润发液，以保持头发的柔软光滑。

2. 梳发

梳理头发要选择适当的工具，木材、牛角等自然材料做成的梳子对头发的损伤较少。头发要勤于梳理，养成早晚梳头的习惯，每次 25～50 梳，用力要适度。梳理时头顶和后面的头发从发根到发梢向上梳，两边的头发向左右两边梳。轻梳慢理，持之以恒，对头发大有益处。头发一定要洁净、修理好、梳整齐，不可以披头散发，肩背上不应有散落的头发与头屑。

3. 剪发

要定期修剪头发，男士最好每月一次，女士视自身情况而定。对于旅游接待人员，男士修剪头发要注意前发不过眉，侧发不掩耳，后发不及领，不烫染头发；女士发型不标新立异和过于夸张。

4. 护发

护理头发一方面要保护好头发。头发避免接触强碱或强酸性物质，并尽量防止对其长时间的曝晒。另一方面要养，要给头发补充营养。建议多吃富含蛋白质和维生素、微量元素的无毒的食物，尤其是要多吃核桃一类的坚果，或黑芝麻一类的“黑色食品”,少吃辛辣刺激或油性大的食物。养护头发的根本是要做到治表兼治本,“护”是治表,“养”是治本。

(二)发型设计

塑造头发的整体造型,即发型或发式,是美发的关键。它不仅反映着自己的个人修养与艺术品位,而且是个人形象的核心部分。因此,除了流行时尚和个人品位外,发型设计还要与自己的发质、脸形、体形和年龄等方面相匹配,与自己的气质、职业、身份及周围的环境等因素相吻合,才能给人以整体美。对旅游接待人员而言,发型风格以美观大方和整洁得体为主,需要考虑以下各因素:

1. 发型与性别

在日常生活中,选择发型男女是有区别的,男士留短发、理板寸,女士留披肩发、短发、烫波浪发等。旅游接待人员选发型时,避免学明星的头发造型和过于时尚的发型。

旅游接待人员男性,一般不宜理成光头,也不宜留得过长,剃鬓角,显得儒雅而精神,精明干练;女性在旅游接待岗位中,头发长度不应过肩,更不允许披头散发,最好对其稍加处理,可用发网将长发盘好。

2. 发型与脸形

发型对人的容貌有极强的修饰作用,甚至可以改变人的容貌。任何一种脸形都有其特殊的发型要求,结合脸形选择恰当的发型,可以为脸形扬长避短,更能体现发型与脸形的和谐之美。脸长者不宜梳过短的头发,男士可在额前垂下一绺头发,女士适合留有刘海式的发型,使脸显得柔和。脸短者,头发不要留得太长,男士可留寸头,女士适合将额前头发全梳上去,以增加脸的长度。女性不同的脸形选择发型参考如下:

①圆脸形的人,可选择垂直向下的发型。

②方脸形的人,可选择圆柔的短发型、垂肩的中长发型。

③长脸形的人,可选择蓬松的鬈发或留有齐眉刘海的童花式发型。

④小脸形的人,可选择具有蓬松感的鬈发、中长发、长波浪等发型。

⑤大脸形的人,可选择简洁的短发或直长发等能遮盖脸形的发型。

3. 发型与年龄

发型可反映一个人的文化修养、社会地位、精神状态。青少年时期,应保持活泼开朗的性格,发型不宜太复杂,适合活泼、粗放、简洁、富有青春活力的发型,给人以清新、自然和方便的感觉;年龄在20~35岁的青年人,比较注意整洁和美观,因此各种新颖别致、健康大方的发型都较适宜;40岁以上的中老年时期,特别是年龄在50岁左右时,一般要求简朴、端庄、稳重的大花型短发或盘发发型,给人以精神饱满、温婉可亲的印象,尽量避免马尾辫、长直披肩发等彰显青春活力的发型。旅游接待人员选择发型要结合年龄状况，避免以不变应万变的发型。旅游接待女性要注意，由于选择的发型与年龄不协调，会让人产生抵触和反感心理。

4. 发型与身材

一般而言，身材高大者，应选择显示大方、健康洒脱的发式，以避免给人大而粗、呆板生硬的印象。高大身材的女士，一般留简单的短发为好，切忌花样复杂；烫发时，不应卷小卷，以免造成与高大身材的不协调。身材高瘦者，适合留长发型，并且适当增加些发型的装饰性，如若梳卷曲的波浪式发型，会对高瘦身材有一定的协调作用；但高瘦身材者不宜盘高发髻，或将头发削剪得太短，以免给人一种更加瘦长的感觉。身材矮小者，适宜留短发或盘发，因露出脖子可以使身材显得高些，并可以根据自己的喜好，将发式做得精巧别致些；但矮小身材者不宜留长发或粗犷、蓬松的发型，那样会使身材显得更矮。身材较胖者，适宜梳淡雅舒展、轻盈俏丽的发式，尤其应注意将整体发式向上，将两侧束紧，使脖子亮出，这样会使人产生视觉上的错觉，感觉你瘦些；但若留长波浪，两侧蓬松，则会显得更胖。

另外，如果你的上身比下身长，或上下身等长，发式可选择长发以遮盖上身；如肩宽臀窄，就应选择披肩发或下部头发蓬松的发式，以发盖肩，分散肩部宽大的视角；若颈部细长，则不适宜采用短发式，以免使脖颈显得更长；若颈部短粗，则适宜选择中长发式或短发式，以分散颈粗的感觉。

5. 发型与职业

结合旅游职业的特点，女性旅游接待人员的发型基本要求是：干净利落、端庄大方、朝气蓬勃；不留披肩发、发不遮脸、刘海不能过低，也不可染发，一般以盘发、短发或齐耳直发的发型为宜；此外，还应避免使用色泽鲜艳的发饰。（如图 2－1、图 2－2所示）男性旅游接待人员的发型基本要求是：体现男性刚毅有力的特点，发型不宜太过于女性化；突出职业特点，发型应与脸形、体形、服装等相协调；发型应大方、得体且长短适宜；前发不能及眉，鬓发不能盖过耳朵，头发不能触及后衣领，也不可烫发，不留络腮胡子和小胡子。（如图 2－3 所示）

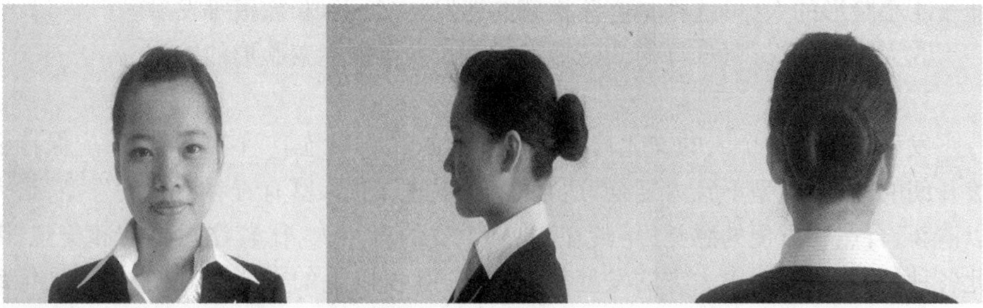

图 2－1　女性盘发发型

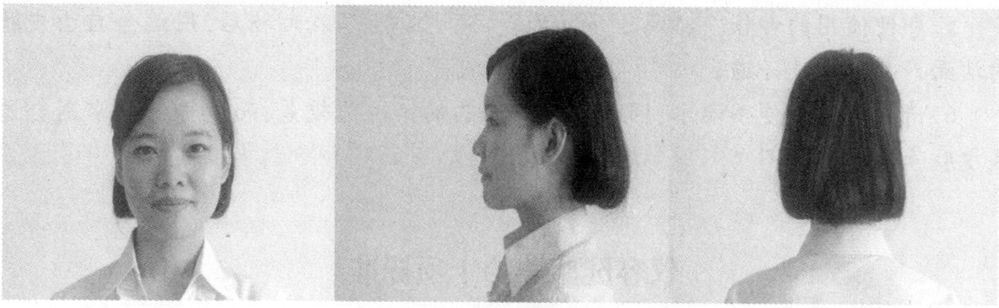

图2-2 女性短发发型

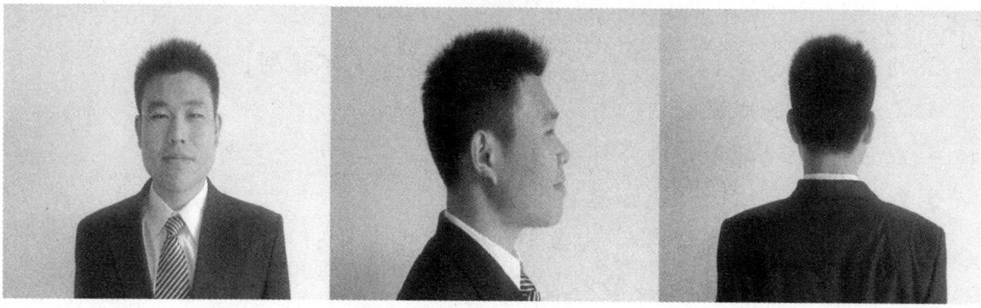

图2-3 男性发型

特别提示

卸妆须知①

卸妆是化妆礼仪中重要而关键的步骤,卸妆和化妆同样重要。带着一张没有任何负担的脸睡觉不但能保护皮肤,还能提高睡眠质量。切记不可带妆过夜。彻底地卸妆和清洁皮肤绝对是美容的根本。卸妆需要做到以下几点:

1. 卸妆前须清洁双手,以免手上细菌沾染卸妆产品;

2. 卸妆时不要用力擦拭皮肤,手法要顺着肌肤的纹理;

3. 原则上应先卸除色彩较多、较重的部位,如眼影、唇膏,然后再清洗其他部位;

4. 不要忘记清洁发际线部位,否则容易引起细菌感染,诱发痘痘;

① 李嘉珊,刘俊伟.旅游接待礼仪.北京:中国人民大学出版社,2006.

5. 即便使用的卸妆产品属于多功能产品，也别忘了在卸妆后，用适合自己皮肤的洁面产品再清洗一遍；

6. 清洗时建议使用温水，因为冷水对油脂的清洗力较差，而过烫的热水则会造成皮肤干燥。

仪容健康美的十项标准①

仪容礼仪的第一要求是健康，世界卫生组织为健康制定出十项标准。

1. 精力充沛，能从容不迫地适应日常生活和担当繁重的工作，而且不感到过分紧张、疲劳；

2. 处事乐观，态度积极，勇于承担责任，事无大小，不挑剔；

3. 善于休息，睡眠良好；

4. 应变能力强，能适应外界环境的各种变化；

5. 能抵抗一般性的疾病，如感冒等；

6. 保持标准体重，身材匀称，站立时，头、肩、臂协调；

7. 眼睛明亮，反应敏捷，眼睑不易发炎；

8. 牙齿完整、清洁，无龋齿，不疼痛，牙龈颜色正常，无出血现象；

9. 头发有光泽，无头皮屑；

10. 肌肉丰满，皮肤有弹性。

要想达到仪容礼仪的健康要求，首先要保持良好的心态，增强心理承受能力和自我调节能力；其次要保证充足的睡眠，适当地参加体育锻炼；再次注意合理饮食，坚持科学的养护方法。只有这样，才能做到身体健康、心理平衡；反之，即使有了姣好的容貌，也会因憔悴而扭曲。

拓展知识

皮肤的分类②

皮肤一般分为三种类型：干性皮肤、中性皮肤和油性皮肤。对于不同类型的皮肤需要用不同的方法加以护理和保养。

1. 干性皮肤

干性皮肤红白细嫩，油脂分泌较少，禁不起风吹日晒，对外界的刺激十分敏感，

---

① 陈荣铎，邸胜男. 商务礼仪. 北京：旅游教育出版社，2009.

② 伍海琳. 旅游礼仪. 长沙：湖南大学出版社，2009.

极易出现色素沉着和皱纹。有些干性皮肤的人苦于自己的皮肤少了一份亮光，使劲往脸上涂抹增亮的油脂，殊不知此举减少了皮肤的透气性。其实对于这种皮肤，每天在洗脸的时候，可以在水中加入少许蜂蜜，湿润整个面部，用手拍干。坚持一段时间，就能改善面部肌肤，使其光滑细腻。

2. 中性皮肤

中性皮肤比较润泽细嫩，对外界的刺激不太敏感。这种皮肤比较易于护理，可以在晚上用水洗脸后，再用热水捂脸片刻，然后轻轻抹干。

3. 油性皮肤

油性皮肤肤色较深，毛孔粗大，油光满面，易生痤疮等油脂性皮肤病，但适应性强，不易显皱。洗脸时可在热水中加入少许白醋，以便有效地去除皮肤上过多的油脂、皮屑和尘埃，使皮肤富有光泽和弹性。

眉形与脸形搭配①

1. 圆脸

眉形宜成上扬趋势，可适度描画一定的角度和层次，表现力度和骨感，减弱圆润、平板的感觉。也可用略短粗的拱形，不宜选择平直短粗的眉形和弯挑细眉。

2. 长脸

适合平直略带弧度的眉形，也可画成短粗智慧眉。不适合弧度弯、上挑的、纤细的眉形。

3. 方脸

眉形宜呈上升趋势，但为了与方下颌呼应，眉峰最好在外3/4处。眉峰转折棱角分明，不宜选择平直细短的眉形。

4. 菱形脸

平直略长为宜，不适合弧度大的眉形。眉毛的重点应放在眉腰处而不是眉峰。

第二节　仪态礼仪

一、仪态的概念

仪态就是人的身体姿态和风度，也称为体姿。旅游接待人员的仪态主要包括

① http://apps.hi.baidu.com/share/detail/14004134.

规范的站姿、优雅的坐姿、优美的走姿、正确的蹲姿、表情礼仪和手势礼仪。优雅的举止总是被人称赞,能留给人深刻的印象。旅游接待人员要想具有洒脱的风度、得体的仪态,需要经过刻苦的训练才能做到。

二、体姿礼仪

(一)规范的站姿

站立是人们日常生活、工作和交往中一种最基本的姿态,也是旅游接待人员最基本的服务姿势,是仪态美的起点。正确标准的站姿是一个人健康和精神饱满的体现,基本的站姿要求做到"站如松",即要站得像松树一样挺拔,同时还要注意站姿的优美和典雅。

1. 直立式站姿

头正颈直,下颌微收,双目平视前方,面带微笑;双肩放松向后展并向下压;挺胸收腹,立腰提臀;双手自然下垂放在大腿两侧,男士两腿稍微分开,以不超过肩宽为宜,女士两腿并拢,脚跟靠拢,两脚尖分开呈"V"字形或呈"丁"字形。(如图 2-4 所示)

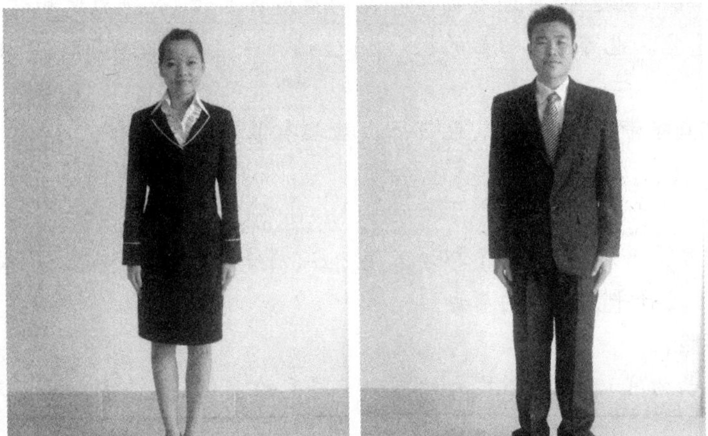

图 2-4 直立式站姿

2. 前腹式站姿

双手在腹前交叉,右手搭在左手上直立。前腹式站姿,男士可两腿分开,以不超过肩宽为宜。女士则两腿并拢,脚跟靠拢,两脚尖分开呈"V"字形或呈"丁"字形。站立时身体重心可在两脚间转换以减轻疲劳,这是一种常用的接待服务站姿。(如图 2-5 所示)

3. 后背式站姿

双手在身后交叉，右手贴在左手外面，双手轻握放在后背腰处，挺胸立腰，双目平视。男士两腿可分开，分开时不应超过肩宽；女士则两腿并拢，脚跟靠拢，两脚尖分开呈“V”字形。这种站姿优美中略带威严，易产生距离感，适用于门卫和安保人员。（如图2－6所示）

图2－5　前腹式站姿

图2－6　后背式站姿

4. 站姿的注意事项

①站立时，双手不应插在腰际或抱于胸前，这是表示进犯性意识的姿势。也不可双手插于衣裤袋中，确有需要时，可左手或右手插在左、右前裤袋，但时间不可太长。

②站立时，不可将双腿叉开过大。切忌腿不停地抖动、脚打拍子或是在地上不停地画弧线等下意识的动作，那样会给人漫不经心或是没有教养的感觉。还应避免缩肩驼背或倚靠墙壁，那样会给人委靡不振的感觉。

（二）优雅的坐姿

坐姿是一种静态造型。“坐如钟”是指端正的坐相，优雅的坐姿应体现端庄、自然、大方和舒适的美感。

1. 坐姿的基本要求

上身自然坐直，两肩放松，下颌向内微收，脖子挺直，挺胸收腹立腰，并使背部和臀部成一直角。双手自然放在双膝上或两手交叉半握拳放在腿上，也可两臂微屈放在桌面上且掌心向下，两腿自然弯曲，小腿与地面基本垂直，两脚平落地面。两膝应并拢或稍微分开,男子以不超过肩宽为宜,女子则应双膝靠紧为好。

2. **男士坐姿**

(1)端坐式

上身挺直坐正,两肩放松,下颌微收,双腿自然弯曲垂直于地面,两腿间距离应不超过肩宽,双手放在双膝上或椅子把手上。(如图2-7所示)

(2)交叉式

男士交叉式坐姿可分为斜身交叉式和前交叉式。前者是两小腿交叉向左(右)斜出,上体向右(左)倾,右(左)肘放在扶手上,左(右)手扶把手;后者是在端坐式的基础上,将小腿前伸,双脚踝部交叉,双手放在腿上或扶手上。(如图2-8所示)

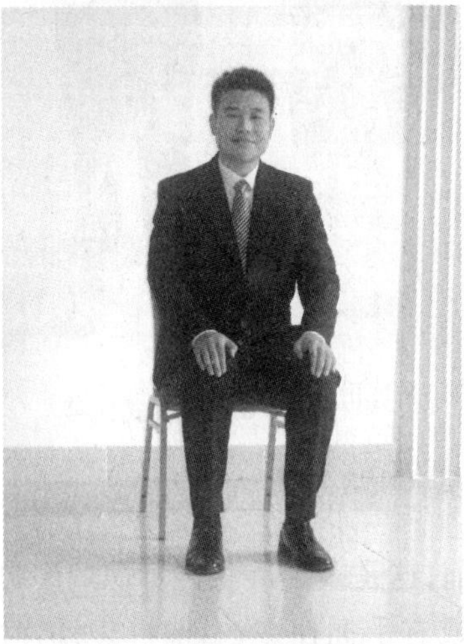

图2-7 男士端坐式坐姿

图2-8 男士交叉式坐姿

(3)重叠式

左(右)小腿垂直于地面,右(左)腿在上重叠,双手放在扶手上或腿上。男士在日常交往场合可以跷腿,但不可跷得过高或抖腿,还应避免鞋底正对身旁的客人。在轻松的场合,男士可交叠双腿,称为"小二郎腿"或"大二郎腿"。前者是把一条腿放到另一条腿的大腿上(如图2-9所示),后者是把一只脚的踝部放在另一腿的大腿上,这种坐姿显得较为粗俗,因此在正式的交际场合不建议使用这一姿势。

图 2－9　男士重叠式坐姿

3. **女士坐姿**

(1)端坐式

上身挺直,双肩平正,两臂自然弯曲,双腿垂直于地面,双膝并拢,两脚靠拢或呈“丁”字步,两手自然放在两腿上。(如图 2－10 所示)

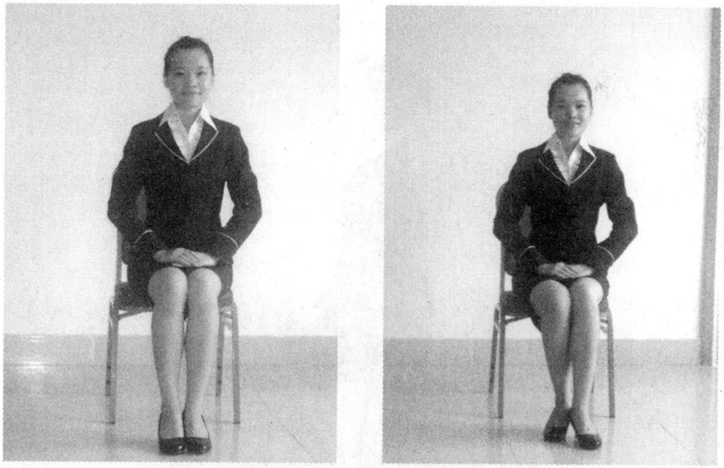

图 2－10　女士端坐式坐姿

(2)交叉式

在端坐的基础上,双腿并拢,两脚踝部交叉,双手自然放在双腿上。(如图 2－11 所示)

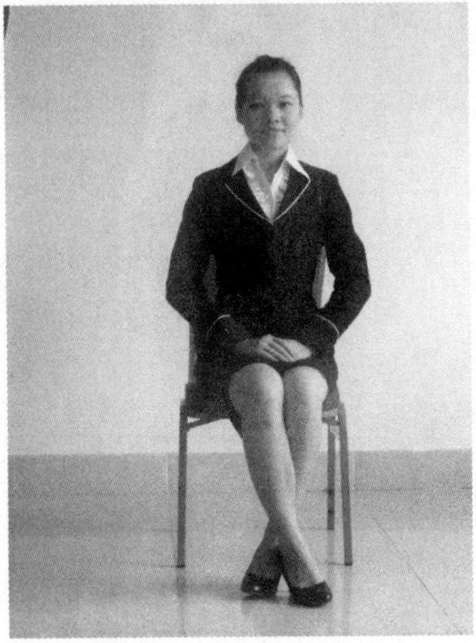

图 2－11　女士交叉式坐姿

(3)屈直式

在端坐式基础上,右(左)脚前伸,左(右)小腿后屈,大腿靠紧,两脚前脚掌着地,并在一条直线上。(如图 2－12 所示)

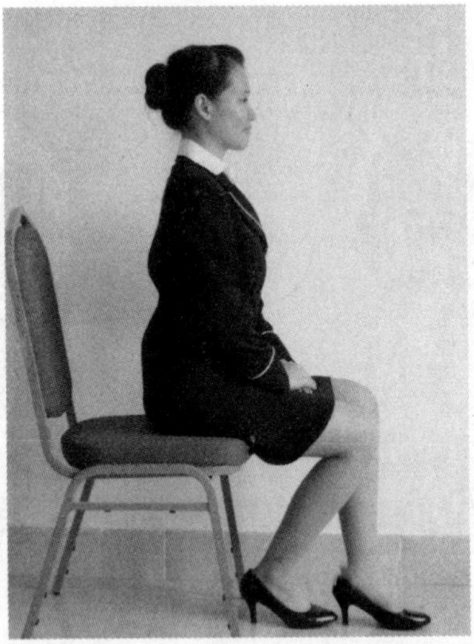

图 2－12　女士屈直式坐姿

(4)侧点式

两腿并拢,两小腿同时向身体右侧或左侧斜出,并且与地面形成 45 度左右的

角，注意大腿、小腿要成90度角，小腿要充分伸直，尽量显示小腿长度。（如图2－13所示）

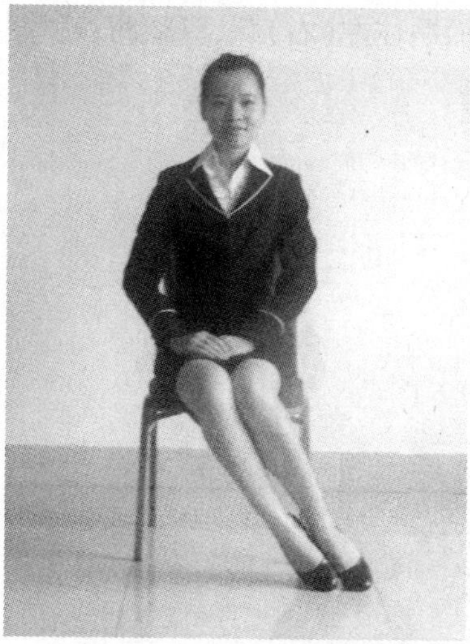

图2－13　女士侧点式坐姿

（5）重叠式

重叠式也称“标准式架腿”。在端坐式基础上，左（右）腿垂直于地面，右（左）腿提起重叠于左（右）腿上边。要注意右（左）腿向里收贴住左（右）腿，右（左）脚尖向下。（如图2－14所示）重叠式还有正身重叠式和侧身重叠式之分，手部也可交叉或扶把手。

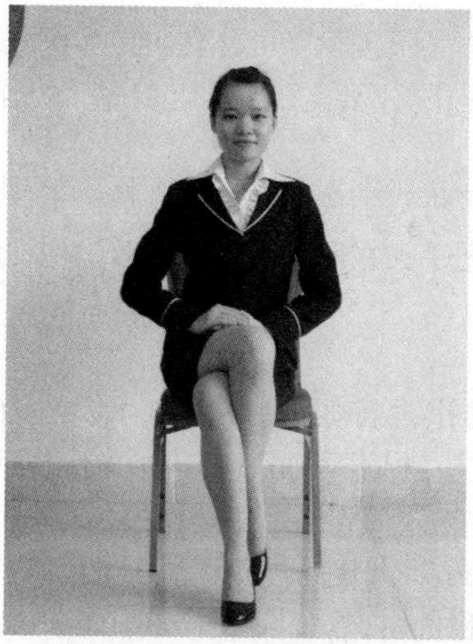

图2－14　女士重叠式坐姿

(6)侧挂式

在侧点式基础上,左(右)小腿后屈,脚绷直,脚掌内侧着地,右(左)腿提起于左(右)腿上,用右(左)脚面贴住左(右)踝,双膝和双腿并拢。(如图2-15所示)

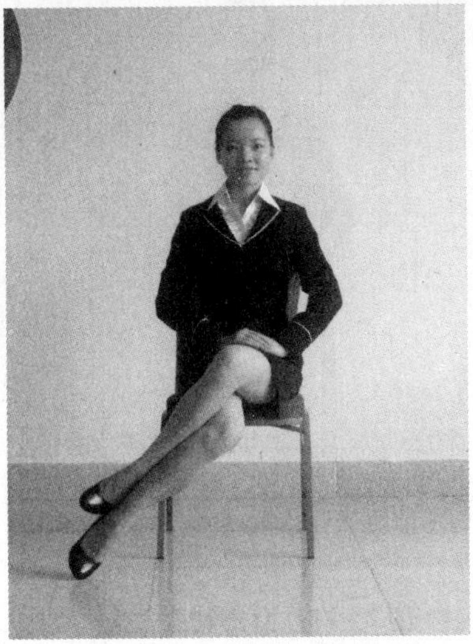

图2-15　女士侧挂式坐姿

4. 坐姿的注意事项

(1)在正式的场合

一般只坐椅子2/3的位置,通常不坐满整个椅面。

(2)在公众场合

入座时要稳要轻、要不紧不慢,不可猛坐猛起使椅子发出声响。女士着裙装入座时,应用手拢平裙摆再坐下,不要坐下后再起身整理衣服。

(3)入座后

上身自然挺直,男士可将双手放在双腿上或是椅子扶手上,女士只扶扶手的一侧显得较为优雅,绝不可把手夹在两腿之间或是双手抱在腿上。在正式场合,双手不应放在身前的桌面上。

(三)优美的走姿

走姿是站姿的延续动作,"行如风"体现了体姿的动态美。走姿的基本要领是,抬头挺胸,双肩平稳放松,提臂收腹,重心稍向前倾,目光平视前方,面带微笑。起步时,身体稍向前倾,手臂伸直放松,双臂以肩关节为轴向前后自然摆动,前臂不要向上甩动,提髋以大腿带动小腿向前迈。正常的行走,行走的线路应是"一条线"或是"两条平行线"。稳健、自然、轻盈的步履能流露出自信的精神面貌,给人以美的享受。(如图2-16所示)

图 2－16　走姿

1. 步位

步位指行走时两脚下落到地面的位置。男士行走时，两脚跟可保持适当间隔，基本前进在两条平行线上，脚尖稍微外展；女士行走则两脚跟要前后踏在同一条直线上，脚尖正对前方，也就是所谓的"一字步"，也称"柳叶步"。行走时应避免内八字步和外八字步。

2. 步幅

步幅也称步度，是指行走时两脚间的距离。生活中步度的大小因人而异，但通常应与本人一只脚的长度相近，男性每步大约 40 厘米，女性每步大约 30 厘米。同时，服装和鞋子也会影响一个人的步度。如身穿旗袍，脚穿高跟鞋，步度必定比平时穿长裤和平底鞋要小些。

3. 步速

步速就是行走的速度。男士以每分钟 108～110 步为宜，女士以每分钟 118～120 步为宜。一般情况下，旅游接待人员应以比较稳定的速度行走，通常是每分钟 60～100 步。遇有急事，可适当加快步速，但切不可奔跑或快跑。

4. 行走的注意事项

需要说明的是，男女的行走风格是有所不同的。男士的步履应雄健有力、潇洒豪迈，展现刚健英武的阳刚之美；女士的步履则是轻盈飘逸、端庄典雅，展示温柔娇巧的阴柔之美。行走时要切记：男不扭腰，女不扭臀。此外，在行走时还应注意以下禁忌：

（1）忌摇头晃脑，尾随客人

行走时应一心一意，避免与客人发生身体的碰撞，也不可因为好奇心对客人进行窥视或围观指点。

(2)忌勾肩搭背,搂搂抱抱

在公众场合,两个以上的服务员一块行走时应避免手拉手、搭肩搂抱的体姿。

(3)忌粗鲁无礼,我行我素

在通道行走时应尽量靠右行走,遇到客人或上级应礼让其先行;与客人或上级同行时,不应抢行,更不可从其中间硬穿过去。

(4)忌嬉笑打闹,出言不逊

旅游接待人员在行走时,不可嬉笑打闹,也不能哼唱、吹口哨、打响指、吃零食、吸烟,这些行为不仅会影响自身的形象,更会对旅游企业的形象造成负面影响。

(四)正确的蹲姿

蹲姿是由站姿转化而来的,当人站立时,两腿弯曲并降低身体高度,上身挺直,即形成蹲姿。蹲姿是人们在比较特殊的情况下所采用的一种暂时性的体姿。因此,一般情况下,旅游接待人员采用蹲姿的时间不宜太长。一般可分为高低式和交叉式两种蹲姿,女士无论采用哪种蹲姿,都应将两腿靠紧,臀部向下。

1. 高低式蹲姿

下蹲时一般左(右)脚在前,右(左)脚稍后,两腿向下蹲。左(右)脚应全脚着地,小腿基本上垂直于地面,右(左)脚跟提起脚掌着地。右(左)膝须低于左(右)膝,右(左)膝内侧可靠于左(右)小腿的内侧,形成左(右)膝高而右(左)膝低的姿态,臀部向下,基本上以膝低的腿支撑身体。女性下蹲时应靠紧两腿(尤其着裙装),避免走光;男性则可适度分开,以不超过肩宽为宜。(如图 2－17 所示)

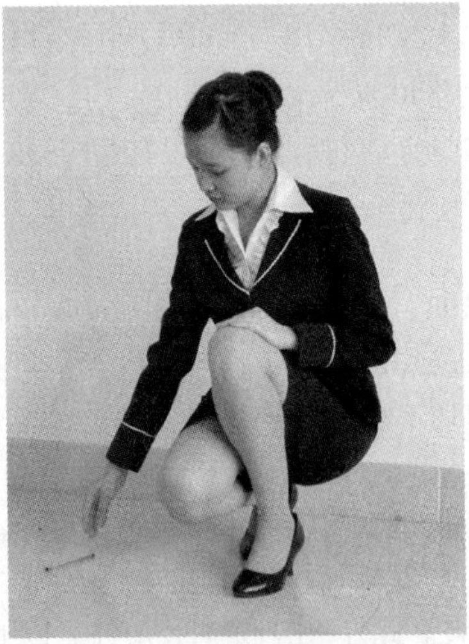

图 2－17　高低式蹲姿

2. 交叉式蹲姿

下蹲时一般右(左)脚在前,左(右)脚在后,右(左)小腿垂直于地面,全脚着地。右(左)腿在上,左(右)腿在下,两腿交叉重叠。左(右)膝由后下方伸向右(左)侧,左(右)脚脚跟抬起,并且脚掌着地。两腿前后靠近,合力支撑身体。上身略向前倾,臀部朝下。交叉式蹲姿较适合于女士使用。(如图 2 – 18 所示)

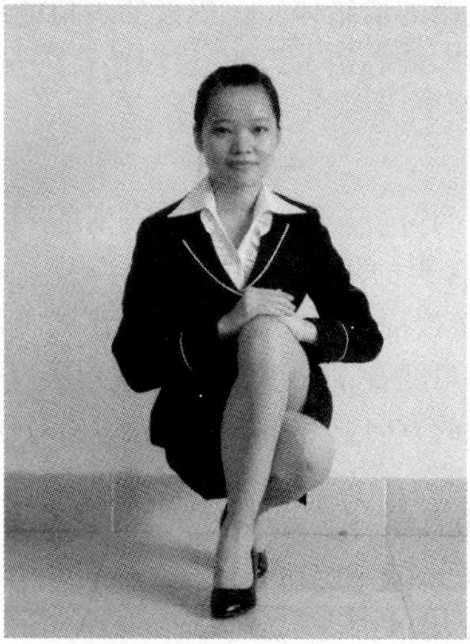

图 2 – 18　交叉式蹲姿

3. 蹲姿的注意事项

(1)不要突然下蹲

下蹲时,速度切勿过快。在行进中下蹲时要牢记这一点。

(2)不要距离人过近

下蹲时,应与他人保持一定的距离。与他人同时下蹲时,更不能忽略双方之间的距离,以防彼此迎头相撞。

(3)不要方位失当

在他人身边下蹲,尤其是在服务对象身旁下蹲时,最好是与之侧身相向。正面面对他人或者背部对着他人下蹲,都是极为不礼貌的。

(4)不要毫无遮掩

在大庭广众之下下蹲时,身着裙装的女服务员,一定要避免个人隐私暴露在外。

(5)不要随意滥用

在旅游接待工作中,若在毫无必要的情况下采用蹲姿,只会给人虚假造作之感。另外,不可蹲在椅子上,也不可蹲着休息。

三、表情礼仪

表情是仪态的重要组成部分,主要包括眼神和微笑两部分,是一个人最生动的无声语言,既可以反映一个人内心丰富的思想感情,也可以交流情感,是旅游接待人员给客人表现出的最直接的情绪体验。积极的表情能给游客积极的情绪体验,而消极的表情也会影响游客的心情。因此,旅游接待人员在岗时要调整好自己最佳的表情。

(一)眼神

人们常说眼睛是心灵的窗户。眼神是面部表情的第一因素,能够传达深刻的内在感情,是一种真诚而含蓄的语言。眼睛被认为是人体传递信息最重要、最清楚、最真实的部位。在旅游接待过程中,正确地使用眼神就显得尤为重要。

从目光投射的方向和角度看,眼神常见的表现形式有平视、上视、下视、旁视和注视五种类型。视线接触的方向通常能准确地表达出对他人是否尊重。

1. 平视

平视是视线平行接触,即正视。这种目光的主要含义是显示地位的平等,也表示"思考"、"理性"、"评价"、"客观"和"理智"等含义。旅游接待人员通常应采用平视的目光。(如图2－19 所示)

2. 上视

上视是视线朝上,即仰视。表达的意思是"尊敬"、"期待"、"谦逊",也可表达"哀求"、"悲痛"和"服从"等意思。(如图 2－20 所示)

图 2－19　平视

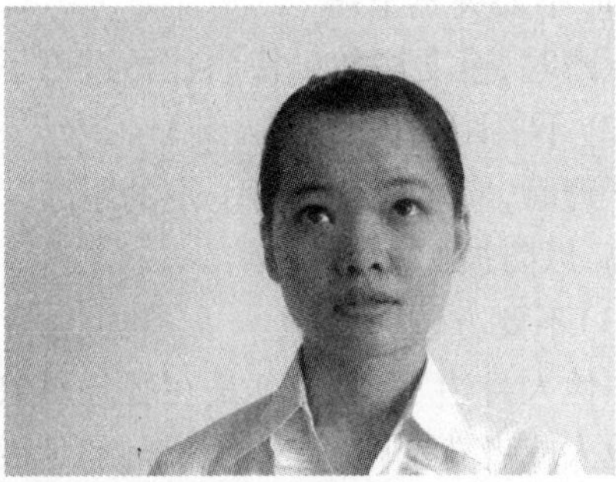

图 2－20　上视

3. 下视

下视是视线向下,即俯视。可表示"爱护"、"宽容"的含义,也可表示"傲慢"、"激愤"、"权威感"和"歧视"等含义。(如图 2－21 所示)

4. 旁视

旁视是视线斜行，它可表示“疑问、怀疑”的意思。单纯的旁视，一般用来表达非正面的情绪，如“轻视”、“敌意”、“厌恶”、“不经心”等。（如图2－22所示）

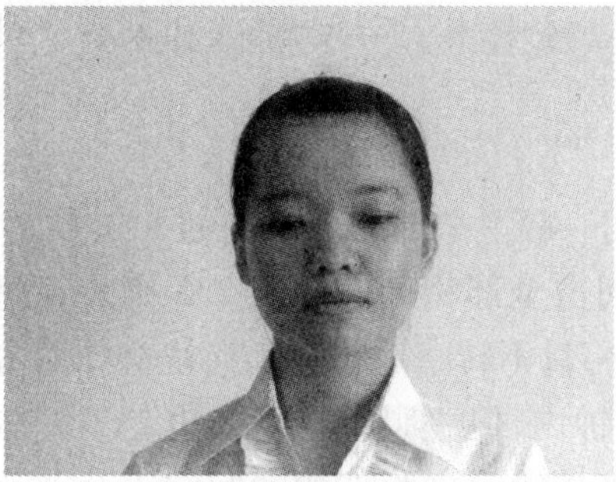

图2－21 下视

图2－22 旁视

5. 注视

运用注视可表达你对客人的尊敬和关注，正视能使人感到你的自信和坦率，平视和注视结合能更好地表达对对方的尊重和关注（如图2－23所示）。眼神注视的基本规范主要包括注视区域和注视时间。

图2－23 注视

（1）注视区域

一般而言，目光注视的区域可分为3个区域。

①商务注视区域。这一区域主要是看着对方的双眼或是双眼与额头之间的区域。这个区域表示认真、严肃和公事公办等，能使被注视者感到受尊重，也能感到你有诚意。主要用于谈判、晚辈拜见长辈、下级拜见上级和异性之间的第一次见面等场合。

②社交注视区域。这个区域主要是看着对方双眼以下至下颚以上所形成的倒三角区域。这一区域的注视能让对方感到礼貌、轻松、自然、舒适，容易使谈话双方

形成平等感。主要用于茶话会、舞会、酒会和友谊聚会等社交场合。旅游接待人员通常多使用这一注视区域。

③亲密注视区域。这一区域主要是注视对方双眼到胸部之间的区域，这个区域表示亲近和友善，能激发情感，表达爱意。主要用于亲人、恋人和家庭成员等至爱亲朋之间。

(2)注视时间

在人际交往中，与对方目光接触的时间一般占全部相处时间的1/3多，注视时间少于1/3的表示对对方的轻视，注视时间占全部相处时间的2/3则表示对对方的重视，而多于2/3则表示敌视。在交谈中，目不转睛地长时间注视会使对方不自在，一般连续注视对方的时间应在1~3秒钟内，但一眼不看对方也是不礼貌和极为失礼的表现。研究表明，与人交谈时目光接触对方脸部的时间宜占全部谈话时间的30%~60%，超过这一时限，可认为对对方本人比对谈话内容更感兴趣；若低于这一时限，则表示对对方和谈话内容都不怎么感兴趣。

(二)微笑

微笑在人类各种文化中的含义是基本相同的，能超越文化而被广泛认同，是名副其实的"世界语"。微笑是一门学问，也是一门艺术。微笑是友善、和蔼、谦恭、融洽、真诚等美好情感的表示，微笑的情绪有着强烈的感染力。因此，在旅游接待过程中特别提倡微笑服务，微笑也是旅游接待人员必须具备的表情。

1.微笑的意义与魅力

微笑是世界的通用语言。微笑的妙处在于它的温文尔雅和含而不露，还在于它在任何场合都是无往而不胜的有力武器。微笑的意义和魅力主要体现在以下五个方面：

①当赞美别人时，微笑会使你的赞美词更有分量。

②当拜托别人时，微笑会使对方无法拒绝你的请求。

③交际中出现僵局时，微笑能够缓和气氛；萍水相逢时，微笑能够使对方觉得你像老朋友一样亲切。

④微笑能使对方觉得你是值得信赖、并能友好相处的人，从而为双方的沟通扫清障碍。

⑤轻轻一笑，可以拉近彼此的距离。

2.微笑的作用

(1)沟通功能

微笑在传达亲切温馨的情感、有效地缩短双方之间的心理距离、增强人际吸引力等方面的作用显著 。微笑能强化有声语言沟通的功能，增强交际效果；微笑能融洽工作环境，解决客我矛盾；微笑能与其他体语相结合，代替有声语言进行沟通；

微笑还能增进工作艺术，提高个人魅力。

(2)促进健康功能

微笑作为一种表情，不仅是形象的外在表现，也是人的内在精神的反映。微笑不仅有助于营造宽松与和谐的氛围，还有助于保持积极乐观的心态。微笑是身心健康的标志，是快乐心情的表现，是乐于服务的体现，也是迎送与致谢的无声语言。

3. 微笑的训练

(1)微笑要领

迷人的笑容来自刻苦的训练，在训练迷人的笑容时要注意以下三种方式：

①一般微笑是嘴角挂着一丝笑容的状态，基本做法是面带笑容，面部肌肉放松，两边嘴角向上微微翘起，嘴唇略呈弧形，不露齿，不发出笑声。

②"超级微笑"是露出整个上牙龈和牙齿的不出声的笑，美国人称为"卡特式超级微笑"。礼仪专家指出，职业化微笑一般要露出上齿 6～8 颗牙，这样的笑容最自然。练习时双颊肌肉向上抬，嘴角外拉上翘，口里默念普通话的"一"、"茄子"或英文单词"Cheese"、英文字母"g"等。(如图 2－24 所示)

图 2－24 微笑

③训练眼睛的笑容。微笑是面部肌肉的综合运动，要协调目光、眼、眉、鼻、嘴和面部肌肉整体配合；双眼可依据个人的喜好略为睁大或稍稍眯起；眉头自然舒展，眉毛略向上扬起，鼻翼张开；面部肌肉收拢，嘴角上扬。最高级的微笑应该是发自内心的，看到眼睛中含着笑。

(2)声情并茂

微笑时要注意让笑和眼神、表情、语言等相结合，要口到眼到、笑眼言情、情绪饱满，微笑才能亲切、动人和富有感染力。

(3)适时微笑

当笑则笑，不该笑就别笑，这是发挥笑容功能的关键。如打破沉默之前先露出笑容，立马就会有一个良好的沟通氛围。

4. 微笑的禁忌

虚假做作的微笑会令人反感。因此,旅游接待人员在服务中要避免一些具有负面影响的笑,如假笑、怪笑、冷笑、干笑、狞笑、媚笑和窃笑等。同时,旅游接待人员在正式的场合不可放肆大笑,在服务岗位时不要讥笑,以免使对方恐慌;不要傻笑,以免使对方尴尬;不要皮笑肉不笑,以免使对方无所适从;不要冷笑,以免使对方产生敌意。总而言之,笑也要因时、因地、因事而异,否则效果就会适得其反,令人生厌。

四、手势礼仪

根据心理学家的研究,人们在社会交往中,语言在沟通中所起的作用只占30%,而通过举止所起的作用要占60%以上,其中手势是举止中最富有表现力的。不同的手势可以表示各种不同的意思。旅游接待人员在为语言不通的外宾提供服务时,可以借助一些手势来帮忙。

图 2-25 横摆式

(一)横摆式

横摆式是最常用的手势,用于表示"请进"、"请"等含义。做法是,右手五指并拢,手掌自然伸直,手心向上,肘微微弯曲,从腹前抬起,以肘为轴轻缓地向右摆出,到身体右前方处停止。头部和上身微向伸出手的一侧倾斜,同时另一手自然下垂或放在腹前,双脚并立或站成"丁"字步,并面带微笑,表现出对游客的欢迎和尊敬。(如图2-25所示)

图 2-26 双臂横摆式

(二)双臂横摆式

当来宾较多时,为了表示对大家的欢迎,表示"请"的动作可以大一些,通常可采用双臂横摆式。即两手从腹前抬起,两肘微曲,掌心向上,同时向身体左右两侧摆出,摆至身体腰部左右两侧前方处停止,上体略前倾,并微笑致意。也可以双臂向同一个方向摆出,指向前进方向一侧的手臂抬高一些、伸直一些,另一手则稍低一些、弯曲一些。(如图2-26所示)

图 2－27　前摆式

（三）前摆式

当一手需要拿着东西、扶着电梯或扶着门，同时又要向客人做出“请”的手势时，可以使用前摆式。做法是一手五指并拢，手掌伸直，以肘关节为轴，从身体一侧由下向上抬起，手臂稍曲，到腰的高度时停止，并在身前向反方向摆动。摆动幅度不宜过大，不要超过身体的宽度（如图2－27所示），同时目视客人，面带笑容。也可双手前摆。

（四）斜摆式

这个手势主要用于请客人就座时，手势应摆向座位的地方。手要先从身体的一侧抬起，到高于腰部后，再向下摆去，使大小臂成一斜线，指向座位的方向。（如图 2－28 所示）

图 2－28　斜摆式

图 2－29　直臂式

（五）直臂式

此手势常用于给客人指示或引领较远方向时。做法是五指并拢伸直，掌心向上，屈肘从身前抬起，向所指的方向摆去，抬到肩的高度时停止，肘关节基本伸直（在指引方向时，注意不可用单个手指指方向，显得不礼貌）。指示方向时，上体略向前倾并侧向客人，面带微笑，眼睛应兼顾指示的方向和客人。此手势表示恭敬、诚恳之意。（如图 2－29 所示）

特别提示

微笑服务的“九个一样”

1. 领导在场不在场一个样；

2. 内宾、外宾一个样；
3. 本地客、外地客一个样；
4. 生客、熟客一个样；
5. 大人、小孩一个样；
6. 生意大小一个样；
7. 买与不买一个样；
8. 购物、退货一个样；
9. 主观心境好坏一个样。

使用手势的注意事项①

在旅游工作岗位上时，使用手势要求规范、自然、适度，讲究手势动作的柔美和流畅，得体的手势来自于旅游接待人员对游客的尊重和友好。因此，在对客人使用手势时应注意以下问题：

1. 忌讳做手势动作时在游客面前拉拉扯扯，或在游客背后指指点点。
2. 忌讳讲到自己时，用手指着自己的鼻尖；讲到别人时，用手指点别人。
3. 忌讳手势动作过多，使用幅度过大过快，手舞足蹈。
4. 忌讳手势过于单调重复、僵硬死板、毫无韵味。
5. 忌讳在游客面前掏鼻孔、剔牙、抓耳挠腮、搔痒、打响指等不良手势。

拓展知识

各国不同的手势语言②

1. "OK"形手势

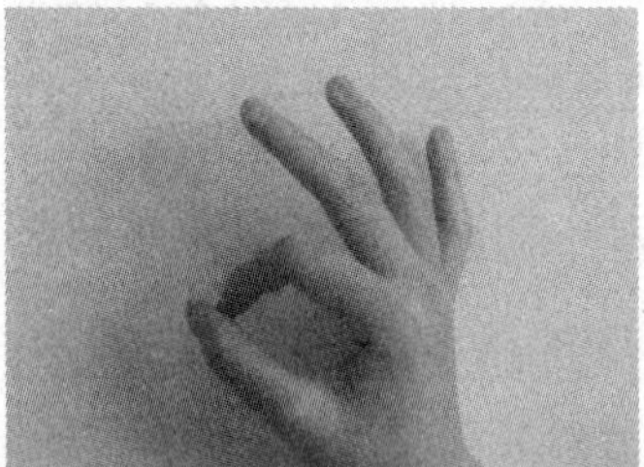

图 2－30 "OK"形手势

"OK"形手势在欧美通常表示"同意、赞成或欣赏对方的观点"；在日本、缅甸、韩国表示"金钱"；在中国则表示"零"或"三"的意思；在印度表示"正确"；在泰国表示"没问题"；在巴西，常表示指责别人作风不正确，是侮辱男人或引诱女人的手势；在突尼斯表示"无用、傻瓜"；在印度尼西亚表示"不成功"；在地中海国家，常用来影射同性恋；在德国表示"笨蛋"；在法国表示"零"或"没有"。(如图 2－30 所示)

① 张舒哲，何霞. 旅游服务礼仪与形体训练. 北京：旅游教育出版社，2009.
② 李嘉珊，刘俊伟. 旅游接待礼仪. 北京：中国人民大学出版社，2006.

2.“V”形手势

食指和中指上伸为“V”形、拇指弯曲压于无名指和小指上的手势通常表示“胜利”，暗示“对工作或某项活动充满信心”。这种手势要求掌心向外。若是掌心向内，在英国、澳大利亚、新西兰等国就变成了“侮辱人、贬低人”的信号了。在中国，“V”形手势表示数目“2”、“第二”或“剪刀”。在非洲国家，“V”形手势一般表示“两件事或两个东西”。据说这个手势是英国首相丘吉尔在“二战”期间的一次演讲中发明的。（如图2－31所示）

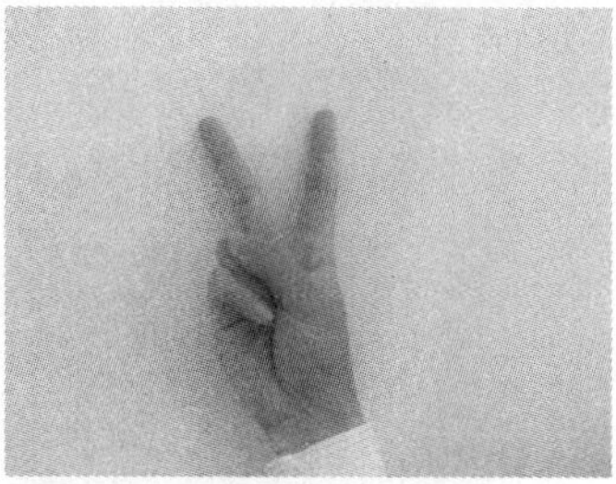

图2－31　“V”形手势

3.“竖大拇指”手势

图2－32　“竖大拇指”手势

中国人认为竖大拇指表示“赞赏、夸奖或暗示某人真行”；在美国、英国、澳大利亚等国，这种手势则表示“OK，搭便车”；在希腊，这种手势意味着“够了”、“滚开”，是侮辱人的信号（他妈的）。将大拇指指向自己，是自夸的意思；而翘向别人，通常是看不起人的表示。一般来说，在社交场合，不宜将拇指跷向自己或别人。这样做，往往给人一种很粗鲁的感觉。（如图2－32所示）

4.“右手握拳，伸出食指”手势

这个手势在中国表示“一次”或“1”，或是“提醒对方注意”的意思；在日本、韩国等国表示“只有一次”；在法国表示“请求，提出问题”的意思；在新加坡表示“最重要”；在澳大利亚则表示“请再来一杯啤酒”。（如图2－33所示）

图2－33　“右手握拳，伸出食指”手势

5.“我爱你”手势

“我爱你”手势其实由三个部分组成。在美国的手势字母中——只伸出食指，表示“I”；伸出食指和大拇指，表示“L”（LOVE）；伸出大拇指和小指，表示“Y”（YOU）。简化连起来，伸出大拇指、食指和小指就是I Love You（我爱你）。（如图2－34所示）

6.“交好运”手势

该手势在北美和欧洲许多地区表示祈求“交好运”的意思，而在巴拉圭则被认为是“无礼”的意思。（如图2－35所示）

图 2－34 “我爱你”手势

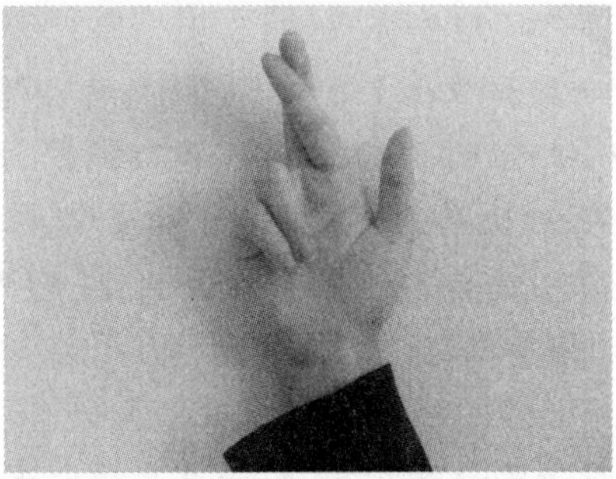

图 2－35 “交好运”手势

第三节 服饰礼仪

一、服饰的基本原则

俗话说：“人靠衣装，马靠鞍。”服饰（包括衣、帽、鞋、袜以及手表、戒指、耳环等饰物）是人体的外延，属于人的“第二皮肤”，是一种无声的语言，也是一个国家和民族礼仪的标志之一。服饰能体现人的性格特点、文化修养和审美趣味，以及人的品位、职业特征和社会属性。因此，旅游接待人员的服饰不仅要合乎工作要求，还应合乎基本的旅游职业礼仪，只有合适的服饰才能增加旅游接待人员的个人魅力。

（一）“TPO”原则

着装的“TPO”原则是世界通行的着装打扮的基本原则，是由日本男装协会于1963年提出来的。“TPO”是英文“time（时间）”、“place（地点）”、“occasion（场合）”三个单词的缩写。“TPO”原则是指人们的穿衣打扮要兼顾时间、地点、场合并与之相适应。

1. 与时间相适应的T原则

T原则是指在着装打扮时应考虑时代、季节和时间的变化，服饰要根据时间、气温的变化进行适当的调整。

2. 与地点相适应的P原则

P原则是指穿着打扮要与环境和地点相适应。这是指穿着打扮要考虑不同国家、不同地区所处的地理位置及其自然条件和生活习俗等。

3. 与场合相适应的O原则

O原则是指着装打扮要考虑前往的场合。主要是指上班、社交、休闲三大场合。上班着装要整洁、大方，社交着装要时髦、流行，休闲着装要舒适、得体。

(二)色彩原则

色彩,是服装留给人们记忆最深的印象之一,而且在很大程度上也是影响服装穿着成败的关键所在。色彩对他人的刺激最快速、最强烈、最深刻,所以被称为“服装的第一可视物”。一般来说,对于服装色彩的把握最重要的是掌握色彩的特征和色彩的搭配两方面。

1. 色彩的特征

色彩是人的眼睛对物体反射的不同波长的光所产生的反应。从色彩的功能上看,它具有以下基本特征:

(1)色彩的冷暖

色彩的冷暖主要指色彩结构在色相上呈现出来的总特征。色彩因色相不同,可产生温暖或寒冷的感觉。使人有温暖、热烈、兴奋之感的色彩,叫做暖色,如红色、黄色等;使人有寒冷、抑制、平静之感的色彩,则叫冷色,如蓝色、黑色等。

(2)色彩的轻重

色彩的明亮程度称为明度。不同明度的色彩往往给人以轻重不同的感觉。明亮的颜色看后感觉轻,使人有上升感;灰暗的颜色看后感觉重,使人有下垂感。

(3)色彩的软硬

色彩显现出来的鲜艳程度,叫做纯度。色彩的软硬与其明度和纯度有密切的关系。色彩明度和纯度越高,就越鲜艳纯粹,并给人以柔软、润滑的感觉,如浅黄、浅绿等。色彩明度和纯度越低,就越为深暗,并给人以坚硬、朴实的感觉。

(4)色彩的缩扩

色彩的波长不同,给人收缩或扩张的感觉就不同。一般来讲,冷色、深色属收缩色,暖色、浅色则为扩张色。

2. 服饰色彩的搭配

(1)同色搭配法

即配色尽量采用同一色系之中各种明度不同的色彩,按照深浅层次的不同进行搭配,以造成和谐统一的效果。

(2)相似色搭配法

色彩学上把色环上90°以内的邻近色称为相似色,如绿与蓝,红与橙、黄等。相似色搭配法即配色尽量搭配相似色。它与同色搭配相比,色彩丰富且有变化。但应注意色彩的数量不宜太多,应该遵循服饰礼仪的“三色原则”,即正式场合的服饰配色,包括服装、饰品等一切服饰,其颜色不应超过三种,否则就显得杂乱无章,给人低俗之感。

(3)对比色搭配法

即在配色时运用性质相反的色彩进行组合的方法,它可以使着装在色彩上反差强烈，产生明快、生动的效果，从而突出个性，如红与绿、黄与蓝、白与黑等都是最常见的对比色，如果将它们的颜色按1∶1进行组合，会有强烈、醒目的色彩效果。其他还有无色系与有色系之间的搭配，黑、白、灰与其他任何色彩的搭配，无色系之间的搭配，黑、白、灰之间的搭配等。

一般而言，黑、白、灰是服装色彩搭配时最常见的三种颜色，也是最安全的颜色，它们最容易与其他颜色的服装搭配以取得较好的效果。值得注意的是，服饰色彩还应与个人的身材、肤色等方面协调一致，如深色有收缩感，适合肥胖者穿着；浅色的衣料有扩张性，身材瘦小者穿着有丰腴的效果。

二、服装的类别

在日常生活和工作中，由于不同场合的礼仪要求有所不同，对服装类型和款式的要求也很讲究。根据服装礼仪规范来选择服装的类别应注意符合身份和分清场合。一般而言，服装大体上可分为正装、便服、休闲装和鞋袜四类。

（一）正装

正装指具有职业身份和公众身份的场合时的着装。正装与其他服装有明显的区别，一般可分为男士正装和女士正装。男士正装有正式西装、中山装、制服和礼服等，女士正装有西服套裙、旗袍、制服和礼服等。（如图2－36所示）

（二）便服

在日常工作场合中，如企业的内部会议、研讨会、沙龙活动或普通的办公场合等的着装不同于正式场合那么正规，服装的质地、款式、颜色等也不那么讲究，这即是便服。穿着便服应注意四个协调：要和年龄相协调、要和体形相协调、要和职业相协调、要和环境相协调。（如图2－37所示）

图2－36　职业正装

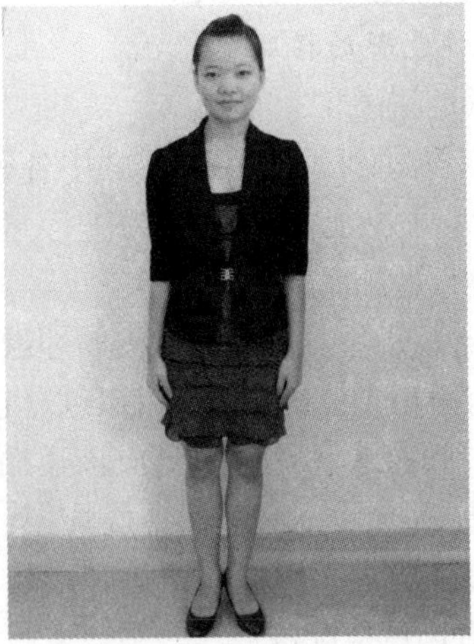

图2－37　便服

（三）休闲装

在日常生活中，如居家休息、健身运动、观光游览或逛街购物等场合的着装相对随意，称为休闲装，如居家服、运动装等。（如图 2－38 所示）

（四）鞋袜

俗话说："鞋袜半身衣。"指的是光有衣着的好看还不够，还应配上合适的鞋袜，穿着才能称得上完美。（如图 2－39 所示）

图 2－38　休闲装

图 2－39　鞋袜

旅游接待人员每天都应该把皮鞋上油擦亮，破损的地方应及时修理。若穿的是布鞋，更应该注意保持布鞋的干燥、清洁。需要说明的是，男性员工应穿黑色皮鞋，鞋跟不应超过 3 厘米，不应赤足穿凉鞋；女性员工应穿中跟皮鞋，鞋跟不应超过 4 厘米。

另外，袜子的颜色要跟皮鞋的颜色相协调，深色鞋配深色袜，浅色鞋配浅色袜，一般不宜穿花袜子，发现袜子脱线或破洞时应丢弃不用。需要强调的是，坐下时，袜子应遮盖裤脚或裙脚与鞋子之间的部分，避免袜口过短而露出皮肤或腿毛或是袜口露在裤子或裙子外而给人造成三截腿的不雅印象。同时，袜子还要经常更换和清洗，有汗脚的人更要注意保持自己鞋袜的干净，避免散发出异味，令人厌恶反感。

三、男士着装礼仪

西装是公认的国际服装，是目前全世界最流行、最标准、最通用的礼服，在各种场合均被广泛穿着。人们常言"西装七分在做，三分在穿"。要使西装的穿着合乎礼仪要求且搭配合理，应力求做到以下几点：

（一）西装穿着的"三个三"原则

关于西装的穿着有些约定俗成的规矩。比如，西装上衣下面的两个口袋里是不能放任何东西的，西装买回来之后上衣这两个口袋的线可以不拆开。穿西装最重要的原则可以概括为“三个三”。

1. **三色原则**

指男士在正式场合穿着西服时，全身颜色必须限制在三种之内，包括上衣、下衣、衬衫、领带、鞋子、袜子在内，否则就会显得不伦不类，有失庄重和保守。

2. **三一定律**

指男士穿着西服、套装外出时，身上“鞋子、腰带、公文包”三个部位的色彩必须协调统一，应为同一颜色，而且首选黑色。

3. **三大禁忌**

指男士在正式场合穿着西服时，不能出现的三种错误：一是袖口上的商标没有拆，二是正式场合穿夹克或短袖衬衫打领带，三是穿深色皮鞋配白袜子。在正式的社交场合，男士应避免穿尼龙丝袜和白色袜子，袜子颜色要与皮鞋颜色统一，首选的色彩为黑色。

（二）西装穿着的三要素

西装通常被视作男人的脸面，会不会穿西装意味着你是否是一个有档次的男人。西服较为通用的是两件套或者三件套，统一面料、统一色彩，是正式场合规范化的男装。穿着西服对于职业人士而言，既体现其身份，也体现其所在企业的规范化程度。男士穿着西服的三个基本要素是西装、衬衣、领带。

1. **西装**

目前，西装的外观造型主要有欧式、英式、美式、日式四种。欧式西装呈倒梯形，特点为肩宽胸饱领大，多为双排扣形式，后摆不开衩。英式西装剪裁得体，多为单排扣，后摆两侧开衩。美式西装线条柔和，自然垫肩，以 2～3 粒扣的单排扣为主，后摆中间开衩。日式西装领窄短，呈“H”形，多为单排扣，后摆不开衩。我国目前选择英式和日式的居多。

男士合体的西服上衣长度应长过臀部，垂下手臂时与虎口相平，四周下垂平衡，手臂伸直时上衣袖长应至手腕部，一般西装领子应紧贴衬衫领口且低于衬衫领口 1 厘米左右，衬衫的袖口也应稍长出西服袖口一些（按照严格规定，应当露出大约 1/4 英寸的长度）。西服穿着的“两一”原则即为：手臂伸直时，衬衣的袖子应长出西装袖子一寸，内领高于外领一公分。合体的西服胸围以穿一件厚“V”字领羊毛衫后松紧度适宜为好。上衣的下摆与地面平行，裤子要烫出裤线，裤长以裤脚接触脚背为妥。

西服穿着还应注意一些细节：穿着两排扣的西服要把纽扣一一扣上；穿单排扣的西服，两粒扣西服扣第一粒表示郑重、不系扣表示气氛随意，三粒扣西服扣中间一粒或上面两粒表郑重、不扣表示融洽，一粒扣西服以系扣和不系扣区别郑重和非郑重。在外国人眼中，穿着单排两粒扣西服，只系上扣是正统，只系下扣是流气，两粒都系是土气，全部不系是潇洒。穿着单排扣的西服忌讳系上全部扣子，在较正式的场合一般要求把上面的扣子系上，坐下时可解开。

2. 衬衣

西服衬衫通常是长袖衬衫，衬衫的花色应以单色为宜，细条纹比粗条纹更为适宜，其他方格或花衬衫在日常生活工作中可外穿，但不宜与西服随意搭配。正式西服的衬衫以白色为宜，也可选浅冷色，如青、灰、蓝等。男士在正式场合应穿同一面料、同一颜色的西服套装，颜色以深色为好，衬衫以单色为宜。应注意的是三件套西装在正式场合不能脱下外衣。穿着西服要讲究搭配合理，才能突出西装的协调和端庄之美。西服的搭配应以单一颜色为主。

(1)黑色西服

配白色为主的浅色衬衫，配灰、蓝、绿等与衬衫颜色相协调的领带。

(2)灰色西服

可配灰、绿、黄或砖色领带，穿以白色为主的淡色衬衫。

(3)蓝色西服

可配暗蓝、灰、胭脂色的领带，穿粉红、乳黄、银灰或明亮蓝色的衬衫。

(4)褐色西服

可配暗褐、灰色的领带，穿白、灰、银色或明亮的褐色衬衫。

3. 领带

领带被称为西装的灵魂，在西装配件中起到画龙点睛的作用。领带与西装的和谐统一，对西装的穿着起到至关重要的作用。凡在正式场合，穿西装必须系领带。

较好的领带应用真丝或是羊毛制成，职业男性不应佩戴棉、麻、皮、革、塑料和珍珠等物制成的领带。领带有箭头和平头之分，一般箭头的领带显得传统典雅，平头领带则显得时尚随意。

领带的长度和宽度要适中，合适的领带长度要根据身高以及打领带的方法来定。领带的长度一般为130～150厘米，系好领带后其大箭头应正好垂到皮带扣上端处最为标准(如图2－40所示)。领带的宽窄度除了要与流行保持同步外，还应与本人的胸围和西服翻领的宽度等相协调。领带的领结要饱满，与衬衫领口的吻合要紧凑。

图2－40　系好领带长度

领带夹不能露在衣服外面或用来夹上衣的领子。西服系纽扣时，领带夹应夹在衬衫第二粒与第三粒纽扣之间为宜；西服敞开时，领带夹应夹在衬衫第四粒与第五粒纽扣之间为好。使用领带夹一般以年轻男士居多。

目前,领带较流行的系法是在紧挨领结的地方,巧妙地打出一个微凹的面,可以增强领带的立体感。领带的打法使用最多的是平结(如图 2-41 所示)、温莎结(如图 2-42 所示)和双环结(如图 2-43 所示)①。

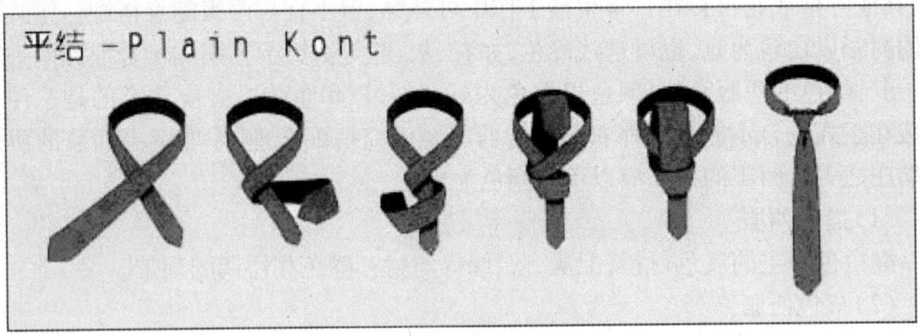

图 2-41　平结领带打法

图 2-42　温莎结领带打法

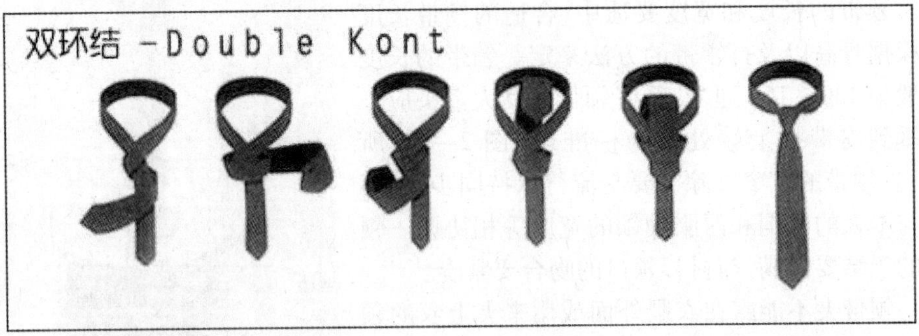

图 2-43　双环结领带打法

① 田芳,李乐群,易涤尘.商务礼仪基础与实训教程.北京:中国传媒大学出版社,2009.

四、女士着装礼仪

与男士西装略有不同的是,女士西装套裙在色彩上有更广阔的选择范围,对服饰的质地和面料也没有太多的限制。女士套裙有两件套和三件套之分,套裙的上装以西服样式居多,也有圆领、V 字领、披肩领、青果领等样式;款式有单排扣和双排扣;造型有宽松和束腰等。一般而言,穿灰色或蓝色的西装套裙有助于提高自身的威信,若是要显得平易近人则选择色彩柔和一些的套裙较好。

西装套裙的穿着十分讲究,要宽紧适当、长短适中,造型与体形特征互补互衬。旅游接待女性在穿着西装套裙时应注意以下几方面:

(一)西服套裙应成套穿着

穿着西装套裙时,还须配上与之相协调的衬衣或高领羊绒衫。同时,在领口还可系上领结、领花或是丝巾等饰品。

(二)与西服上装的搭配

穿着西服上装时,多配西服裙为宜,切忌用大摆裙来搭配西服上装。在社交场合,女性穿着套裙忌透、忌露、忌短,裙长应及膝或过膝 10 厘米左右,直筒裙的效果最好。

(三)西服套裙的配饰

穿着套裙一定要搭配连裤袜或长筒丝袜,不可在紧身裤外穿着套裙,也不可露出袜口。套裙最好与中跟或高跟皮鞋相搭配。

(四)西服套裙应穿着到位

穿着西装套裙应大小适度,内衣忌露,鞋袜得体;装饰协调及搭配适当,穿着套裙时,对衬衣、袜子、鞋子、饰物以及皮包的选择,要注意色彩与款式的协调搭配;兼顾举止,优雅稳重。

五、旅游行业制服穿着规范

第一,整齐大方。制服的款式要简洁、高雅,线条自然流畅。制服必须合身,注意四长(袖到手腕、衣服到虎口、裤到脚面、裙到膝盖)和四围(领围以能插入一指的大小宽松度为宜,上衣的胸围、腰围及裤腰的臀围以能穿一件羊毛衣裤的松紧为宜)。尤其内衣不要外露,不挽袖卷裤,不漏扣、不掉扣,领带、领结与衬衫的吻合要紧凑且不系歪,工号牌或标志牌要佩戴在左胸前,有的岗位还要戴好手套和帽子。敞胸露怀、不系领扣、高卷袖筒、挽起裤腿、不打领带等行为,不仅有损制服的整体造型,还破坏了企业的形象。

第二,清洁。要经常定期或不定期地换洗,做到衣裤无油渍、无污垢、无异味。领口与袖口尤其要保持干净。

第三,挺括。为使衣裤穿着不起皱,穿前应烫平,穿后要挂好,做到上衣平整、裤线笔挺。穿着制服时,不要乱倚、乱靠、乱坐。

第四,无破损。穿着制服要求外观整齐完好。若制服有破损,则不应继续在工作岗位上穿着。在工作中如有发现制服破损,应立即采取补救措施,特别是在旅游窗口部门工作的人员更应注重制服的完好程度。

六、佩饰礼仪

饰品,是指能够起到美饰点缀作用的物品,包括服装配饰和首饰配件,是实用性与艺术性的结合。饰品的佩戴是服饰礼仪的重要组成部分。符合礼仪的佩戴,可以起到扬长避短、装饰点缀、传递信息和塑造形象美等作用。

对于旅游接待人员来说,在服务岗位上佩戴的饰品应少而简洁、大方得体,不过分华丽和夸张。一切应以接待对象为中心,摆正客我之间的关系,不可在客人面前炫耀自己,应佩戴与自己角色及所在岗位相适应的饰品。为此,旅游接待人员应了解相关的饰品佩戴原则和可选戴的饰品类型。

(一)饰品佩戴原则

1. 去粗取精,以少为佳

无论是在工作中还是在生活中,身上所佩戴的饰物通常越少越好,过于繁杂的修饰只会让人感觉你的张扬和庸俗。职场女性佩戴首饰,最多不超过三件,而且所在场合越正规越应减少身上的配饰。男士则只适合佩戴结婚戒指。

2. 同质同色,风格统一

佩戴饰品的质地、色彩和款式要与所处的场合、时间和佩戴者的衣着相协调,否则,就失去了为佩戴者锦上添花的佩戴目的了。女士佩戴的项链、戒指等首饰,本身也讲究同质同色,若能成套佩戴则更好。例如,庄重华丽的服装和闪光的饰品,是专为晚间活动时使用的,如果在白天穿戴就很不合适;在晚会上,可以打扮得漂亮一些,而在单位里,就不宜珠光宝气。穿制服时不宜佩戴饰品;穿西装和职业装时不宜佩戴工艺饰品;在工作岗位上不宜佩戴珠宝饰品;所佩戴的饰品应彼此协调,相互统一。

3. 尊重习俗,避免尴尬

饰品是有语言的,尤其是首饰,无意中戴错又恰巧被他人按习俗理解,则有可能在国际往来中出现尴尬,导致失礼和误会。因此,在佩戴首饰时要入国问境,入乡随俗。例如,在我国北方佩戴翡翠时有男戴观音女戴佛的习俗。再如,戒指的佩戴往往暗示佩戴者的婚姻和择偶状况。戒指一般戴在左手上。戒指戴在食指上,表示无偶或求婚;戴在中指上,表示已有了意中人,正处在恋爱之中;戴在无名指上,表示已订婚或结婚;如果戒指戴在小手指上,则暗示自己是一位独身者;在不少西方国家,未婚女子的戒指戴在右手而不是左手上,修女的戒指戴在右手无名指上,这意味着她已经将爱献给了上帝。

(二)旅游接待人员可选择的饰品

1. 发饰

常见的发饰有头花、发带、发箍、发卡等。女性旅游接待人员在工作时,选择发饰宜强调其实用性,而不宜偏重其装饰性。头花以及色彩鲜艳、花哨的发带、发箍、发卡等,都不宜在岗位上使用。

2. 戒指

戒指最初是作为印章,显示地位和权威,后来则逐渐成为一种装饰品。戒指佩戴的方法往往暗示了佩戴者的婚姻或择偶情况。旅游接待人员在岗位上最多只适合佩戴一枚婚戒。(如图 2 – 44 所示)

3. 手表

在社交场合,手表既能体现一个人的时间观念,又能反映一个人的品位与身份。珠宝表和卡通表不适宜在旅游接待岗位上使用。(如图 2 – 44 所示)

4. 耳钉

耳钉小巧而含蓄,所以在一般情况下,女性旅游接待人员可以在工作中佩戴。(如图 2 – 45 所示)

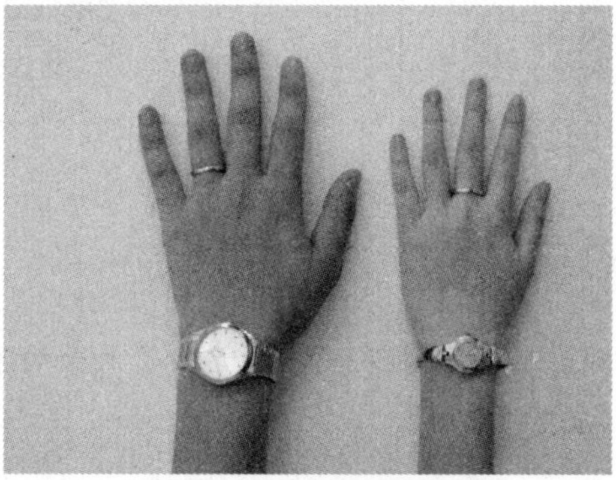

图 2 – 44　戒指、手表

图 2 – 45　耳钉

5. 手袋

并非所有的旅游接待人员在工作中都可以携带手袋,一般只有部分接待人员,如导游人员,因为工作和个人生活的需要,可在工作时携带轻便的手袋。但需要注意手袋的颜色应与服装色彩和自己的体形相协调一致。

6. 香水

香水是旅游接待人员可选择的饰品,在一定程度上起到遮盖体味、增加体香的作用,但应避免香气袭人而喧宾夺主。恰当使用香水是一个人应具备的礼仪修养,也是拉近人与人之间交往距离的重要技巧。

特别提示

职业场合着装的注意事项①

1. 避免过分杂乱

在职业场合,切勿乱穿。重要场合需要注意,穿套装、套裙时要穿制式皮鞋。制式皮鞋,男的是指系带的黑皮鞋,女的指的是黑色的高跟、半高跟的船形皮鞋。

2. 避免过分鲜艳

制服或套装,都需要遵守三色原则,即全身颜色不多于三种,且不能过分鲜艳。图案也要注意,重要场合所穿的套装制服应当尽量没有图案,或者是带有规范的几何图案。

3. 避免过分暴露

在重要场合的着装,通常要求下述几个不露:不暴露胸部、肩部、腰部、背部、脚趾、脚跟,即正式场合六不露。

4. 避免过分透视

重要场合注意,内衣不能让别人透过外衣看到。

5. 避免过分短小

非常正规的职业场合里,忌穿短裤、超短裙,短袖衬衫也少穿为妙。

6. 避免过分紧身

在工作当中,没有必要向外人炫耀自己的身材,即意在显示自己线条的紧身装不宜在工作岗位上穿着。

香水的类型和使用香水的注意事项②

香水一般可分为以下四种香型:其一,浓香型香水。因其香精含量较高,又称为香精,香气可持续5~7个小时,适合人们在出席宴会、舞会时使用。其二,清香型香水。香气可持续5小时左右,适用于一般的交际应酬。其三,淡香型香水。香气持续的时间为3~4个小时,适合上班时使用。其四,微香型香水。香气持续的

---

① 田芳,李乐群,易涤尘. 商务礼仪基础与实训教程. 北京:中国传媒大学出版社,2009.
② 陈荣铎,邸胜男. 商务礼仪. 北京:旅游教育出版社,2009.

时间为 1～2 小时，适用于浴后进行健身运动时使用。

对于旅游接待人员来说，喷香水主要是为了掩饰不雅的体味，而不是为了使自己香气袭人。喷香水应注意的问题有：

1. 不应使之影响本职工作，或是有碍于他人；

2. 宜选气味淡雅清新的香水，并使之与自己同时使用的其他化妆品香型大体上一致，而不是彼此窜味；

3. 切勿使用过量，以免产生适得其反的效果；

4. 应当将其喷在或涂抹于适当之处，如腕部、耳后、颌下、膝后等适当的身体部位，千万不要将香水直接喷在衣物上、头发上或身上其他易于出汗之处。

拓展知识

服饰的色彩语言①

色彩具有某种社会象征性，不同的色彩象征着不同的性格、情感、追求等。在日常生活和工作当中，不同色彩的服饰在不同的场合所产生的效果是截然不同的。因此，我们需要对色彩语言传递出的信息有一定的认识。

黑色，象征神秘、悲哀、静寂、死亡，或者刚强、坚定、冷峻；

白色，象征纯洁、明亮、朴素、神圣、高雅、怡淡、空虚、无望等；

黄色，象征炽热、光明、庄严、明丽、希望、高贵、权威等；

大红，象征活力、热烈、激情、奔放、喜庆、福禄、爱情、革命等；

粉红，象征柔和、温馨、温情等；

紫色，象征高贵、华贵、庄重、优越等；

橙色，象征快乐、热情、活力等；

褐色，象征谦和、平静、沉稳、亲切等；

绿色，象征生命、新鲜、青春、新生、自然、朝气等；

浅蓝，象征纯洁、清爽、文静、梦幻等；

深蓝，象征自信、沉静、平稳、深邃等；

灰色，是中间色，象征中立、和气、文雅等。

“四季色彩理论”②

1974 年，美国的“色彩第一夫人”卡洛尔・杰克逊女士（全球最权威的色彩咨

---

① 伍海琳. 旅游礼仪. 长沙：湖南大学出版社，2009.

② http://wenku.baidu.com/view/267f8beb19e8b8f67c1cb9fc.html.

询机构 CMB 公司的创始人)就总结出一套人与色彩之间相协调的规律,推出了人的四季色彩理论。后经日本佐藤泰子女士的再研究,开发出适合亚洲人特色的色彩体系,1998 年,于西蔓女士将色彩理论由日本引入中国。“四季色彩理论”的重要内容就是把生活中的常用色按基调的不同进行冷暖划分,进而形成四大组自成和谐关系的色彩群。由于每一色群刚好与大自然的四季色彩特征相吻合,便把这四组色彩分别命名为“春”、“秋”(为暖色系)和“夏”、“冬”(为冷色系)。根据个人的肤色、发色和眼球色的不同,也可以把人区分为“春、夏、秋、冬”四种类型,并运用对应的色彩群。如此,不仅可以表现出人的个性魅力,更能有效地帮助人们搭配服饰、协调装扮,避免不必要的盲目和浪费。

1. 春季型人的色彩搭配

(1)发色特征:呈棕黄色或栗色,发质柔软。

(2)肤色特征:呈象牙色或米色,肤质细腻而透明。

(3)眼睛特征:像玻璃球一样熠熠发光,眼珠为亮茶色、黄玉色,眼白感觉有湖蓝色。

(4)春季型人的特点是明亮、鲜艳。属于春季型的人用明亮、鲜艳的颜色打扮自己,会比实际年龄显得年轻。春季型人选择色彩不能太旧、太暗,色彩基调属于暖色系中的明亮色调,在色彩搭配上应注意对比鲜明,突出自己的俏丽。春季型人使用范围最广的颜色是黄色,选择红色时,应以橙红、橘红为主。

(5)特别提示:对春季型人来说,黑色是最不适合的颜色,过深过重的颜色会与春季型人白色的肌肤、飘逸的黄发产生不和谐,会使春季型人看上去显得黯淡。

2. 夏季型人的色彩搭配

(1)发色特征:轻柔的黑色、灰黑色,柔和的棕色或深棕色。

(2)肤色特征:粉白、乳白色皮肤,带蓝色调的褐色皮肤,小麦色皮肤。

(3)眼睛特征:目光柔和,整体感觉温柔,眼珠呈焦茶色、深棕色。

(4)夏季型人适合以蓝色为底调的柔和淡雅的颜色,以衬托出她们温柔、恬静的个性。夏季型人适合穿深浅不同的各种粉色、蓝色和紫色,以及有朦胧感的色调的服装。在色彩搭配上,最好避免反差大的色调,适合在同一色相里进行浓淡搭配。

(5)特别提示:夏季型人选择颜色一定要柔和、淡雅,不适合穿黑色或过深的颜色,可以浅淡的灰蓝色、蓝灰色、紫色来代替黑色。夏季型人穿灰色服饰会非常高雅,但应注意选择浅至中度的灰,不适合藏蓝色。

3. 秋季型人的色彩搭配

(1)发色特征:褐色、棕色或者铜色、巧克力色。

(2)肤色特征:瓷器般的象牙色皮肤,深橘色、暗驼色或黄橙色。

(3)眼睛特征:深棕色、焦茶色,眼白为象牙色或略带绿的白色。

(4)秋季型人是四季色中最成熟而华贵的代表,最适合的颜色是金色、苔绿色、橙色等深而华丽的颜色。秋季型人选择红色时,一定要选择砖红色或与暗橘红相近的颜色,服饰基调是暖色系中的沉稳色调。浓郁而华丽的颜色可衬托出秋季型人成熟高贵的气质,越浑厚的颜色也越能衬托秋季型人陶瓷般的皮肤。

(5)特别提示:秋季型人选择颜色要温暖、浓郁。秋季型人穿黑色会显得皮肤发黄,可用深棕色来代替。

4. 冬季型人的色彩搭配

(1)发色特征:乌黑发亮,黑褐色、银灰、深酒红。

(2)肤色特征:青白或略带橄榄色,带青色的黄褐色。冷调的看不到红晕的肤色。

(3)眼睛特征:眼睛黑白分明,目光锐利,眼珠为深黑色、焦茶色。

(4)冬季型人最适合纯色,在各国国旗上使用的颜色都是对冬季型人最适合的色彩。选择红色时,可选正红、酒红和纯正的玫瑰红。在四季颜色中,只有冬季型人最适合使用黑、纯白、灰这三种颜色,藏蓝色也是冬季型人的专利色。但在选择深重颜色的时候一定要有对比色出现。

(5)特别提示:冬季型人选择适合自己的颜色的要点是,颜色要鲜明,光泽度要高。冬季型人着装一定要注意色彩的对比,只有对比搭配才能显得惊艳脱俗。

案例分享

提前退房的客人①

王先生第一次来到某市,入住了一家酒店。在他前往客房的路上不小心碰掉了一位服务员手上的东西,他忙说:“对不起。”这位服务员说:“没关系。”紧接着弯下腰把东西捡起来之后离去。到了吃晚饭的时候,王先生来到酒店的中餐厅准备用餐,接待他的是一位五官端正的服务员,她拿来菜单很有礼貌地问王先生想吃什么口味的菜。这时,王先生发现这位服务员面色苍白,显得很没有精神,仔细观察后发现她没有化工作妆,在餐厅昏黄的灯光下显得病恹恹的。王先生的兴致顿减,随意点了一些菜。当上菜的时候,王先生先闻到的不是菜的香味,而是传菜员身上浓重的香水味,继而又发现传菜员涂着红色的指甲油,手指还隐隐碰着碟子边缘的菜,王先生不舒服地吃完这餐饭。叫人结账的时候,发现不远处一个服务员双手抱胸,斜靠着墙,一副神游太虚的样子。第二天,王先生便提前结账,打算换一家酒店

① 薛群慧,邓永进,庄新成. 现代旅游接待礼仪. 北京:北京大学出版社,2006.

入住。

思考题：

1. 王先生为什么要提前结账，换住其他酒店？
2. 旅游接待人员的仪表、仪容等形象对客人、对自己的工作有何影响？
3. 旅游接待人员应注意哪些关于仪表、仪容、仪态的礼仪？

如此这般“微笑服务”①

一位客人请他的朋友到一家三星级酒店吃饭，为的是环境的幽雅及星级的服务。服务员彬彬有礼，举止仪态端庄得体，尤其是负责值桌的服务小姐始终笑容可掬。席间，客人的两位朋友有事先走，这位小姐收去他俩的碗筷酒杯。不多时，趁其余的人聊天小憩之际，服务小姐又收去了其他人放在盘子上的筷子。又过了一会，把酒杯全端走，接着收走那些动过的或没有动过的菜肴。自始至终，服务小姐对客人们未做任何语言方面的征询，一直是笑眯眯地完成这些动作的全过程。客人们都被她的举动弄得瞠目结舌，大家明明知道服务小姐在撵客，但担心说穿了会破坏彼此的心境，有损朋友相聚的愉快氛围。于是，谁也没有说什么，但被撵的遭遇被大家深深地铭记在心。

思考题：

1. 案例中的客人为何被服务小姐弄得瞠目结舌？
2. 请评析案例中服务小姐的微笑服务是否符合旅游接待服务的微笑礼仪。
3. 在旅游接待岗位上进行微笑服务时应注意哪些细节？

思考与练习

1. 旅游接待人员的仪容礼仪修饰包括哪些方面？
2. 女士职业妆的基本技巧和步骤有哪些要求？
3. 旅游接待人员在工作岗位上应如何规范自身的仪态礼仪？
4. 旅游接待人员在训练微笑时应注意哪些方面？
5. 男士在着装礼仪方面应注意哪些要求？
6. 旅游接待人员穿着制服时应注意哪些规范？

---

① 薛群慧，邓永进，庄新成. 现代旅游接待礼仪. 北京：北京大学出版社，2006.

第三章 旅游接待人员的基本交际礼仪

引言

交际，即人与人之间的交往。有人说交际是人的存在方式，是谋生的一种手段。事实的确如此。在现代社会里，一个人要想健康地成长，要想适应环境，要想工作顺利、事业成功，离开了人际交往，是完全难以设想的。礼敬得人，轻慢失人。完美周到的礼仪不仅能使已有的关系得以维系和发展，还会结交更多的朋友及合作伙伴。交际礼仪尽管多是些烦琐且微不足道的小节，似乎不足挂齿，但不加以遵守，也会因小失大。习礼而后谙熟此道，注意这些微小之处，会有意想不到的成效。礼仪能唤起交往对象心理上的愉悦，赢得友谊和尊重，有助于我们更好地驾驭事理和情理，取得交际的成功。

学习目标

1. 掌握并能熟练运用各种会面礼仪。
2. 熟悉拜访与接待礼仪。

第一节　会面礼仪

一、介绍礼仪

介绍是人际交往的开篇，也是人与人沟通的桥梁。了解掌握介绍礼仪就等于掌握了一把通往社交之门的钥匙。

（一）自我介绍

自我介绍，顾名思义就是自己把自己介绍给他人。规范得体的自我介绍，有助于给对方留下良好的印象，为双方的进一步交往奠定基础。

1. 把握时机

自我介绍应在对方有兴趣、有需要、少干扰时进行，从而更易于被对方接受。可先投石问路，如先向对方点头致意，得到回应后再向对方介绍自己。

2. 举止大方

自我介绍时，心态要沉稳镇定，充满自信，表情要亲切自然，举止要庄重大方，态度要友善平和，目光要注视对方，运用得体的面部表情传递友好的信息和对认识对方的热切之情。作自我介绍时，可以将右手放在自己的左胸上，不可用大拇指指着自己。

3. 表述清晰

自我介绍的目的就是想让别人认识自己，所以作介绍时的语音一定要清晰，音量要适中，尤其是说到自己的名字时，一定要让对方听清楚。为了强化效果，可以对自己的名字加以恰如其分的解释，如“我叫赵凡，赵是百家姓之首的赵，凡是平凡的凡”。如果能用幽默的语言来描述会给人留下更深刻的印象。

4. 简短真实

应根据交往对象的不同，来确定自我介绍的内容的繁简，但总的原则是简明扼要、突出重点。通常自我介绍的三要素为本人姓名、供职单位、职务。如果对方表现出进一步了解的意愿时，可再进一步简略地介绍一下自己的籍贯、学历、兴趣、专长及与对方熟悉的某人的关系等。自我介绍的内容应该实事求是，既不能自吹自擂，刻意拔高自己，也没必要过分自谦、遮遮掩掩或贬低自己。介绍用语一般应留有余地，不宜用“最”、“第一”、“特别”等极端的词语。自我介绍的时间通常以不超过半分钟为佳，不宜超过一分钟。

5. 形式规范

(1)应酬式

适用于某些公共场合和一般性的社交场合，这种自我介绍最为简洁，往往只包括姓名一项。如：“你好！我叫××。”

(2)交流式

适用于社交活动中，希望与交往对象进一步交流与沟通。介绍的内容可包括姓名、工作单位、籍贯、兴趣及与对方的某种联系。如：“你好！我叫××，在××公司的开发部工作，是你哥哥的大学同学。”

(3)工作式

适用于正式的工作场合，单位、部门、职务或从事的具体工作、姓名四项内容应齐全。如：“你好！我是××公司的销售部经理，我叫××。”

6. **注意要点**

(1)不要过分夸张热诚

如与对方过于用力地握手或热情拍打对方手背,有可能使对方感到诧异和反感。

(2)注意时机

不要打断别人的谈话而介绍自己,要等待适合的时机。

(3)重作介绍

如果一个以前曾经有过接触的人未记起你的姓名,你不要做出提醒式的询问,最佳的方式是直截了当地再作一次自我介绍。

(二)介绍他人

1. **遵循原则**

讲求顺序是礼仪的要点。"尊者优先",即尊者享有优先了解对方的权利。因此,应先向尊者介绍他人,这是介绍他人不二的指导原则。

2. **介绍顺序**

具体为他人作介绍时,应采用的先后顺序如表 3－1 所示。

表 3－1　介绍他人的顺序

	待介绍双方的关系	先介绍的一方	后介绍的一方(尊者)
1	地位高低不同	地位低者	地位高者
2	男士与女士	男士	女士
3	年轻者与年长者	年轻者	年长者
4	主人与客人	主人	客人
5	家人与同事、朋友等外人	家人	外人
6	未婚与已婚者	未婚者	已婚者
7	社交场合先后到达的人	后到者	先到者

特别提示

当被介绍者性别相同而身份地位又无法辨清时,则可自由介绍。

3. **介绍方法**

(1)介绍人应热情诚恳,语言精练、规范

具体介绍时,应先称呼尊者,然后对身份低的一方作介绍,其后再介绍尊者一方。如:“张总,这位是新来的秘书张红,这位是我们集团公司的张总经理。”

介绍的手姿为掌心向上,五指并拢指向被介绍一方,目光跟着称呼走。切不可用单个手指点来点去。

(2)介绍的内容应具有承上启下的作用

在介绍时,最好是姓名并提,还可附加简短的说明,比如职称、职务、学位、爱好和特长等,以便于为双方提供开始交谈的话题。如果介绍人能找出被介绍的双方某些共同点,无疑会使初识的双方交谈更加顺畅进行。

特别提示

◆欲为他人作介绍时,首先要了解双方是否有结识的愿望,不可贸然行事。

◆被介绍后,身份高的一方应主动与对方握手,双方面带微笑互致问候。

(三)介绍集体

介绍集体,原则上应参照为他人作介绍的顺序进行,但因被介绍双方情况不一,特别是在正式场合,应酌情慎重对待。

1.一方人数较少时的介绍

(1)先少后多

当被介绍双方地位、身份大致相近时,先介绍一人或人数少的一方,再介绍人数较多的一方。

(2)先低后高

当被介绍双方地位、身份存在明显差异时,先介绍地位、身份低的一方,不论人数的多少。

2.人数较多的各方介绍

被介绍的双方人数均较多时,应先介绍主方,后介绍客方;先介绍位尊方,后介绍位卑方。介绍各方人员时,也应由尊而卑,依次进行。

3.人数较多的多方介绍

当被介绍者不止双方,而是多方时,应先确定各方的尊卑顺序,而后按由尊而卑的顺序介绍各方。各方成员如需介绍,也应按由尊而卑的顺序依次进行。

特别提示

◆介绍时,除妇女和年长者外,被介绍者一般应起立;但在宴会上和会谈时,被介绍者可不必起立,只要微笑点头有所表示即可。

◆介绍完毕后，被介绍双方应微笑、握手并互致问候。常用的问候语有“您好”、“很高兴认识你”、“久仰大名”、“幸会幸会”等，必要时还可以进一步作自我介绍。

◆在公务活动中，介绍顺序只由职位的高低来决定，不必考虑其他因素。在介绍各方人员时，介绍角色通常由各方身份最高者担任。

二、握手礼仪

美国著名盲聋女作家海伦·凯勒曾写道：我接触的手能拒人千里之外；也有些人的手充满阳光，你会感到很温暖……

握手是一种沟通方式，也是情感传递的一种方式。

握手在许多国家已成为一种习以为常的礼节。通常，与人初次见面、熟人久别重逢、告辞或送行均以握手表示自己的善意。这是最常见的一种见面礼、告别礼。有时一些特殊场合，如向他人表示祝贺、感谢或慰问时；双方交谈中出现了令人满意的共同点时；或双方原先的矛盾出现了某种良好的转机或彻底和解时，习惯上也以握手为礼。

热情、文雅而得体的握手能让人感受到愉悦、信任，容易接受，能促进彼此间的交流。因此，在各种社交场合中应注意正确使用握手礼。

拓展知识

不同文化背景下的握手礼

据某些专家的考证，握手是石器时代穴居人留下的一种遗俗。陌生人相遇，如彼此并无恶意，就放下手中狩猎用的棍棒或石块，让对方摸摸掌心。在人类进化的过程中，这些手势逐步演变成两手相握的形式。手掌的张开表示向对方敞开自己的势力范围，而手掌的接触则表示合二为一。

今天，在许多国家，握手已经成为一种常用的表示亲热和友好的礼节。但各国握手的习惯大不一样，握手的概念常因文化的不同而不同。法国人做客走进房间或别离时都要与主人握手；而德国人只在进门时握一次手；有些非洲人在握手之后会将手指弄出响声，以表示自由；在美国，男人之间的握手是很用力的，这可能源于印第安人的角力竞赛；中国人一边讲“你好”一边握手，对此没有什么忌讳；俄罗斯人则不允许两人隔着一道门或跨着门槛握手，认为这样做是不吉利的；在西方，参加竞选的政客会用右手，握住对方的右手，再用左手搭在互相握住的手背上，试图让接受者感到他的热情真挚与诚实可靠，故被称为“政治家的握手”；在巴基斯坦，男子主动与陌生女子握手，是非常失礼的表现。

（一）握手的顺序

在较为正式的场合，双方应当由谁先伸出手来发起握手，是行握手礼时的重要礼仪问题。

握手时，应遵循"尊者决定"原则，即由位尊者首先伸出手，如果位尊者不想与位卑者深交，他是大可不必伸手与之相握的。位卑者只能在此后予以响应，而不可贸然抢先伸手，不然就是违反礼仪的举动。

这一原则在社交场合中的具体体现是：

上级与下级握手，应由上级先伸手；

长辈与晚辈握手，应由长辈先伸手；

女士与男士握手，应由女士先伸手；

年长者与年幼者握手，应由年长者先伸手；

先至者与后来者握手，应由先至者首先伸手。

在接待来访者时，情况较为特殊。当客人抵达时，应由主人首先伸手与客人相握，以示欢迎；而在客人告辞时，应由客人首先伸手与主人相握，表示告辞。

若一人与多人握手，也应由尊而卑地进行，但在不能辨清众人身份时，可由近及远地依次进行。

特别提示

值得注意的是，当握手双方符合其中两个或两个以上的顺序时，在公务场合，一般以先职位再年龄、先年龄再性别的顺序握手。如，一位年长的职位低的女士和一位年轻的职位高的男士握手时，应由这位男士先伸手；而在社交、休闲场合，则取决于年纪、性别、婚否。

应该强调的是，上述握手次序，主要用于律己，不可处处苛求他人。在社交场合中，无论谁先向我们伸手，即使他忽视了握手礼的先后顺序，我们都应将其看做是友好的表示，要马上伸手与其相握。拒绝他人的握手有悖于礼仪规范。

交际时如果人数较多，可只握相近几个人的手，向其他人点头示意，或微微鞠躬。为了避免尴尬场面的出现，在主动和人握手之前，应想一想自己是否受对方欢迎，如果已察觉对方无握手之意，也可点头致意或微微鞠躬，以免失礼。

（二）握手的方式

握手时，距对方约一米远，两腿并拢，伸出右手，拇指张开，余四指并拢，掌心向内，手掌与地面垂直。握手时，双方虎口相交，屈指相握，手部略微用力，上下稍许晃动两三下，松手即可。在握手的同时，应面带微笑，目视对方，并伴以寒暄问候，以示友好与关注。一般的问候语是“您好”、“见到你很高兴”等。

当与长者、贵宾握手时，身体应微微向前倾，以示敬重。

特别提示

握手的力度和持续时间都可传达不同的情感信息，应注意因人而异。

通常，握手时应略微用力，以示热情，但要以不捏疼对方的手为限度。握手的时间一般应控制在3～5秒钟之内。握手时松而无力或时间过短，都会给人以敷衍、缺乏热情的感觉。

如果对方是挚友亲朋，则握手的力度可以稍大些，时间稍长些，以表热烈之情。

男士与女士握手时，应适当轻柔些，也可只握女士的手指部分，以示尊重，但也不可过于无力。时间以不超过3秒为宜，以免造成对方的误会或不快。

拓展知识

握手的姿势

平等式握手：即握手时把手掌垂直地面伸向对方，使双方的手掌保持垂直，手指稍稍用力。采取这种姿势的人比较好动，积极向上，对人生信心十足，人际关系融洽，能与人友好相处。

控制式握手：也称支配式握手，即用掌心向下或向左下方的姿势握住对方的手。这种握手方式意味的是优势、主动和支配地位，是一种强势的体现，也是一种傲慢无礼的表现。因此，采用这种方式握手的人很难同对方建立平等的友好关系，是不受欢迎的握手方式。

谦恭式握手：也称顺从式握手或友善式握手。与支配式握手相反，谦恭式握手是用手掌向上的姿势与对方握手。这种握手方式显示的是谦恭、毕恭毕敬或对对方的尊重、敬仰。如果伸出双手去捧接，则更是谦恭备至的表现。一般，地位身份低者或晚辈宜采用这种方式。但这种握手姿势有时也容易留给对方软弱、易支配的印象。

双握式握手：故友至交重逢，或是慰问他人时，可以双手与之相握以表达热情真挚。面对长辈、上司或嘉宾，伸出双手去捧接对方伸过来的手是谦恭备至的体现。但不宜随处用双手与人相握。对于初识者和异性，若以两只手像制作三明治一样“夹”着他人的一只手，而且久久不放，不仅会使人尴尬，还会令人误解。

死鱼式握手：这是一种比喻的说法，是指伸出的手软弱无力，像一条死鱼，只是与对方的手轻轻贴一下，而没有握的动作。这样的握手，暗示着要与对方保持一定的距离，不想过多交往。同时还会给人一种冷漠、缺乏责任感和自信的感觉。这种握手方式被公认为是最不受欢迎的握手方式之一。

捏指式握手：采用这种方式握手时只握住对方的手指部分，而不是两手的虎口接触相握。这种握手方式主要用于不熟悉的异性之间，表示双方的稳重与矜持。

（三）握手的禁忌

握手礼看似平常，但并非人人都能掌握其中的要领，有些不良做法应避免。在与人握手时：

一是不要造成交叉握手。

二是出手时不要将掌心朝下。

三是不要用左手与对方相握。

四是不要只出指尖与人相握。

五是不要在握手后马上擦拭自己的手掌。

六是不要戴着帽子、手套、墨镜与人相握。

七是当手脏时、患病时不宜出手相握，应向对方道歉并解释。

八是不可拒绝与他人握手，在任何情况下都不能这样做。

九是握手时不要东张西望、漫不经心或另一只手插在衣袋中。

特别提示

◆女士在与他人握手时可不必脱去帽子和与礼服相配的具有装饰作用的手套。

◆军人在与他人握手时，不必脱去军帽，最为标准的做法是，先行军礼再握手。

◆旅游接待人员一般不应主动与客人握手，但如果对方伸出手，则可礼貌回应。

拓展知识

不同国家、不同地区的人们对握手礼的态度与做法不尽相同。在亚洲，日本人不太习惯身体接触，认为鞠躬更自在些。东南亚和南亚因信奉佛教，见面时多用合十礼。韩国人握手是比较普遍的做法，但韩国妇女一般不与男子握手，而多以鞠躬或点头致意。欧洲人握手力度较轻，但时间较长，在5秒至7秒之间。但法国人却通常只是用力地握一下。大部分的美洲国家，拥抱与握手一样普遍。非洲人握手轻而无力，忌讳用力抖动。

三、名片礼仪

在现代社会中，名片作为一种自我的“推介函”和社交“联谊卡”，在公务活动和社交活动中被广为使用。小小名片是其主人的形象与身份的物化展示，是一个人的尊严、价值的外在显现方式，所以在使用中，不容轻视，必须以礼相待。

拓展知识

名片在我国已有两千多年的历史。如今，拥有名片不再是高官显贵、名流贤达的特权。无论男女老少，不管地位高低，谁都可以拥有名片。名片不再仅仅用于通报姓名、身份和结交友人，还被广泛用于答谢、邀约(代替请柬)、馈赠、祝贺、挽悼等事宜。随着社会的进步和科技的发展，名片的功能将越来越多。

各国名片的规格不尽相同。目前我国通行的名片规格为9cm×5.5cm，而在国际上较为流行的名片规格则为10cm×6cm。制作名片的材料更是种类繁多，除多种纸制名片外，还有PVC名片，不锈钢、水晶及磨砂名片，镭射名片以及包括金银名片在内的金属名片等。

名片大致可以分为以下几类①：

1. 应酬名片

其内容通常只有个人姓名一项，或加上本人的籍贯与字号。若为后者，则籍贯单独一行，顶格写；姓名与字号一行在中间，突出姓名，用大号字。这种名片主要适用于社交场合一般性的应酬，拜会他人时说明身份，馈赠时替代礼单，以及用作便条或短信。

2. 社交名片

用于自我介绍与保持联络之用。其内容有两项：姓名用大号字印于中央，联络方式用小号字印于右下方。根据需要，联络方式可包括家庭住址及电话、邮编等。

3. 公务名片

指在政务、商务、学术、服务等正式的业务交往中使用的个人名片。它是目前最为常见、使用最广的一种个人名片。标准的公务名片应该包括所在单位、个人称呼、联络方式三项。

所在单位，根据情况可由企业标志、供职单位、所在部门三部分构成。要注意的是，供职单位与所在部门均应采用正式的全称，而且一枚名片上所列的单位或部门不宜多于两个。如果确实有两个以上的供职单位和部门，或同时承担着不同的社会职务，则应分别印制不同的名片，并根据交往对象、交际内容的不同分发不同

① 韩红月. 每天学点礼仪学. 北京：新世界出版社，2009.

的名片。此项内容以小号字印在名片左上角。

个人称呼，应由本人姓名、行政职务、技术职务、学术头衔等几个部分构成。但后面两项内容，尤其学术头衔往往可有可无。名片上所列的行政职务一般不宜多于两个，且应与同一名片上的具体归属单位相对应。本人姓名应以大号字体印在名片中央，职务头衔以小号字体列在姓名之后。

联络方式应由单位地址、办公电话、邮政编码三部分内容组成，缺一不可。手机号码、传真号码、E-mail 等通信号码是否需要列出，应酌情而定。但是，家庭住址电话不宜提供。此项内容应以小号字印在名片右下角。

（一）递送名片礼仪

1. 名片的准备

参加交往活动之前，要将洁净平展的名片整齐有序地放在名片夹或名片盒内，数量要充足，并将其放在便于取用的口袋或皮包之中。

特别提示

◆将破损不洁卷皱的名片送出，犹如以脏脸示人，既不敬人也不利己，应尽早丢弃。

◆名片如果用完，可在整洁的便笺上面写清个人信息以替代。

2. 递送的时机

与人初次见面，可在简短地自我介绍或第三方介绍后递送名片，也可以在交谈中有进一步联络的意愿时递送；

对于比较熟悉的朋友，如有必要，可在告辞时递送；

参加会议时，在会前和会后递送名片比较合适；

对于彼此不相识的人，在不明其来历之前，不要急于发送名片；

不要在陌生人群中犹如散发小广告般到处发放自己的名片，以免被人误会和轻视。

3. 递送的顺序

(1) 由低及高，卑者主动

先由地位低者、晚辈、男士向地位高者、长辈、女士递送名片，而后由后者回敬。但出于公务和商务活动的需要，女性也可主动向男性递名片。

(2) 由尊而卑，由近及远

当对方不止一人时，应将名片先递送给地位较高或年龄较大者；如果对方的地位或年龄难以辨清，则可以由自己身边开始依次进行，切勿隔三差五式地进行，以免有厚此薄彼之嫌。

4. 递送的方式

递送名片时，应表现出诚恳之意。

递送名片给他人时，应端立于对方面前，身体微微前倾，面带微笑，目光友善地注视对方，用双手的拇指和食指分别持握名片的上角，使名片的文字正面朝着对方，以不高于胸部位置的高度交予对方，同时配合相应语言，如“我叫×××，这是我的名片，请笑纳”，“请多关照”，“请多指教”或“希望今后保持联系”等。

（二）接受名片的礼仪

接受他人名片时，应展现出对对方的友好与尊重。

当他人递上名片时，应停止所做事情，起身站立，微笑面对，用双手的拇指和食指分别持握名片的下角，并视情况说“谢谢！”或“非常高兴得到您的名片”。如对方地位较高或有一定知名度，则可道一句“久仰大名”之类的赞美之词。对接到的名片要给予重视，要立即过目，认真看一遍，还可将名片上的重要内容，如对方的姓名、职务、单位等轻声读出，如有不清楚的地方可直接请教，也可以伴以适度赞美，这些做法都可以使对方获得被重视的满足感。随后当着对方的面郑重其事地将其名片收好，而后再予回敬。

特别提示

◆在名片的递与接的过程中，均不可单独使用左手。

◆接受名片后，不可一言不发，随手放置。

◆无论对自己还是对别人的名片都应该妥善保管。收到的名片应放在较精致的名片夹里。男士的名片夹应该放在西服左侧内衬口袋或专门的公文包之中，女士的名片夹应该放在坤包里。不要将名片放于其他口袋之中，尤其要注意不可放于裤子后侧口袋里，不可扔在桌子上，不可随意用手摆弄，不可使其受到污损。

◆如果要与对方继续谈话，可将名片暂不收起，放于桌面，但不要用其他东西压在上面。

◆在保管存放自己和他人的名片时，最好分开放置，以免误将他人的名片当做自己的送给别人，这会使自己在交际中陷于尴尬境地。

◆来而不往非礼也。在收到对方名片后，如果自己没有名片或没有带名片，应先向对方表示歉意，再如实说明理由，如“很抱歉，我没有名片”，“对不起，今天我带的名片用完了，过几天我会亲自给您寄一张”等，以免对方怀疑你的诚意。如自己无意送人名片时，可婉转地说："对不起，我的名片没有带"，或者"抱歉，我的名片用完了"。

◆为了尊重他人的意愿，尽量不要向他人索要名片。如遇特殊情况，需要向他人索取名片时，可以委婉地说："以后怎样向您请教?"或"以后怎样同您保持联系?"

拓展知识

交换名片的出发点

希望认识对方；表示自己重视对方；被介绍给对方；对方想要自己的名片，提议交换名片；初次登门拜访对方；通知对方自己变更情况；希望获得对方的名片等。

不必交换名片的情形

如果对方是陌生人；你不想认识对方；不愿与对方深交；对方对自己并无兴趣；经常与对方见面；双方之间地位、身份、年龄差别悬殊等情况可以不必交换名片。

名片的保存

为了查找和使用方便，宜分类收藏他人的名片。对个人名片可按姓氏笔画分类，也可依据不同的交际关系分。要留心他人职务、职业、住址、电话等情况的变动，并及时记下有关的变化，以便通过名片掌握对方的真实情况。还可把对对方的了解，譬如他的爱好、擅长等记在名片上。待下次与这个人见面时，不但能一下说出他的名字，还能随口以他的爱好和擅长为话题，这样就会很自然地赢得对方的好感，有利于交往的深入进行。

四、致意礼

在当今社交场合中，人们在见面时常常用致意礼来传递情感、表达尊重。礼貌的致意，会给人一种友好愉悦的感受；反之，就会被看做是缺乏教养与友善之意的表现。

(一)致意的基本规则

一般来说，在社交场合，致意应遵循以下规则：下级应先向上级致意；年轻者应先向年长者致意；男性应先向女性致意。

但是，在实际交往中，并不一定要拘泥以上顺序。有时，长者、上级为了展示自己的谦逊、随和，主动向晚辈、下级致意，无疑会更具有亲和力与风度，更能引起受礼者的尊重与敬仰。

（二）致意的方式

1. 点头致意

用点头作为见面礼，大多适用于自己与对方不宜交谈的场合，例如，会议或会谈正在进行中，行进在人声嘈杂的街道上，置身于影剧院之中等。若与仅有一面之交者在社交场合相逢，或是与相识者在同一场合中多次见面，均适宜采用点头为礼。

点头致意应在与对方目光接触时进行，要面带微笑，头微微向下一点，幅度不宜过大，速度不宜过快，不宜连续点头，不宜戴着帽子进行。

特别提示

遇到身份高的领导人，不宜主动上前握手，而应恭敬地点头致意。只是在领导人主动伸手时，方可趋前握手问候。

2. 微笑致意

微笑是一种表达欢迎与友好的方式。在社交活动中，它可以替代其他见面礼，向友人打招呼致意。它可以用于同不相识者初次会面之时，也可以用于向在同一场合反复见面的老朋友打招呼之际。

当客人进入服务区域，或是与客人相距较近或四目相对时，应面带微笑伴以问候。

3. 举手致意

举手致意礼适合于向距离较远的熟人打招呼。致意时，右臂向前上方伸出，手臂可略为弯曲，也可伸直，右手掌心朝向对方，轻轻向左右摆动一两下，不要将手上下摆动。

军人的敬礼也是举手礼的一种。

4. 欠身致意

致意者在目视被致意者的同时，全身或身体的上半部分微微向前倾斜一下，这即为欠身致意。这种做法意在表示对他人的恭敬，适用的范围比较广泛，可以向一个人欠身致意，也可以向几个人同时欠身致意；可以站着向他人欠身致意，也可以坐着向他人欠身致意。欠身为礼时，双手应当保持空置状态，不应拿着东西，或插在口袋里。

5. 注目致意

注目致意的准确做法是:身体立正,挺胸抬头,双手自然下垂或贴放于身体两侧,面容庄重严肃,双目正视被行礼对象,并随之缓缓移动。一般来说,在升国旗、剪彩揭幕、大型庆典时行注目致意礼。行礼时不可戴帽子,不可东倒西歪,不可嬉皮笑脸,不宜说话,更不可大声喧哗。

特别提示

致意是一种不出声的问候,向他人致意时一定要使对方看到、看清,才会使自己的友善之意获得此时无声胜有声之效。

6. 脱帽致意

(1)脱帽礼的基本规范

脱帽致意应微微躬身,用距离对方稍远的那只手脱帽,将其置于大约与肩平行的位置,同时与对方交流目光。只有在离开对方时,脱帽者才可使帽子复位。

戴着礼帽或其他种类有檐帽的男士,遇到友人特别是女士时,以脱帽致意最为适宜;若戴的是无檐帽,则不必脱帽,微微躬身或点头微笑即可。

若是熟人迎面而过,可以略掀一下帽子致意,并问一声好。

如遇升国旗、奏国歌时,戴礼帽者应以右手握住帽子前檐中央,摘下帽子,置于左胸前致礼;戴制服帽者,应用双手摘下帽子,而后左手执之端于体侧,左手指轻压帽檐;戴便帽者,则只需摘下帽子,自然站立即可。

进入他人居所或办公室、步入正式场合、参加葬礼等均应自觉脱帽,以示敬意。

(2)行脱帽礼的注意事项

一是在社交场合,女士可以不必摘下帽子,而男士则不享有此项特殊待遇。

二是相识者在同一场合先后多次相遇,双方不必反复脱帽,点头致意即可。

三是脱帽致意时,另一只手不能插在口袋里。坐着时不宜行脱帽礼。

拓展知识

脱帽礼的由来

脱帽礼来源于冷兵器时代。当时,作战时战士们头上戴的多是铁做的头盔,十分笨重。当战士到了安全地带，首先是把头盔摘下，以减轻沉重的负担。因此脱帽就意味着没有敌意。如到友人家，为表示友好，也以脱盔示意。这种习惯流传下来，就是今天的脱帽礼。

五、鞠躬礼

鞠躬礼起源于中国，现如今在我国主要用于公共场合的迎送接待、颁奖、演出等。但在日本、朝鲜、韩国十分盛行。

鞠躬是表达敬意、尊重、感谢的常用礼节。鞠躬时应从心底发出对对方表示感谢、尊重的意念，从而体现于行动，给对方留下有诚意、真实的印象。

行鞠躬礼时，身体呈立正姿态，目视受礼者，以腰部为轴，上身前倾，腰背挺直，使头、颈、脊背呈一直线。男士双臂在体侧自然下垂贴放于裤线处，女士双手应叠放于腹前，双手随身体的弯曲向下滑动，目光随着身体的倾斜自然向下移动。鞠躬礼毕恢复站姿时，目光要移向受礼者。

对于旅游接待人员，在迎送客人时需掌握好时机，通常在客人距离自己 3 米左右时，行 30 度鞠躬礼，同时应伴以微笑与问候。在与客人交错而过时，行 15 度鞠躬礼，礼毕后应向右跨出一步，为对方让路。初见或感谢客人时，行 45 度鞠躬礼。

特别提示

◆行鞠躬礼时必须脱帽，口中不能含有香烟或食物。

◆鞠躬时，眼睛应向下看，以示谦恭。不要一面鞠躬，一面翻起眼睛看对方。

◆起身时，双眼应有礼貌地注视对方，以示诚心诚意。

◆通常，视线落至自己的脚前 1.5 米处为 15 度礼，至脚前 1 米处为 30 度礼。

◆鞠躬时，无论是弯腰还是直腰时，速度都要适中，不宜过快。

◆不同的弯身程度表示的尊敬程度有所不同。但躬身的最大幅度不宜超过 90 度。

六、其他会面礼节

（一）拥抱礼

拥抱礼是西方国家十分常见的礼节形式。人们在见面、道别、慰问、祝贺、欣喜时，常采用拥抱礼。在庆典、仪式、迎送等较为隆重的场合，特别是在政务活动中尤为多见。

施礼时,两人相对站立,各自举起右臂,右手搭放在对方左肩之后,左手扶住对方右后腰,向各自对方右侧拥抱。如果是一般场合的礼节性拥抱,就可到此为止。如果为了显示更为亲密的关系或在正式场合,则需要再向各自对方左侧拥抱,最后再次向对方右侧拥抱,共拥抱3次礼毕。

(二)亲吻礼

行此礼时,往往与拥抱礼相结合。施礼双方的关系不同,相互亲吻的部位也有所不同。一般而言,夫妻、恋人或情人之间,宜吻唇;长辈与晚辈之间,宜吻脸或额;平辈之间,宜贴面。在公开场合,关系亲密的女子之间可吻脸,男女之间可贴面,晚辈对尊长可吻额。

行亲吻礼时,不可发出亲吻的声音或将唾液弄到对方脸上。

特别提示

西方现代的亲吻礼,在欧美许多国家广为盛行。美国人尤其爱行此礼,法国人不仅在男女间,而且在男子间也多行此礼。法国男子亲吻时,常常行两次,即左右脸颊各吻一次。比利时人的亲吻比较热烈,往往反复多次。

在当代,许多国家的迎宾场合,宾主往往以握手、拥抱、左右吻面或贴面的联动性礼节,以示敬意。

拓展知识

不同国家的拥抱与亲吻习俗

不同的文化背景产生不同的礼貌和礼仪,其含义是约定俗成的。在西方许多发达国家,两个女性见面时拥抱在一起是常见现象,夫妻久别重逢时拥抱亲吻也非常自然;但阿拉伯人、俄国人、法国人、东欧人、地中海沿岸和有些拉丁美洲国家的人,两个男人之间也会拥抱及亲吻额头。阿拉伯人甚至不停地嗅着对方身上散发出的气息,对他们来说,好的气味能令人精神为之一爽。缅甸人、蒙古人和分布在挪威、瑞典、芬兰等国的拉普人会嗅着彼此的面颊表示问候。而在东亚及说英语的国家,男人之间一般只是握手表示欢迎,很少拥抱或亲吻对方。在许多欧美人看来,政治家的亲吻是"虚假"的代名词。

拥抱亲吻的这些差异充分反映出不同文化的特色和浓厚的社会文化意义,也是不同民族文化之间深层的差异在身势语这个表层上的具体体现。

（三）吻手礼

吻手礼是流行于欧美国家，尤其是英法两国上流社会的一种见面礼节。

施礼时，男士行至女士面前，首先垂首立正致意，然后以右手或双手捧起女士的右手，俯首用自己微闭的嘴唇，去象征性地轻吻一下其手背或手指。如果女方身份地位较高，男士应以一膝做半跪姿势后，再托手吻之。

需要明确的是吻手礼的受礼者，只能是已婚女士。而且女方先伸出手做下垂式，男方则可吻之，而且只能吻在手腕及其以下部位；但如果女方不伸手，则不可行吻手礼。

（四）合十礼

合十礼一般通行于南亚与东南亚信奉佛教的国家。它的做法是：手掌在胸前对合，五指并拢向上，手掌向外侧稍许有些倾斜，然后欠身低头。

通常行合十礼的双手举得越高，表示对对方的尊敬程度就越高。向一般人行合十礼，合十的掌尖与胸部持平即可。若是掌尖高至鼻尖，那就意味着行礼者给予了对方特别的礼遇。唯有面对尊长时，行礼者的掌尖才允许高至前额。

合十礼的三种类型及其做法分别为：

1. 跪合十礼

适用于佛教徒拜佛祖或僧侣的场合。行礼时右腿跪地，双手合掌于两眉中间，头部微俯，以表恭敬虔诚。

2. 蹲合十礼

这是盛行佛教的国家的人拜见父母或师长时所用的礼节。行礼时身体下蹲，将合十的掌尖举至两眉间，以示尊敬。

3. 站合十礼

这是信奉佛教的国家平民之间、平级官员之间相见，或公务人员拜见长官时所用的礼节。行礼时端正站立，将合十的掌尖置于胸部或口部，以示敬意。行合十礼时，可以问候对方或口颂祝词。

特别提示

◆在国际交往中，如果对方用合十礼时，我们也应该用合十礼还礼。

◆在我国，一般非佛教徒对僧人施礼，也以行站合十礼为宜。

第二节　拜访与接待礼仪

在接待和拜访中的礼仪表现，不仅关系到旅游接待人员自己的形象，还关系到企业形象。

一、拜访礼仪

(一)商务性拜访礼仪

1. 拜访的预约

拜访前要先与对方进行约定,以免扑空浪费时间或扰乱对方的计划,这是常规,也是礼节的要求。拜访预约的常用方式有电话预约和信件预约两种。

特别提示

◆即便是事情较急,时间较紧,也应事先打个电话告知对方,让对方有所准备与安排。

◆拜访的时间应避开工作日、上下班时间和对方例会时间。

2. 拜访前的准备

(1)物品准备

提前准备好自己的名片以及应携带的资料,如果需要还应准备好适宜的礼物,明确并熟悉交通线路。

(2)着装准备

出门拜访之前,应根据访问的对象、目的等,将自己的衣物、容貌适当地加以修饰,以示对被访者的尊重。如拜访的地点设在对方的办公区域,则应着正装或所在单位的制服,这样既可展现单位的形象,又能传递出"你很重视这次拜访"的信息。

3. 拜访过程的礼规

(1)准时抵达

这是拜访的首要规则。出发前最好再与对方通电话加以确认,以防临时出现变化。要考虑好出发的时间,以确保提前 5 ~ 8 分钟到达。如果因故不能按时前往,必须提前通知对方,并表示歉意。

(2)礼貌告知

到达时,应礼貌地向对方接待人员通告自己的名字和预约时间并递上名片,等待进一步安排。

(3)耐心等待

如果拜访对象因故不能马上接待,可以在接待人员安排的地点安静地等候。

特别提示

如果接待人员没有说“请随便参观参观”之类的话，而随意地翻看身旁物品或到处张望，甚至伸着脖子往房间里窥探，都是非常失礼的表现。不要与人聊天，这样会影响别人正常工作。如果等待时间过久，不要显现出不耐烦的样子，可以向接待人员询问，如果等不及则应向接待人员进行解释并另约时间。

(4)入门有礼

如无人引见，来到被访者门前时，应轻轻敲门(通常应间隔有序地敲三下)，被应允进入后，如果是初次见面，应先作自我介绍；如果已经认识，则要进行问候与握手，待主人指引并示意后方可落座。主人若以茶水饮品接待，应从座位上欠身、双手接过，并表示谢意。

即使受访者的房门敞开着，也必须敲门示意，不可擅自径直闯入。

(5)交谈有方

一般情况下，谈话应尽快进入主题，以免浪费时间。认真倾听，不要随意打断对方谈话。即使和受访者的意见不一致，也不要争论不休。当受访者有不耐烦或有为难的表示时，应转换话题或口气。当谈话议题结束或受访者有结束会面的表示时，应适时起身告辞。

拜访的时间长短应根据拜访目的和受访者的意愿而定，通常宜短不宜长。

(6)礼貌道别

告辞时要感谢主人的接待并握手道别。

(二)私人性拜访礼仪

1.电话预约

拜访前的预约是当代人际交往中必须遵循的礼规，无论是因公还是纯私人间的拜访均应如此，“不速之客”、“不请自到”是不尊重对方的失礼的表现，也是不受欢迎、不得人心的。即使是朋友间，到对方的私人领地，也应注意事先打个招呼，以免突然袭击式的造访给对方带来尴尬和不便。朋友也需要讲礼和见外。对于外宾而言，未曾约定的拜会是不受欢迎的。

2.准备礼物

初次造访，应适当备些礼品。如主人家有老人或小孩子，所带礼品应尽量以满足他们的需要为主。如果是常来常往的熟客，一般不必带礼物，但遇有重要节日或特殊情况，则不妨带一些礼物以表心意。

3.守时守约

如果事先与主人约定好时间，不要迟到，以免主人久等。也不要过早到，一般可提前5分钟到达。如遇特殊情况不能如约前往,或需要改变日程和时间,应提前通知对方,并表示歉意。失约又不预先告知是很失礼的行为。如果迟到,在与主人相见时,应向主人道歉并说明原因。如迟到的时间较长,最好先征询一下主人的意见,是否需要另外约定时间。

4. 注意到访时间

拜访到达时间,以对方方便为宜。如果是去对方家中,则不宜太早或太晚,也应尽可能避开吃饭的时间。

5. 注意见面礼节

按门铃时间不要太长,敲门要有节奏感,不可太重太急,最多只敲两三下。待主人应声允许或开门相迎时方可入内。与主人相见寒暄问候,如还有其他人,应按礼规顺序进行问候。进门后应将帽子、墨镜、手套摘掉,将外衣脱下,并将其与所携带的提包等物件放在主人指定的地方,不可随便乱放,以免引起主人反感。在主人让座之前,不可随意就座,特别是初次登门或拜访者为长辈,更应在主人让座之后落座。

6. 注意细节

在拜访过程中,举止不可过于放松,言谈不可过于随意。不可不经主人允许乱翻乱看,更不可将果皮烟蒂等乱扔乱放。对主人的物品可以感兴趣并加以赞赏,但不宜流露出特别的渴望与心仪,以避免引起主人的忍痛割爱。

7. 适时告辞

一般的拜访,应适可而止,停留的时间不宜过长,特别是在晚上,否则会影响主人的休息。礼节性拜访,一般不超过30分钟。如果在主人家就餐,则饭后应停留半小时后再起身告辞。如果有事相谈,则应把握时间适时进入主题,不宜绕来绕去兜圈子,既浪费时间,又耗费精力。客去主安,应适时主动告退离开,不要让主人因你的拜访占用了额外的时间而感到焦急和厌烦。当主人面露倦色,或有些心不在焉,或不时看表或先行起身离座,或另有事情要办等,这些情况的潜台词都是"你该走了",及时告辞是明智之举。

8. 诚挚道别

与主人及其他陪同人员道别,并诚意相邀到己方家做客。

特别提示

如果主人热情相送,在告别转身离开几步之后,应注意回头观望,若主人还在目送,应再次与主人挥手道别。如果一去不回头,会使主人产生失望之感,也是一种礼数未尽的表现。

二、接待访客礼仪

(一)接待人员应具有的礼仪

对于访客的接待是旅游接待人员最常规的工作内容之一。访客的类型多种多样,不管是哪一种,都应该遵循“来者是客,以客为尊,宾至如归”的理念,给予热情周到、细致专业的接待。有人曾说过,在市场竞争加剧的当今,客人能选择到我们这里来,不管结果怎样,我们都应该心存感激。可以说访客有可能成为我们的合作伙伴,也可能是我们潜在的客源。以礼以诚待客,这也是优质服务的体现。

1.及时、主动热情问候

当来访客人走过来时,应及时、主动热情地招呼问候客人。打招呼时,应轻轻点头并面带微笑。如果是已经认识的客人,称呼上要显得亲近一些。具体注意要点如下:

(1)笑容要亲切

微笑是世界的共同媒介,就算语言不通,一个微笑就能带给彼此一种会心的感觉。微笑可以淡化或消除访客初来乍到的不安心理,可以拉近彼此之间的距离。所以,亲切的笑容是接待人员最好的语言工具,也是做好访客接待的第一秘诀。

(2)目光要亲切柔和

亲切柔和的目光传递的是友好与和善的意思,它与微笑一样具有使客人获得安稳、舒心感觉的作用。在具体接待过程中,目光的运用还需要注意以下几点:

①交谈时应看着对方。接待人员在回答客人的咨询时,眼睛一定要看着对方,这是尊重客人的最基本的礼节。眼神不可空洞无物,应带着热情或带着问询或带着关切等神态。

②注意视线的落点。与客人交流时,着眼点可以是对方的眼睛,也可以是以两眼为上限,以下颌为顶点所连成的倒三角区域。注视这一区域容易形成平等感,有利于营造良好的交流氛围。

③注意与客人保持一定的视线距离。接待人员应与客人保持一定的距离,如果距离太近,会使客人产生不自在的感觉。而如果选择相距1.2~2.1米时,既会给人以安全感,又不会显得生疏,可以友好交谈。

(3)规范、灵活地运用服务语言

在迎接客人时,除使用最常规的“欢迎光临”问候语外,还应该融入更多的问候内容和方式,使得客人获得更加生动而贴心的感受。如在下雪的日子,为身上沾着雪花的客人递上一张纸巾,这种举动会令客人倍感温暖。同样,下雨的时候,问上一句“您没带伞,有没有着凉?”也同样会打动人心。

充满温情式的关怀的言行,最能打动人心,使客人产生宾至如归的感觉。

2. 问询来访的目的

问候过后,接待人员可询问访客:“请问您有什么需要我帮助的吗?”、“请问您要找哪位?”而后根据访客的需要做好相应的联系与安排。在这个环节中需要注意的事宜如下:

(1)不应使用“无情语”、“生硬语”

如“找谁?”、“什么事?”、“等一下”。

(2)问明访客信息

当陌生客人光临时,务必要问清其姓名及公司或单位名称以及是否提前做好约定。如“请问贵姓?”、“请问您是哪个公司(单位)的?”以便与相关人员联系时进行告知。

有客人未预约来访时,不要直接回答要找的人在或不在,而要告诉对方:“让我看看他是否在。”同时婉转地询问对方来意:“请问您找他有什么事?”如果对方没有通报姓名则必须问明,尽量从客人的回答中,充分判断能否安排他与所找的人见面。如果客人要找的人是公司的领导,更应该谨慎处理。

(3)及时说明

当访客要找的人不在时,要及时告知客人其要拜访的人的大致去向及大致返回时间。如果访客无意等候,则可询问访客是否需要留下联系电话并做好记录。

当访客要找的人由于种种原因不能马上接待时,要向客人说明等待理由与等待时间。若客人愿意等待,则应将客人做好安顿,如安排在适宜的地方等待、提供饮品和读物等供其消遣,还需要不时给予关照并通告被拜访者的消息。

特别提示

令人不悦的待客表现

◆当客人进来时,装作没看见继续忙自己的事情。
◆当客人问询时,一副爱理不理甚至厌烦的应对态度。
◆当客人问询时,身体背对着客人,只将头转向客人。
◆当客人来到眼前,还是继续打电话聊天或看报纸。
◆眼睛如扫描器般上下打量客人。
◆与客人打招呼或交谈时双手抱胸。
◆无精打采,缺乏热情,冷脸相对。
◆以貌取人,不能一视同仁。
◆语速过快,缺乏耐心。

(二)受访者的待客礼仪

良好的待客之礼,能使访客感到亲切、自然,也会彰显主人重情讲礼的风范。

1. 做好准备

(1)整理房间

对于预约的来客,应该在约定的时间之前,做好准备。会客的地方要适当收拾,不要乱七八糟,显得毫无准备。

(2)注意仪表

待客时,衣着要规整,即使是在自己的家里待客,也不应穿着过于随便。穿着内衣或睡衣会见客人是十分不礼貌的,也是自己缺乏教养的表现。

2. 迎客

"出迎三步,身送七步"是我国传统的待客礼仪。

如果有约在先,主人应适当提前出门迎候。如果是在家庭中接待朋友,最好是夫妇一同出门迎候。如果客人是敲门而入,则应起身离座快步上前进行迎接。

见到客人,主人应热情地打招呼,如"路上辛苦了"、"欢迎光临"、"您好"等,同时主动伸手相握以示欢迎。如客人提有重物应主动接过,但不要帮拿客人的手提包或公文包。对长者或身体不太好的客人应上前搀扶以示关心。

如果身边有其他人在场,应按礼规进行介绍。

3. 让座

如果是长者、上级,应请其坐上座并先就座,以示尊敬;如果身份相近,可同时就座。

4. 敬茶

为客人敬茶是待客的重要内容。待客坐定,应尽量在客人视线之内把茶杯洗净。即使是平时备用的洁净茶杯,也要再用开水冲洗一下,以示尊重。不要直接用手取茶叶,斟茶动作要轻、要缓,不要一次性斟得太满,以 2/3 杯为宜。端茶应使用双手,并遵从"左下右上"的口诀,即右手在上扶住茶杯,左手在下托着杯底,同时应说"请您用茶"或"请喝茶"。

特别提示

◆切忌用五指捏住杯口边缘给客人送茶,这样敬茶既不卫生,也不礼貌。

◆客人谈兴正浓时,斟茶不宜过频,以不影响客人谈兴为佳。

5. 交谈

谈话要紧扣主题。俗话说"无事不登三宝殿",客人的到访通常都有着一定的目的,因此谈话要围绕主题,不要偏离主题。如果是礼节性的拜访或者朋友之间的交流,则要找双方都感兴趣的话题。

谈话要注意态度和语气。谈话时语气要温和适中,不可强词夺理,甚至恶语伤人。

要认真倾听。在对方讲话时,应适时地以点头或微笑作出反应,不要随便插话,要等别人谈完后再谈自己的看法和观点。也不可只听不谈,否则也是对别人不尊重的一种表现。要注意坐姿,不应东张西望,流露出不耐烦的表情。不要频繁看表、打呵欠,以免对方误解。

拓展知识

倾听礼仪

戴尔·卡耐基告诉我们,如果想成为一个谈话高手,那就得学会聆听,鼓励别人多谈他自己的事,而不是让别人只听你说话。

倾听除了出于礼貌的考虑,还有四个益处。

1. 倾听可以使说话者感到被尊重

卡耐基曾说,专心地听别人讲话,是我们所能给予别人的最大赞美。不管说话者是谁,是上司、下属还是亲人或者朋友,被人倾听总是其乐于看到的。人们总是更关注自己的问题和兴趣,如果有人愿意听你谈论自己,你便会产生被重视的感觉。

2. 倾听可以缓和紧张关系

倾听可以解决冲突,增加沟通,可以增进人与人之间的相互理解,使公司和员工避免不必要的纠纷,从而节约时间和费用。

3. 倾听可以解除他人的压力

心理学家研究表明,向人诉说心中烦恼之事能减缓心理压力。因此,当你有了心理负担和心理疾病时,找一个友善的、具有同情心的倾听者是很好的解决办法。

4. 倾听可以使我们变为智者

倾听可以让我们学到更多的东西,更好地了解人和事,使自己变得聪明,从而成为智者。对一个成功的推销员来说,有效的推销方法是自己只说1/3的话,把2/3的话留给对方去说。如果你是一位话多的人,应学会改变自己,先学会做一位优秀的倾听者。

倾听是成功的要素之一,它作为一种交流的技巧,有以下一些方法和要领。

第一,集中注意力,真心诚意地倾听。

人的思维活动进行得很快,往往超过讲话的速度。通常,人讲话的速度是每分钟120～160个字，而思考的速度则是每分钟400～600个字。因此，听话人为跟上说话人的思维和谈话内容，务必集中注意力认真倾听。如果你真的没有时间，或由于别的原因而不愿听人谈话，你最好客气地提出来："对不起，我很想听你说，但我今天还有一些事要做。"礼貌地提出来，比勉强听下去显得更有礼貌。

第二，要有耐心，不能随便打断别人讲话。

有些人话很多，或者语言表达有些零散甚至混乱，这时就要耐心地听完他的叙述。即使听到你不能接受的观点或者某些伤害感情的话，也要耐心听完。听完后可以再反驳或者表示你的不同见解。当别人流畅地谈话时，随便插话打岔，改变说话人的思路和话题，或者任意发表评论，都被认为是一种没有教养或不礼貌的行为。

第三，偶尔的提问或提示可以给讲话者以鼓励。

如"你能详细说明一下刚才你讲的意思吗？""我可能没有听懂，你能再讲具体一点吗？"或者用提问、评论的方法鼓励讲话人，如"这几条建议，你认为哪一条最好呢？""这很有趣，请接着说。"同样，可以适时用简短的语言，如"是"、"对的"或点头微笑来表示你的赞同和鼓励。①

6. 送客

在我国传统礼仪中，送客比迎客还要重要。送客是接待的最后一个环节，如果处理不好将会影响到整个接待工作的效果。

(1)婉言相留

无论是接待什么样的客人，当客人准备告辞时，都应婉言相留，这虽是客套辞令，但也必不可少。不要客人一说要走，主人马上站起准备相送，即便是起身后说了许多挽留的话语，都难逃逐客之嫌。此外，主人抢先与客人握手以示告别，也含有"逐客"之意。所以，当客人表示告辞时，主人应在客人起身后再起身，并应等客人出手相握时再与之握手道别。

(2)送客有道

送客应送出门外或楼下，也可视情况将客人送至车站、机场。最后，要充满热情和惜别之情地与客人道别。

特别提示

◆送毕客人返身进门时，应将房门轻轻关上，不要使其发出较大声响。那种在

① 社交礼仪网。

客人刚刚走出门,就"砰"地将门关上的做法是极不礼貌的,并且很有可能因这一声"砰",致使客人来访期间培养起来的所有情感失掉,前功尽弃,甚至结怨。

◆送客应在客人的身影完全消失后再返回,否则,当客人再次回头致意时,发现主人已经不在,容易心生失落。

案例分享

待客的眼神

前不久,我赶去老远的地方,见几位很近的朋友,然后在一家很好的酒店,吃了一顿很糟的午餐。

我们点的5个菜,花了两个小时才上齐。就餐期间,在一位服务生走过来倒茶时,我们就趁机威胁他,如果再不上菜,我们就结账走人了。这位服务生爽快地回答:"好的,我帮你们催催。"这句话把大家逗乐了。谁都知道,这是一句标准的客套话,把你搪塞过去而已。笑后,我提醒朋友们,你们刚才有谁观察过这位服务生的眼神吗?他的眼神中没有殷勤,也没有歉意,甚至没有专注,他只是完成这份公事而已。他的眼神中也没有热情,甚至没有光,因为他不喜欢这份工作,讨厌我们这些嘻嘻哈哈的顾客。

要为顾客创造流连忘返的体验,除了用手用脑,还必须用心。而衡量其用心程度的唯一指标,就是眼神。员工的神态中,最有杀伤力的就是他或她的眼神。

我多次有机会观察国内某大型家电公司促销员的眼神。当你走向他们的地盘时,你看到的是一双殷勤和期盼的眼;而你转身到隔壁去的时候,相送的往往是一束冰冷的目光。

后来我终于盼来了传说中服务最好的百思买。去拜访百思买在赛特的旗舰店时,我得到的是那种毋庸置疑的专业水准的眼神,那是一种让你不想光顾其他地方的眼神。

于是,我就不由自主地想到香格里拉饭店的服务生。在他们的眼神中,总有那么一份热情与专注,一份因服务而快乐的淡淡的光彩。即使你偶尔穿得寒酸一些在酒店逗留一会儿,你也可以感受到,在你转身离开的时候,身后仍然是温暖的注视。

思考题:

1.请结合上述案例总结出服务人员在接待客人时眼神的作用与影响。

2.专业接待水准的眼神应该能传递给客人哪些含义与内容?会带给客人哪些感受?

3.怎样才能拥有专业接待水准的眼神?

思考与练习

1. 介绍他人、介绍集体时应分别按怎样的顺序进行?
2. 握手的礼仪规范及相关禁忌各有哪些?
3. 递送、接受名片时各有哪些规范要求?
4. 商务性拜访应注意的事宜有哪些?
5. 作为旅游接待人员在接待访客时应注意哪些方面?

第四章 旅游服务语言规范与运用艺术

引 言

语言是人类用以传承文明的工具,是人与人之间沟通的桥梁。文明的语言会使听者增加亲切感,从而拉近彼此的距离,使人们之间的关系变得和谐融洽。文明的语言已成为人际关系的润滑剂。

对于旅游企业而言,旅游服务质量是其经营管理的重中之重,提升旅游服务质量的核心在于提升旅游接待人员的素质,而旅游服务语言与沟通技巧则是旅游接待人员素质的最直接体现。文明而规范的旅游服务语言不仅可以彰显旅游接待人员自身的良好素质和服务的专业性,也是旅游企业形象的展示。同时,运用文明而规范的旅游服务语言还是旅游接待人员赢得更多尊重的有效途径。敬人者,人恒敬之。

学习目标

1. 充分理解旅游服务语言的性质,掌握旅游服务语言的基本原则。
2. 掌握称呼礼仪规范。
3. 掌握各种类型的服务用语的运用方法与规范并能熟练而灵活地运用。
4. 掌握并熟练运用电话礼仪。

第一节 旅游服务语言运用的基本要求

对于作为第三产业的重要一员的旅游企业而言,服务是其最根本的属性,也是其重要的产品。优质服务是旅游企业的立足之本,提供优质服务就成为旅游企业从业人员的最基本任务。据统计,旅游服务有60%是通过语言来实现的,可以说服务语言已成为旅游服务的基本内容之一,而且占据着举足轻重的地位。由此可见，旅游接待人员在工作过程中使用相应的服务语言是一种必然和必需。

一、将"对"让给宾客

"宾客永远是对的"是旅游企业的服务理念，这也是由旅游企业的服务性质所决定的。"宾客永远是对的"，就是要求旅游服务人员在服务过程中要把"对"让给宾客，即使宾客有不对之处，服务人员也要给宾客以面子，给宾客台阶下，不使宾客感到尴尬与难堪，即便是"得理"也要"让人"。其目的在于"以退让来敬人"，让宾客充分享受尊重与礼遇，满足宾客的内心需求，以展现服务的优质之所在。

特别提示

◆ 将"对"让给宾客，也是要讲究条件和原则的。如果宾客严重损害本企业的利益，或言行已经严重越轨，甚至明显违反我国的有关法律法规和道德规范，就要视情节轻重及事件的性质，另行对待。

◆ 将"对"让给宾客，须要让得巧妙、自然，如果让得生硬，让得勉强，就会适得其反，达不到让的目的与效果。

◆ 将"对"让给宾客，要做到不与客人发生正面冲突，坚持真诚礼貌，以情感人。

拓展知识

"让"的方法与艺术

第一，对观点不同的宾客不与之纠缠。求同存异、以礼相待应是对待这类宾客的良方。例如在某一天，一名导游员带着一个日本旅行团参观南京大屠杀遇难同胞纪念馆。团队中的绝大多数日本宾客对当年日军在中国犯下的侵略罪行感到触目惊心，更加同情和理解中国人民对日本侵略军的憎恨。但其中有一位日本侵略者的后代，因长期接受父亲关于日军当年在华所作所为的歪曲说教，对展馆内展出的铁铮铮的事实提出异议，为侵华日军进行辩解。面对这位日本青年的无理，导游员没有与其进行更多的纠缠，而是当着全团成员的面，义正词严地说："侵华日军在中国犯下的弥天大罪铁证如山，是永远无法改变的事实。我可以热情地为各位日本朋友服务，但我无法容忍个别日本朋友否定侵华日军的罪证，请各位谅解！"导游员的话音刚落，团队大多数成员热烈鼓掌，因为他们从这位导游员身上感悟到了中华民族是一个既文明又有骨气的民族。这种不与之纠缠、热情服务，是对不同观点的旅游者最巧妙的"让"。

第二,注意给出错的宾客以体面的台阶下。在旅游服务实践中要随机应变,把“理”和“面子”都让给宾客,即使是宾客错了,也要把“面子”给他(她)。“死要面子活受罪”,这是因为我们中国人普遍将“面子”看得非常重要。有了面子,就会产生满足甚至荣耀之感;而失去面子,会倍觉难堪甚至会因此结仇。所以,旅游服务人员应特别注意这类事件的应对,把握好策略。

例如某饭店的一位客人在离店时把房内的一条浴巾放在提箱内带走,被服务员发现后报告给了大堂副理。根据酒店规定,一条浴巾需向客人索赔50元。如何做到既不得罪客人,又能维护酒店利益呢?大堂副理在总台收银处找到刚结完账的客人,礼貌地请他到一处不引人注意的地方说:“先生,服务员在查房时发现您的房间少了一条浴巾。”客人面色有些紧张,但为了维护面子,拒不承认带走了浴巾。为了照顾客人的面子,大堂副理开始给客人一个台阶下,说:“请您回忆一下,是否有您的亲朋好友来过,顺便带走了?”客人说:“我住店期间根本没有亲朋好友来访。”大堂副理干脆就给他一个暗示,再给他一个台阶下,说:“从前我们也有过一些客人说是浴巾不见了,但他们后来回忆起来是放在床上,毯子遮住了。您是否能上楼看看,浴巾可能压在毯子下被忽略了?”这下客人理解了,拎着提箱上楼了。大堂副理在大堂恭候客人。客人从楼上下来,见了大堂副理,故作生气状:“你们服务员检查太不仔细了,浴巾明明在沙发后面嘛!”大堂副理心中高兴,但不露声色,很有礼貌地说:“对不起,先生,打扰您了,谢谢您的合作。”为了使客人尽快从羞愧中解脱出来,大堂副理接着又很真诚地说了一句:“您下次来北京,欢迎再度光临我们酒店。”整个索赔过程结束了,客人的面子保住了,酒店的利益保住了,双方皆大欢喜。①

第三,对待吵闹的宾客先安抚后疏导。因为对服务的不满而引发的宾客吵闹现象是经常出现的。如何尽快平息事态,减轻对本企业形象的影响,就需要负责接待处理的人员使用好镇静、降火的语言。可以采用礼貌、平和、沉着的言语将客人请至会客室,请客人喝点水,以稳定客人情绪,然后请客人把想说的话说完,再根据宾客陈述的情况,加以妥善处理,使客人生气而来,满意而归。

第四,对无恶意的宾客给予充分体谅。由于文化观念和风俗习惯的不同,在旅游服务的实践过程中,常常会出现一些意想不到的尴尬场面,这时就要分清情况,区别对待。有一次,一位在餐厅用餐的外国宾客,用十分笨拙的汉语对正在为他忙前忙后的服务小姐说:“小姐,我爱你。”凭这位女性服务员的知识与经验,她很快明白这位外国宾客说的“爱”字是广义的,是友好的表示,只是用得不太得法,于是她笑盈盈地说:“谢谢您,我也‘爱’你,‘爱’你们所有的宾客。”在场的宾客和翻译

① www.yidaba.com.

一个个投去了满意的目光。

第五,对道歉的宾客给予一份安慰。对待因为难了服务人员或者因妨碍了服务人员的正常工作而进行道歉的宾客,服务人员要给予宾客真挚的安慰,让宾客获取更多的情感回报,使“让”升华到一种更高的精神境界。

二、以宾客为中心

旅游服务人员对客服务语言的表达必须坚持以宾客为中心,以宾客为导向,不断地调整和改变自己的语言思维定式和表达习惯,以适应和满足不同宾客的不同需求,以获得更好的服务效果。这是旅游服务语言区别于一般交际语言的重要标志,也是旅游服务企业“主随客便”的服务宗旨的体现。

特别提示

旅游服务语言的内容与表达要以宾客为中心,具体可以体现在:服务人员应结合宾客的个性特点及语言习惯来确定自己的表达内容与表达方式,要有针对性,要富于变化,要尽量避免千人一腔,墨守成规。此外,旅游服务人员在与宾客交流时,要注意揣摩客人的心理,顺情说话;与宾客交谈中,要尽可能满足客人的述说的欲望,不轻易打断,不随意插话;不说有伤宾客的话,如果言语有失,即使是无意说出的,也要及时向宾客道歉;坦诚接受宾客的建议、批评和指责等。总之,服务语言的倾向性应以交流的顺畅进行和宾客的欢喜与满意为目标。

三、亲切而热情

旅游服务人员对宾客说话要亲切、热情,具有亲和性,要能沟通与宾客的情感,从而在服务过程中,营造出一种轻松自然、融洽和谐的服务氛围,为宾客带来美好的体验与感受,也为服务人员顺利地为宾客提供优质服务奠定良好的情感基础。

作为旅游接待人员,在对客服务过程中,应注意调整自己的情绪,将对工作的热情和对宾客的恭敬与友爱之情有机地融合在一起,从而有益于将情感注入与宾客交谈的话语之中。

特别提示

旅游服务人员与宾客交流时,服务语言的情感表达的要素如下:

语态方面：语言要诚恳，态度要亲切，要面带微笑，目光柔和。

语调方面：要轻柔、委婉动听，不可挫硬粗粝。

语气方面：要运用好能增加感情色彩的语气词，把握好发音的轻与重，忌用质问、轻视的语气说话。

语速方面：语速应快慢适中，尽可能娓娓道来。同时，也需要适当灵活调整，与宾客的语速相适应。

语音方面：语音可分为音高、音强、音长和音色，要根据情景和谈话内容的需要，灵活运用。

语句方面：表达应准确、简洁、迅速，具有感染力和艺术性。这就要求服务人员要不断地加强自身的文学修养，以不断提高语句的运用能力。

四、礼貌而真诚

旅游服务语言表达要真实与热诚。真实，就是真实可信，这就要求旅游服务人员向宾客传递的语言信息要不虚假，也就是要说真话和实话，不可说假话和虚话，特别是涉及宾客切身利益的信息，一定要做到准确可靠。热诚，就是热心诚恳。旅游服务语言的热心诚恳主要表现在两个方面：一是对宾客说话要恳切礼貌；二是说话要多从宾客的利益角度进行表述，表现出自己确实是真心实意为宾客着想。俗话说“精诚所至，金石为开”，只有真诚的语言才能取得宾客的信任与好感。“诚于中而形于外”，服务人员只有源于内心的真诚，才会体现在其提供服务时的态度上，并通过言语表现出来，从而带给客人信赖感，收到理想的交流效果。

旅游服务人员对客服务用语还应做到“敬而不失，恭而有礼”。使用礼貌语言，可以体现出旅游接待人员的和善、文雅，也能体现出旅游接待人员的良好职业素养和服务水准。运用礼貌语言能给宾客带去尊敬和内心的舒适与满足，也是接待人员赢得宾客的好感和体谅的有效途径。

特别提示

礼貌服务用语的表达形式

礼貌服务用语的表达形式通常分三种：

1. 敬语

敬语是表示恭敬、尊敬的习惯用语。旅游服务人员在日常工作中，应常用“您好”作开头，“请”字用中间，“谢谢”或“再见”为收尾，“对不起”常挂在嘴边。其他的常用的敬语还有“久仰”、“久违”、“包涵”、“拜托”、“高见”等。

在诸多敬语中,“您好”、“请”、“谢谢”、“对不起”、“再见”被称为最基本的、使用频率最高的“十字礼貌用语”。

2. 谦语

谦语是向人们表示一种自谦和自恭的词语。它以敬人为先导,以退让为前提,体现着一种自律的精神。服务工作中惯常的谦语有“太客气了”、“过奖了”、“为您效劳”、“多指教”、“惭愧”等。

对人用敬语,对己用谦语,内谦外敬,礼仪自行。

3. 雅语

雅语是指一些比较文雅的词语,与“俗语”相对。雅语常常在一些正规的场合以及一些有长辈和女性在场的情况下,被用来替代那些比较随便,甚至粗俗的话语,以体现对他人的尊重。在服务工作中惯常用的雅语有“留步”、“奉还”、“光临”、“失陪”、“光顾”、“告辞”等。

拓展知识

中国传统的谦辞雅语

与人相见说您好,好久不见说久违。请人勿送用留步,看望别人说拜访。
请人帮忙说劳驾,求给方便说借光。请人指点说赐教,请人协助说费心。
向人询问用请问,与人分别用告辞。赞人见解说高见,归还原物叫奉还。
请人赴约说赏光,需要考虑说斟酌。麻烦别人说打扰,托人办事说拜托。
宾客来到说光临,送客出门说慢走。等候别人说恭候,没能迎接说失迎。

第二节　称呼礼仪

称呼指的是人们在交往之中,所采用的彼此之间的称谓语。在人际交往中,选择正确、恰当的称呼,反映着自身的教养、对对方尊敬的程度,甚至还体现着双方关系发展所达到的程度和社会风尚,因此要注意规范。

一、姓名的构成与称呼习惯

(一)前姓后名的构成方式

我国的姓氏构成就属于这种排列方式,即姓氏在前,名字在后。与我国的这种姓名构成方式基本相同的国家主要有亚洲的日本、韩国、朝鲜、新加坡、越南、柬埔寨和欧洲的匈牙利等。

特别提示

日本人姓名的构成：日本人的姓名均用汉字书写，但读音与汉字大相径庭。日本人的姓名多为四个字，例如“田中角荣”、“小泽一郎”等。为了避免差错，与日本人交往时，一定要了解在其姓名之中，哪一部分为姓，哪一部分为名。日本妇女婚前使用父姓，婚后使用夫姓，本名则一直不变。

日本人姓名的称呼习惯：在日本，人们进行日常交往时，往往只称其姓。只有在正式场合，才使用全称。“先生”、“小姐”、“女士”、“夫人”皆可采用，一般可与其姓氏或全称合并使用，例如“田中先生”、“宫泽理惠小姐”等。

（二）前名后姓的构成方式

1. 姓名的构成方式

在英国、美国、加拿大、澳大利亚、新西兰等国家里，人们的姓名通常是名字在前，姓氏在后，与我国正好相反。例如，在“理查德·尼克松”这一姓名之中，“理查德”是名字，“尼克松”才是姓氏。

在英美等一些国家，女子结婚后，自己的名不变，但姓氏通常要改为夫姓。例如“玛格丽特·撒切尔”这一姓名中，“玛格丽特”为其本名，“撒切尔”则为其夫姓。

2. 称呼习惯

跟英美等国的人们交往，一般情况下只称其姓氏，加上“先生”、“小姐”、“女士”或“夫人”即可，例如“华盛顿先生”、“尼克松夫人”。在正式的场合，则应称呼其姓名全称，并加上“先生”、“小姐”、“女士”或“夫人”。

对于关系密切的人，往往可直接称呼其名，不称其姓，而且可以不论辈分，如“比尔”、“约翰”、“玛丽”等。但与人初次交往时，不可这样称呼。

拓展知识

俄罗斯人的姓名构成也属于前名后姓这种类型，但其名由两部分构成，即位首是本名，之后为父称，姓氏居末位。例如，在列宁的原名“弗拉基米尔·伊里奇·乌里扬诺夫”这一姓名中，“弗拉基米尔”为本名，“伊里奇”为父名，“乌里扬诺夫”为姓氏。

俄罗斯妇女的姓名同样也由三个部分组成。本名与父名通常一成不变，但其姓氏婚后也随夫姓。

俄罗斯人对他人的称呼按照对象的差别而有所不同，较之中国人的习惯要复杂许多。

在正式的公文中，需要对他人使用全称；而在非正式的书信往来中，则只需要使用对方的父称。

在人际交往中，如果面对的是关系较为亲近的对象时，可以使用本名或父称；长辈面对晚辈或同辈，则通常使用本名作为称呼。

如果在正式场合交谈，或要表示自己严肃态度的时候，要使用名字的全称；而在一般交往的时候，可以称呼对方昵称，即小名。

对于已婚的妇女，为表示尊重，应当使用其本名或父名。

个人的姓氏加上职务和同志，则是职场称呼最常见的形式。①

（三）有名无姓的构成方式

有名无姓的构成方式主要体现在缅甸、印度尼西亚等国。

缅甸人仅有名而无姓。在称呼对方时会在其名前面冠以表示性别、长幼、地位的字或词。在缅甸人常用的尊称中，“吴”意为“先生”，“貌”意为“弟弟”，“哥”意为“兄长”，“波”意为“军官”，“塞耶”意为“老师”等。例如一男子名“刚”，长辈称他为“貌刚”，同辈称他为“哥刚”，若该男子有一定社会地位则被称为“吴刚”，如系军官则被称为“波刚”。女性名字的前缀有“杜”、“玛”等，例如，一女子名“丹”，如果是年轻人，要称其为“玛丹”；如是有社会地位的女士，则称为“杜丹”。

二、称呼的礼仪规范

与日常生活中的亲近、随意性强的称呼相比，工作场景下的称谓要显得更为郑重、正式、规范。

（一）通用性称呼

1. 男性的称呼

对于成年男性，不论其年龄大小与婚否，都可称“先生”。

2. 女性的称呼

在女性的称呼中，婚否为确定其称呼的主要依据。已婚女性可以“夫人”（身份较高者）或“太太”相称；未婚的女子称为“小姐”；对职业女性或难以判断婚否的女性，可以称“女士”。

3. 正式场合的称呼

在正式场合中，可将姓名、姓氏及行业性称呼与通用称呼组合，如“撒切尔夫人”、“比尔·克林顿先生”、“秘书小姐”等。

① www.3edu.com.

特别提示

◆对于不能明确婚否的女性,切不可贸然以"太太"相称,而以"小姐"或"女士"相称是比较明智的选择。尤其是对西方的女性来讲,不管年龄多大,都可以称其为"小姐";即便是已婚,而被称为"小姐"也是她能够乐于接受的误称。但对于未婚者,"太太"的称呼则可成为她不可接受和原谅的大错了。

◆作为旅游接待人员在工作中应一视同仁是基本要求,但也应注意灵活变通,要兼顾被称呼者的个人习惯,要入乡随俗。如对男士都以"先生"相称没错,但这个称呼对某些人而言,会使他感觉不舒服、不自然,如换为"大哥"或"师傅"相称,会使他更乐于接受。关心、体贴是礼仪之本。对于未婚女性,适宜采用姓氏或姓名+小姐的称呼方式相称,也可以女士相称。

(二)职务性称呼

1. 独立式称呼

在单位内部,可单独以对方的职务相称,如"处长"、"经理"、"主任"等。

2. 组合式称呼

职务性称呼可与姓名、姓氏、通用性称呼组合使用,如"赵校长"、"部长先生"、"福田康夫首相"等。

3. 特殊称呼

对某些地位显赫的人可以"阁下"相称,如"首相阁下"、"总督阁下"。但在美国、墨西哥、德国等国家,不使用"阁下"的称呼,通常采用职务加通用称呼相称,如"总统先生"。

(三)职衔性称呼

1. 直称职衔式

对拥有广受社会认可和尊重的学位、职称、军衔等职衔的人士,可直接以其职衔相称,如"教授"、"律师"、"法官"、"将军"、"医生"等。

2. 正式场合的称呼

正式场合可将职衔与姓名、姓氏和通用称呼组合使用,如"张教授"、"基辛格博士"、"律师先生"等。

(四)其他的称呼

1. 王室成员的称呼

对君主制国家的王室成员,按习惯可称国王、王后为"陛下",称王子、公主、亲王等为"殿下"。对有爵位的人,可以其爵位相称,也可称其为"阁下",也可采用爵位加通用称呼的方式,如"侯爵先生"、"伯爵夫人"。

2. 宗教人士的称呼

对宗教人士,可按其教派内部的称谓相称,如主教、牧师、道长、阿訇、喇嘛等。

特别提示

◆在涉外交往中,应注意一些易引发歧义的称呼的使用。如中国人常把自己的配偶称为“爱人”,而国外的一些人常将其理解为婚外的“第三者”。另外,“同志”一词,也是容易引发误会的称呼。

◆有些看似尊称,但却不愿为人们接受的称呼,如“老人家”就常为一些老人(尤其是外国老人)所抵触,所以也应慎用。

◆不允许使用“喂”或数字代码称呼客人。

◆不允许使用“的”字式称呼,如“开车的”、“戴眼镜的”等。

◆不允许使用低级、庸俗的称呼,如“哥们儿”、“靓女”等。

◆不允许使用歧视性的称呼,如“老外”、“洋妞”等。

拓展知识

“老外”有时并不“外”

一天,有位客人来到某饭店下榻。前厅部接待员为他办理入住手续时,由于在确认客人身份、核对证件时耽搁了一些时间,客人有些不耐烦了。于是,接待员使用中文向客人的陪同进行解释,言语中他随口以“老外”二字称呼客人,可巧这位陪同正是客人的妻子,结果引起客人的不满。事后,接待员虽然向客人表示了歉意,但客人仍然表示不予谅解,给酒店声誉带来了消极影响。

俗话说“一句话使人笑,一句话使人跳”,特别是对于服务接待人员而言,不规范的称呼有时就意味着不够尊敬,甚至会使客人产生被轻视、被歧视的感觉。简单的一个称呼,会引起客人心里留下不快甚至抵触的情绪,会给后续服务工作的开展埋下隐患,这对于服务型企业而言是十分不利的。细节至关重要。

第三节 旅游服务语言的分类及运用艺术

规范的旅游服务用语的使用,能够体现旅游接待人员的专业风范,是旅游接待人员良好职业素养的体现。遵循规范,但不墨守成规;灵活多变,但不失礼仪之本,这是旅游接待人员服务用语的追求方向。

一、问候用语

问候，又称问好或打招呼。它是以语言或动作向他人致意、表示关切或友好的一种常规方式。

（一）问候语的内容

1. 常规用语

“您好”是最通用、最直接表达问候还包含有祝福之意的语句，可单独使用，也可与称呼连用，如“您好”、“您好，张先生”。

2. 时效性用语

根据一天中的时间段致以问候，如“早上好”、“中午好”、“晚上好”，“晚安”。另外，在清晨，问一声“您早”；在周末，问一声“周末愉快”，都是不错的选择。

根据节庆致以问候，如“新年好”、“圣诞快乐”、“中秋节快乐”等。

3. 应时应景性用语

如遇婚庆或生日之时，可说“生日快乐”、“新婚快乐”；对于前来用餐的客人可说“祝您用餐愉快”等。

4. 亲和性用语

在非正式的场合或对熟人的问候用语可以亲切、具体一些，如“好久未见了”、“又见面了”，“您气色不错”、“你的衣服很漂亮”等。

特别提示

“您”本身就是个尊称，有表达敬重之意，所以接待人员对客人都应以“您”相称。

（二）问候的礼仪规范

问候他人时，要面带微笑、目视对方、发音清晰、语气温和、热情诚恳，同时点头致意或行 15 度鞠躬礼，应做到言、眼、意、行四结合。

特别提示

在问候他人时，要做到言行一致，即问候的语言要与施礼的动作同时、协调进行。有言而没有行，是不规范的表现。

在问候他人时，眼睛一定要看着对方，要专注。不可头不抬、眼不睁或眼望别处，向客人只是发出问候的声音，这种做法是敷衍了事、缺乏诚意的表现。

（三）问候的注意要点

1. 主动热情

向他人问候时，贵在先发、贵在诚意。要做到积极主动、热情友好而又真诚，不可机械地、面无表情地问候。

2. 注意次序

在交往双方相见时，通常应由身份较低的一方首先向身份较高的一方问候。若需要问候多人时，要注意由尊而卑或由近而远依次进行。当他人率先问候自己时，应立即予以回应，不可置若罔闻、敷衍了事。

3. 把握时机

进行问候时应注意把握时机，通常应遵循“五步目迎，三步问候”的原则。目迎就是行注目礼，即当宾客走近时，迎接宾客的人员要转身面对，用眼神来表达关注和欢迎。注目礼的距离以五步为宜，在距离三步的时候就要发出“您好，欢迎光临”等问候语。对于距离较远的客人，适宜微笑点头致意，不宜打招呼。

4. 注意变化

使用问候语，应注意不断地丰富问候语的内容，使之生动、富有新意，以免模式化的语言使客人产生单调、乏味的感觉，从而失去了问候的意义。

特别提示

在运用规范的问候语的同时融入一些自然、贴切、适宜的寒暄语，往往会具有更好的亲和性和沟通情感的效果。

关切式寒暄：久未相见时可说“多日不见了”；表示关心可说“在这里住得惯吗？”“最近还很忙吗？”“您要出去呀，路滑您多当心”，以及问问老人的健康、小孩子的学习等情况。

夸赞式寒暄：抓住对方闪光点夸赞对方，如“您的精力可真充沛呀”等。

描述式寒暄：针对具体场景而发出的寒暄，如“今天的天气真好”等。

言他式寒暄：对周围环境中不同寻常的地方，发表自己的感觉和想法，如“下雪了，外面很美，您不想看看吗”等。

敬慕式寒暄：对初次见面者表示尊敬、仰慕、热情之意时可采用“久仰大名”、“早就听说过您”等。

5. 不用俗语

不同的地方，问候语有所不同。如北方人见面常以“吃了吗”来打招呼，其含义就是“你好”。但对于某些外国人来讲，可能就理解成了“要请我吃饭”、“讽刺我不具有自食其力的能力”等,容易引发误会。所以,旅游接待人员在使用问候语时应注意规范,不要使用俗语。

拓展知识

世界问候日

每年的11月21日是联合国的“世界问候日”。

1973年11月21日,为了促进埃及和以色列之间的和平,澳大利亚姆可马克与米切尔兄弟两人,自费印刷了大量有关问候的宣传材料寄给世界各国政府首脑及世界知名人士,向他们阐述设立“世界问候日”的重要意义,扩大“世界问候日”的影响,第一个“世界问候日”就此诞生。30多年过去了,“世界问候日”的宗旨也由最初呼吁以和平方式解决分歧,发展成为以促进人类相亲相爱为主题。

“我只是问候你一声,因为想起你微笑的眼神;我只是问候你一声,希望你看到短信能发出会心的笑声……今天是‘世界问候日’,记得转发给值得珍惜的人”。“道一声问候不过是开口之劳,拉近的却是人与人之间的心灵距离。道一声问候不过是瞬间之功,驱散的却是人与人之间的冷漠气息”。“一个拥抱、一声问候,不仅会让人保持一份好心情,而且能让我们的生存环境更加和谐,就让我们从今天开始把问候挂在嘴边,慷慨地送给每个人”。

现在已有146个国家响应“世界问候日”,“世界问候日”已经成为普通人之间互致问候,不同种族、不同文化的人们之间增进理解、促进感情的一个重要节日!

二、征询用语

征询用语是征求意见和想法的询问语。

(一)征询用语使用的注意要点

1.注意察言观色,主动问询

当客人东张西望的时候、从座位上站起来的时候或者招手的时候,都是用自己的形体语言表示或暗示,他有想法或者要求了。这时服务员应该立即走过去,询问:“先生/小姐,请问有什么需要我帮忙的吗?”“我能为您做些什么吗?”“先生/小姐,您有什么吩咐吗?”等。

2.注意语气

问询客人的时候,语气要温和,要用商量的口吻。应避免使用通知式、命令式、指责式的口气,把主动权、决定权留给客人。此外,还应注意问询时的面部表情、身体的姿态、语言的内容。

3. 多加使用

征询是尊重客人的一种体现,要把征询当做服务过程中的一道不可缺少的、重要的程序。

(二)征询用语的内容

主动式:当主动为客人提供服务时、当客人有求于己时,可采用这种方式进行问询,如"如果您不介意的话,我能……吗?""您有什么需要吗?"等。

封闭式:需要客人自己决定是否采纳、接受的问询方法,如"我来帮您好吗?""我现在下菜单可以吗?""我领您去房间,好吗?"

开放式:问询时,为客人提供两种或两种以上的备选方案,这样可以给客人以更大的自主空间,如"去黄山旅游的四条线路这里都有,您看更倾心哪一条?""您是要可乐还是要咖啡?"等。

三、迎送用语

(一)欢迎用语

1. 使用时机

欢迎用语一般在与客人见面时或客人光临自己的工作岗位时使用,有时也在接待过程中使用。

2. 使用方式

在使用欢迎用语时,通常与问候用语并用,如"您好,欢迎光临";也可采用称呼语+问候语+欢迎用语+问询语的形式,如"先生您好,欢迎光临,请问您有什么需要帮忙的吗"等。使用时需注意语言与鞠躬等礼节的配合。

特别提示

欢迎用语的使用要富于变化。

有一次,著名美籍舞蹈家孟建华来上海参加国际艺术节,应邀来到金沙江大酒店,参加舞厅的开张仪式并表演节目。当他第一次到达大酒店时,站在门厅的迎宾员立刻向他微笑致意,说:"您好!欢迎您光临我们的酒店。"第二次孟先生来酒店时,迎宾员已经认出他来了,边行礼边热情地说:"孟先生,欢迎您再次光临,我们经理已有安排,请上楼。"随即陪同孟先生一起上了楼。时隔数日,当孟先生第三次踏入酒店大厅时,那位迎宾员脱口说出:"欢迎您第三次光临,我们酒店感到十分荣幸。"事后,孟先生对酒店负责人说:"贵店的服务员很不错,你们的服务水平很高!"

记住对方,使对方产生被尊重的感觉,体现的是服务的周到贴心;而灵活多变的问候与欢迎用语反映的是接待的水平与艺术。

（二）道别用语

在向客人道别或为客人送行时，常见的用语有“再见”、“晚安”、“明天见”、“慢走”、“欢迎再次光临”、“祝您一路顺风”、“祝您旅途愉快”、“盼望能和您再相见”等。作为接待人员，在使用道别用语时，应面带微笑并与鞠躬、挥手等礼节配合使用。

四、应答用语

应答用语是接待人员答复客人问话、回应客人召唤的相应用语。使用的基本要求是：有问必答、灵活应答、有唤必应、热情周到。

当客人召唤时，应立即有回应声，可以说“您好”，“好，马上就来”，在回应的同时，快速来到客人面前。如果不能即刻到位提供服务，也必须作快速回应，如说“对不起，请您稍候”，“对不起，请稍等”。等到为该客人提供服务时，应首先说一句：“对不起，让您久等了。”

接受客人吩咐时，应说“好的”，“好，我明白了”，“请放心，一定按您的要求去做”，“好，请您稍等”等。如果没有听清或听懂时，可以说：“对不起，麻烦您再说一遍好吗？”或针对客人吩咐中的个别内容进行询问或确认。

特别提示

在接受客人吩咐时，一定要注意倾听。对于没有听清楚或听明白的内容，一定要开口问，切不可仅凭主观臆断草率行事，以免出现连环错误。

回应时的声音可视距离客人的远近，适当调控音量的高低。

五、推托用语

因为否定语是接待服务过程中的忌语，所以当无法满足客人的需求时，推托的艺术就显得非常重要，它可以化解客人的不满，可以赢得客人的理解与支持。

道歉式推托：当客人的要求难以被立即满足时，不妨直接向客人表达自己的歉意，以求得客人的谅解，如“对不起，您的这个要求我们实在没有办法满足”，“很抱歉，您的要求让我真的很为难”等。

扳道岔式推托：即不纠缠于客人所提出的难以满足的要求，而是主动地提出一个新的建议，以期缓解矛盾，寻求其他解决途径，还可以显示诚意，如“我帮您问问其他酒店有没有您需要的客房”、“您不觉得这件红色的同样也很适合您吗？要不您试试？”等。

解释式推托：就是在推托时尽可能将具体缘由说清楚，以便客人理解与接受，如“对不起，如果我那样做，就是严重违反我们酒店的规定了”，“对不起，这件事我真的是无能为力了”等。

特别提示

作为接待人员，当面对客人的无理要求甚至是刁难时，要注意保持沉稳，不急不躁。不要采用生硬的、直接的否定用语，如“不行”、“我办不到”、“不可以”，以免使客人心生不快甚至激怒客人。也不要遇到一点儿难题就推给别人或上司。委婉、机智、灵活的软语应该更适合此时此刻，委婉的言语、温和的语气都会有助于矛盾的化解和避免冲突的产生。

六、致谢用语

（一）致谢用语的类型

标准式：“谢谢”，也可加上人称代词或称呼，如“谢谢您”、“谢谢张先生”等。

加强式：常见的有“多谢了”、“十分感谢”、“非常感谢”等。

具体式：针对某一具体事情表达谢意，如“上次多亏您了”，“这次让您费心了”，“有劳您了”，“承蒙夸奖，真是不敢当，不过得到您的肯定，的确让我很开心”等。

（二）致谢用语的运用

对于客人的夸奖，接待人员不能心安理得，无动于衷，应及时地道谢。

接受客人的感谢或赞扬时，应说：“别客气，这是我应该做的”，“谢谢您的夸奖，我会继续努力的”，“不用谢，能为您服务是我的荣幸”，“谢谢您的鼓励”等。

当客人给予理解与支持时，应说“谢谢您能体谅我们”、“谢谢您的理解与支持”等。

当客人协助完成工作时，应说“谢谢您的合作”、“谢谢您的帮助”等。

当客人提出建议或意见时，应说“谢谢您的好意”，“谢谢您的提醒”，“您的建议对我们很有帮助，谢谢您的关心”，“谢谢您的宝贵意见，我们一定会尽快改进”等。

拓展知识

东西方对于赞誉及其反应语的差异[1]

在旅游服务过程中,常令外国旅游者反感的是我们的一些翻译、服务员、导游在接受致谢时,习惯按照汉语说"That is my duty(这是我的责任)",让客人很不愉快。在英语里,这句话有"责任在身,不得已而为之"的意思。

对待赞扬,中国人往往使用"否认"或"自贬"的方式以示谦虚,而西方往往用"迎合"的态度表示感谢,或流露出十分高兴的情绪。在这一点上,我们不妨借鉴国外客人的常规用法,只需用"Thank you"即可,自然、简洁、得体。

七、赞赏用语

每个人的内心深处最深切的渴望是得到别人的赞赏。赞赏包含有赞美欣赏的含义,其实质就是包含着对对方的接受、重视与肯定。一个人在得到他人赞赏时内心所产生的愉悦感觉,往往是任何物质享受难以比拟的。可以说赞赏用语的使用,就是给客人提供一道心灵的盛宴。

赞赏用语是旅游接待工作中良好的润滑剂,运用赞赏用语是服务人员建立良好的客我关系的重要手段和途径。但赞赏的话虽好,对于旅游接待人员而言也不宜滥用。

(一)赞赏用语使用的注意要点

1. 因人而异

由于人与人之间存在着一定的差异,如性别、年龄、文化素养、身份地位等方面的不同,使得不同的人对赞美的需求角度和认同心理有着不同。所以,因人而异,有针对性地进行赞美会比千篇一律的泛泛夸奖更能收到良好效果。

特别提示

因人而异的赞美[2]

对年轻人的赞美:年轻人充满活力,对一切充满好奇,也充满信心,所以,赞美他们要从性格豪迈、能力强、做事努力、将来一定有非凡成就以及外表、判断力、工

① 薛建红. 旅游服务礼仪. 郑州:郑州大学出版社,2006.

② 百度文库. 林雨荻. 访客接待拜访礼仪.

作表现、诚意、两性朋友等几方面入手。这几方面代表了绝大多数年轻人的优点和特点，非常符合年轻人的客观实际情况，因而这样的赞美自然就会收到极好的效果。

对男性的赞美：成熟男性最在乎的是自己的事业，所以你的赞美要从事业入手。下面是一些简单示例："某某甘拜下风了，能不能请教一下您经过了怎样的努力，才拥有了今天事业的成果？"——赞美其事业成功；"不知道哪一天才可以像您一样，能够有这么好的事业，能够有这么多的员工来帮您赚钱。"——肯定其工作成果；"王某，您的实力真是无人可比啊！"——恭维其实力；"像您这么有地位的人我们真的是望尘莫及啊！"——仰慕其社会地位；"您是个有气度、有风度的男性！"——夸奖其有气度和风度；"跟您做生意不用担心，您的信用最可靠了！"——对其表现信任。

对女性的赞美：女性较之男性更显温柔本色，她们关心自己的容貌，关心自己的家人，也渴望拥有足够保护自己的智慧和能力。她们更敏感，更需要细致入微的赞美。所以，要想做好女性赞美工作，一定要了解女性的特点及关注点，这样才能打动她们。

2. 实事求是

真正的赞美是基于实事求是之上的。如果无中生有或夸大其词就会沦为造假或廉价的吹捧，这样的做法其实质就是一种缺乏诚信的体现，浮夸的结果就是容易使人产生不信任，导致事与愿违。

3. 恰如其分

恰如其分是指赞美的切入点要恰当，赞美的用语要适合，赞美的时机要恰当，也就是应该投其所好或适时地给予适当的肯定、鼓励。有时一句"您说得很对"，就足以使谈话顺畅地进行下去。

4. 适可而止

溢美之词虽好，但对于旅游接待人员而言并不是多多益善，应该使用有度，有时应宁缺毋滥。过多地使用赞赏语，会使人产生审美疲劳，使赞赏的作用降低或失去意义。所以，旅游接待人员赞美客人时要注意把握好分寸，做到少而精。

（二）常用的赞赏用语

赞美式："您真棒"、"美极了"、"太好了"等。

肯定式："您说得没错"、"您分析得很全面"、"您真的很内行"等。

八、致歉用语

致歉用语是"退让以敬人"的接待礼仪精髓最直接的体现。

致歉用语使用时应注意态度要诚恳、语言要温和，以谋求理解或谅解。还要注意抓住时机，不需要拐弯抹角，最好直截了当。常用的致歉语有"对不起"、"很抱歉”、“请原谅”、“请多包涵”、“给您添麻烦了”、“打扰您了”、“真过意不去”、“失礼了”等。

九、其他用语

某些适时而恰当的服务用语会起到锦上添花或雪中送炭的作用，也是不容忽视的。

祝福语：“托您的福”、“您真有福气”、“祝你节日快乐”、“祝你生意兴隆”、“祝你比赛成功”、“恭喜发财”等。

慰问语：“辛苦了”、“受累了”、“麻烦您了”等。

拜托语：“请多关照”、“承蒙关照”、“拜托了”等。

挂念语：“身体好吗?”、“最近怎么样?”、“还好吧?”、“生活愉快吗?”、“工作顺利吗?”等。

特别提示

在具体接待过程中，要注意避免使用否定语、命令语、蔑视语、推托语、烦躁语、忌讳语以及易产生歧义的双关语等类型的语言。

第四节　电话服务礼仪

在现代人际交往中，电话已成为不可或缺的一条重要的沟通渠道，而且常常成为人们沟通的第一环节。“只闻其声，不见其人”或“先闻其声，后见其人”，这两句话真实地反映了现代人沟通的特点，同时也很好地揭示了电话沟通的重要特点。对于旅游接待人员而言，电话是其沟通、联络的重要工具，掌握电话礼仪尤为重要。

打电话是一门学问，也是一门艺术。

一、电话形象

从某种角度来讲，电话俨然已成为第一印象的形成手段。第一印象并非总是正确的，但却总是最鲜明、最牢固的，并且影响着以后通话双方交往的进程。

电话声音承载着通话者个人的诸多信息，通话双方可以通过解码还原，从而对对方形成一定的认知与评价。可以说一个人在通话时的表现不仅能反映出其内在的修养，而且也能反映其所在的单位或部门的管理水平与服务水准，电话已成为个人形象和单位形象的展示窗口。从某种意义上来讲，普普通通的接打电话实际上是在“绘制”通话者本人或其所在单位的形象。

（一）电话形象及其构成要素

人们常说“闻其声，如见其人”，人们在电话交流时的表现，被称为“电话形象”。

通常，一个人的电话形象主要由他使用电话时的语言、通话内容、态度、表情、举止以及时间感等多种因素构成。

（二）塑造良好电话形象的基本要点

虽然有空间阻隔，打电话时双方并未谋面，但相互传递的信息是正面的还是负面的，情感是真诚的还是虚伪的，态度是热忱的还是冷漠的，通过一根细细的电话线，双方都可以相互感觉得到。有时候，甚至比亲眼目睹还要真切一些。因为，通话人是在用心感知。所以，要想塑造一个良好的电话形象，就必须从细微之处入手，以尊重、体贴为出发点，来完成沟通情感、传递信息的电话服务过程。塑造良好的电话形象是电话礼仪的主旨所在。

1. 通话的时机

按照惯例，通话的最佳时机是：其一，双方预先约定的时间；其二，对方方便的时间。

特别提示

打电话应注意选择恰当的时间。如无紧急情况，应尽量避开对方休息、用餐的时间，而且最好别在节假日打扰对方。如果需要通话，一般而言，平日白天应在8点以后（假日在9点以后），晚上则不宜超过10点，以免打扰他人休息。打国际长途电话，要考虑好时差，以免惊扰梦中人。

2. 通话的时间与内容

通话内容应简洁明了；通话时间以短为佳，应长话短说，宁短勿长——遵循“三分钟原则”（即一般事宜通话以不超过三分钟为宜）。

3. 通话的语言表达

语气热诚、亲切，语音清晰明快，语调平和，语速适中，音量适宜，使用普通话，多用礼貌用语。

特别提示

打电话时，讲话的声音不要过大，声调不要过高，声音要轻柔，但不可矫揉造作、拿腔拿调，声音以自然、令人舒服为佳。

4. 通话的态度

通话时，应认真专注，认真倾听，专心应答。不可心不在焉，敷衍了事。

5. 通话的表情与举止

电话犹如传感器，很容易暴露人的行为与心思。

(1)电话的持拿

以左手持话筒，以便右手作记录或操控电脑等。话筒不要离嘴太近。通话时，不可将话筒夹在脖子下方。要拿稳电话，否则，电话滑落的刺耳声音，会给对方带来不适感。

(2)身体的姿态

不要抱着电话机随意走动。打电话时，应停止一切不必要的动作，采用端正的站姿或坐姿。因为举止动作会影响到人的气息，而气息会影响到声音。

(3)口中无物

听到电话铃响，如果口中有物，不可立刻接听，应迅速吐出，再接听。打电话时，不可吃东西、喝水或抽烟等。

(4)情绪平稳

在嬉戏或争执时电话铃响，不应立刻接听，要迅速平稳情绪，再接听。不可将不好的、非正常的情绪带入电话服务中。

(5)面带微笑

电话交谈时，表情要自然，应面带微笑，增添声音的亲和力，以向对方传递一份亲切和热情。

(6)控制异声

不可对着话筒发出打哈欠、咳嗽、打喷嚏等异样声音，如果控制不住，应用手捂住话筒或嘴巴，以减轻对对方的影响。

二、接打电话礼仪

(一)拨打电话礼仪

1. 预先理清思路

打电话前，应预先想好通话内容，尤其是跟陌生者或名人、要人、上司通话，更要注意思路清晰、表达准确。切忌词不达意、含糊混乱，从而浪费对方时间，引起对方反感。

当需要表述的内容较多时，可以打好腹稿，必要时可以在纸上列好提纲。

2. 自报家门，表明意图

电话拨通，待对方应声后，应先以“您好”开头，并自报家门，通常应包括单位、部门、职务、姓名等，而后说明要找的通话人的姓名。如果接电话者不是自己要找的人，应礼貌地请对方帮忙转叫，如“麻烦您找一下××听电话，谢谢”。如对方答应找人后，应手持听筒静候，不要在此时离开或做其他的事。当对方告知你要找的人不在时，切不可当即挂断，而应当说“谢谢，打扰了！”或请对方帮助转达：“如果可以的话，能不能麻烦您转告他……”若对方答应你的请求，应表示感谢。

3. 先致问候，后入正题

当确定对方为要找的人时，应先带有称呼用语致以问候，如“林先生您好”，而后进入正题。

4. 礼貌道别

在确认对方已经明白或已经记录清楚后，致谢、道别，挂断电话。

特别提示

◆如果拨错号码，应礼貌地向对方道歉，如“打扰了”、“对不起”等，不可随手挂机。

◆如果电话讲到中途断线，按礼仪要求，应由打来电话的一方重新拨打，当再次接通电话后，打电话方应加上一句“真是抱歉，刚才断线了”。

◆电话中应避免使用对方不易理解的专业术语或简略语。

◆电话中的敬语一般有“您”、“您好”、“请”、“劳驾”、“麻烦您”、“多谢您”、“可否”、“是否”、“能否代劳”、“有劳”、“拜托”、“谢谢”、“请稍候”、“对不起”、“再见”等。

打电话时不注意使用敬语，轻者引发对方不快，重者影响事情的办理。例如：郑先生有急事给某客户打电话，拨通电话后，高声地说：“喂，你给我找一下×××。”正好那天接电话者心情不佳，听到这话心情更是不爽，而且接电话者也知道郑先生要找的人正在开会，不能马上接听电话，于是接电话者不高兴地说：“他不在！”随即挂掉了电话。这位郑先生也不知道客户到底干什么去了，什么时候才能打电话找着人，一时急得像热锅上的蚂蚁。他不知道造成这一结果的唯一原因是打电话时忘了客气。

（二）接听电话程序

1. 及时接听，自报家门

电话应在铃响10秒（通常为铃响三声）内接听为佳。首先应致以问候，并自报单位（部门）名称（外线电话报单位名称，内线电话报部门或岗位名称），必要时再报上自己的姓名。如“您好！××酒店，请问您有什么需要？”这样不仅体现礼貌，还有助于对方确认自己是否拨错电话。

特别提示

◆负责电话接听的人员要注意在电话旁边备好纸和笔，当对方需要留言时，就可以马上进行。否则，让对方等待，这是不礼貌的，也是不注意细节的表现。

◆当电话铃声响了5声或更多时才接听，拿起电话应先说一声致歉的话，如"对不起，让您久等了"。

◆电话铃响时，如果正在与客人交谈，应先向客人打声招呼，然后再去接电话。如果发觉打来的电话不宜为外人所知或用时会较长，可以告诉对方"我身边有客人，一会儿我再给您回电话"。不要抛下客人，在电话中谈个没完，以免身边的客人产生被冷落的感觉。

◆如果正在处理紧急事情，听到电话铃响也应立即接起，然后要先致歉，向对方解释："对不起，请您稍候片刻好吗？"或者征求其意见可否另外时间打来，或拨打另外一个电话号码，如"实在对不起，请您拨打×××好吗？"

◆须搁置电话或让宾客等待时，应给予说明，并致歉。如果暂时搁置电话超过7秒以上，回头再接听时要说："对不起，让您久等了"或"很抱歉，浪费您的时间了"。在对方等待他人接听过程中，应每过20秒留意一下对方，向对方进行一下解释并询问对方是否愿意继续等待。

◆如果想知道对方是谁，不要唐突地问"你是谁？"可以说"请问您是哪位？"或者更为礼貌委婉地问"对不起，可以知道应如何称呼您吗？"

◆如在接听电话时杂音较大、听不清楚时可以说："对不起，先生/小姐，由于杂音较大，我听不清楚，请您声音再大一点好吗？"在等候3秒后如仍听不清楚，应告知对方："对不起，电话的杂音太大，我实在听不清楚，您是否可以换个电话再打来？"如对方同意，则可以挂线。

◆如果对方拨错电话，要礼貌耐心地告诉对方"您的号码可能拨错了"，切不可表现出厌烦，或呵斥，或重重放下电话。

2. 注意倾听，认真对待

接电话时，应认真倾听对方所讲内容。如需转叫他人，应请对方稍候，然后轻放电话，去传呼他人。如果对方要找的人不在，应问明对方是否需要转达，如对方也有此意，则要清楚记录转达内容并加以复述，及时传达或转告，不要延误。如果对方是进行通知，应按对方所说内容逐条记下，并予以复述确认。如果对方是进行询问，则要耐心给予回答。

特别提示

◆代为传呼他人时，不可手拿着话筒就高声呼叫："××，你的电话。"

◆在通话过程中，为了使对方知道自己一直在倾听，或在需要表示理解与同意时，应不时地轻声说出"嗯"、"是"、"对"、"好"之类的应和语。

◆不要在听电话时与旁人打招呼、说话或穿插议论某些问题。

◆对于需要转达的情况，在做记录时，一定要将什么时间、谁来的电话、要找谁、什么事及来电人的电话号码（包括区号）等一一记清，而且一定要将要点进行复述确认，特别是数字性的内容一定要准确。在复述之前，可说"我再重复一遍，您看对不对……"以避免出现疏漏。

3. 礼貌道别

结束通话时应向对方致谢、道别，等对方挂断后，自己再轻轻放下电话。

特别提示

◆在通话的最后，可以询问对方："还有别的需要吗？"或者"还有什么要吩咐的吗？"这一类客套话，既是表示对对方的尊重，也是提醒对方避免有遗漏。

◆要注意挂断电话的顺序。一般来说，上下级或长辈与晚辈之间通话时，按照礼仪，应由上级或长辈先挂断电话。如果是同事或朋友之间打电话，那么谁先拨叫对方就由谁先挂断。如果是与宾客通话，为表尊重，可待客人挂断后再放下电话。

三、电话转接的基本程序

（一）转接客人或上司电话

1. 问明对方基本信息

在接受对方委托转接上级电话时，一定要先问清楚对方单位和姓名。

2. 认真记录并复述

当对方说明通话事由时，认真做好记录，然后要对相应内容进行简洁明了的复述，以确认是否有误。

3. 确认接通后再放机

在为客人或上级转接电话时，一定要等客人或上级跟对方通了话，再放下自己的听筒。

4. 及时请示

不清楚对方来历和用意时，先不要挂线，经请示后再处理。

（二）客人或上级在开会时的电话接听

1. 不需即刻接听的接待程序

当客人或上级正在开会时，有电话来找，首先向对方解释，客人或上级正在开会，问对方有何事需要交代或吩咐，可否留下电话号码等待客人或上级回复。如果有留言，应按电话备忘录的要求做好记录。

2. 需要即刻接听的接待程序

假如对方执意要与客人或上级通话时，应先将对方基本信息问清记下，然后告诉对方："请稍候"或"请五分钟后再打来"，随后将对方信息写在便条上，送到会议室，转交客人或上级并接受吩咐。

（三）受话人正在会客时的电话接听

1. 说明情况，延缓接听

受话人正在与来访客人会面，有电话打来，应先跟客人解释："××正在会见客人，可否过一会儿再打来。"

2. 特殊情况，及时转告

如遇紧急或重要的电话，一定要受话人接听时，应先请对方稍候，然后放下电话（不挂线），到另外一个电话机，将电话打入会客厅，请服务人员转告。

3. 无法接听，委婉推托

如果受话人正在参加重要会见或会议无法接听电话时，则要向对方说明实际情况，并要语气委婉地进行道歉："实在抱歉，可否等会见（或会议）结束后，再回复您的电话。"如果对方应允，记好对方电话号码与姓名。

（四）上级或同事外出后的电话接听

1. 说明去向与时间

对于受话人因外出不能及时接听电话的情况，可向对方说明受话人的大致去向及有关的事宜，如开会、出差、考察、学习等，也可根据对方的需求告知大致的返回时间。

2. 问清对方意愿

询问对方可否让其他人代听电话。假如对方感到不便的话，可询问对方是否有意留下电话号码和姓名，如果对方有此意，要做好记录并加以复述确认。

特别提示

如在领导办公室接到上级的电话，而自己的领导又不在场，要注意措辞，避免使用"还没有来"或"一直未见到"等言语答复对方，而应答复"××暂时不在办公室"等。

（五）受话人正在出席宴会时的电话接听

1. 说明情况，妥善对待

如果受话人正在出席宴会，可告知对方宴会正在进行，可否过一会儿再打来；如有紧急电话，则应首先将电话主要信息加以摘录，而后打电话请宴会厅服务人员协助查找与转告。

2. 宴会厅服务人员应对方式

其一，请对方稍候，然后到受话人身边悄声转告有电话，并示意电话方向；

其二，宴会气氛热烈，客人就座较稠密不便转告时，则应将对方姓名、单位写在一张小便条上，在适当情况下，递交受话人。

案例分享

筷落风波

临近春节的一天，在某宾馆的多功能厅里，众多的宾客在恭维台湾的吴先生来大陆投资。吴老先生神采飞扬，高兴地应承着这些祝贺的话。宾主频频碰杯，服务员忙里忙外，热情服务。

不料，服务员不慎将桌上的一双筷子碰落在地。

“对不起”，服务员忙道歉，又马上从邻桌拿过一双筷子，褪去纸包，搁在老先生的面前。

吴老先生的脸上顿时阴云密布，煞是难看，刚举起的酒杯也停留在胸前。

众人看到这里，纷纷帮腔，指责服务员。服务员很窘，一时不知所措。

过了一会儿，吴先生终于从牙缝里挤出了话：“晦气。”顿了顿又说：“唉，你怎么这么不当心，你知道吗，这筷子落地意味着什么？”边说边瞪着眼睛：“落地即落第，考试落第，名落孙山，倒霉啊。我第一次在大陆投资，就这么讨个不吉利。”

服务员一听，更慌了：“对不起，对不起。”手足无措中，又将桌边的小碗打碎在地。

服务员尴尬万分，虚汗浸背，不知怎么办才好，一桌人也都显得十分恼火。

就在这时，一位女领班款款来到客人面前，拿起桌上的筷子，双手递上去，并带着欢快的笑声说道：“啊，吴老先生，筷子落地，筷落，就是快乐，就是快快乐乐。”

“这碗吗——”领班一边思索，同时瞥了一眼，示意打扫碎碗。服务员顿时领悟，忙去拾碎碗片。

“碗碎了，这也是好事成双。咱们中国不是有句老话吗——岁岁平安，这是吉祥的兆头，应该恭喜您才是呀。您老这次回大陆投资，一定快乐，一定平安。”

刚才还阴郁满面的吴老先生听了这话，顿时转怒为喜，马上向服务员要了一瓶葡萄酒，为女领班和自己分别斟了满满一杯，站起来笑着说："小姐，你说得真好！借你的吉言和口彩，我们大家快乐和平安，为我的投资成功，来，干一杯！"

"没有"与"不知道"

一天，某会务组经办人员张先生检查会议室的布置情况。会议室原有座位46个，而会议人数则为60人，张先生发现会议室增加了椅子，却未增加茶几。但服务员解释道：一是会议室太小，茶几恐怕放不下；二是没有那么多茶几。事后张先生找到客房部经理才解决了茶几问题。张先生安排代表们的娱乐活动，到楼层询问服务员小赵："请问石人山风景区怎么走？"小赵抱歉地笑了笑说："对不起，先生，我不知道。"张先生扫兴地摇了摇头。

导游员的巧妙寒暄

一个旅游团在冬季来北京观光，恰巧遇上了天下鹅毛大雪，着装、行车、步行、登山等都将受到一定的影响，有的游客对在北京的行程安全比较担忧。导游员在启动出行的大巴上进行讲解时就不失时机地这样寒暄："亲爱的朋友们，早上好！我想大家一定是真的好！因为北京此时正呈现出难得一见的北国风光、千里冰封、万里雪飘的壮观景象。今天实在是个难得的日子，是我们可以亲自去体验毛泽东主席诗句意境的日子。老天就是这么有眼，我们就是这么幸运，给我们送来飘飘的雪花，那么就让我们快乐地踏上旅程，去当一次踏雪登长城的好汉吧！"导游员的一席话使游客减少了对天气变化所带来的不便的担心，情绪慢慢高涨了起来。

思考题：

以上三个案例共同揭示了语言对于服务工作的重要性以及对服务质量的影响，请逐一分析并由此总结一下旅游接待人员提升服务语言艺术的着眼点以及注意要点。

景泰蓝食筷

在一家涉外宾馆的中餐厅里，正是中午时分，用餐的客人很多，服务员忙碌地在餐台间穿梭着。

有一桌的客人中有好几位外宾，其中一位外宾在用完餐后，顺手将自己用过的一双精美的景泰蓝食筷放入了随身带的皮包里。服务员在一旁将此情形看在眼里，不动声色地转入后堂。不一会儿，就见她捧着一只绣有精致图案的绸面小匣，走到那位外宾身边说："先生，您好，我们发现你在用餐时，对我国传统的工艺品——景泰蓝食筷表现出极大的兴趣，简直爱不释手。为了表达我们对您如此欣赏中国工艺品的感谢，餐厅经理决定将您用过的这双景泰蓝食筷赠送给您，这是与之配套的锦盒，请笑纳。"

这位外宾见此状，听此言，自然明白自己刚才的举动已被服务小姐尽收眼底，颇为惭愧，只好解释说，自己多喝了一点，无意间误将食筷放入了包中。感激之余，更执意表示希望能出钱购下这双景泰蓝食筷，作为此行的纪念。餐厅经理亦顺水推舟，按最优惠的价格，记入了主人的账上。

聪明的服务员既没有让餐厅受损失，也没有令客人难堪，圆满地解决了事情，并收到了良好的交际效果。

思考题：

请分析上述案例中服务员一番说辞的巧妙之处，并指出其中蕴涵着旅游服务语言的性质和运用原则的哪几方面的内容。

思考与练习

1. 旅游服务语言运用的基本要求有哪些？
2. 旅游服务用语有哪些类型？各种类型在运用中应注意的要点有哪些？
3. 如何理解"电话形象"？
4. 接听电话时应注意的要点有哪些？
5. 称呼的礼仪规范及注意要点各有哪些？

第五章 旅游涉外接待礼仪

引言

在首届中国旅游产业节上，世界旅游组织秘书长特使贯法·贯法利说，中国旅游业发展面临着良好的前景，根据联合国世界旅游组织的预测，中国到2020年将成为世界第一大旅游目的地国；而且他还说，中国在国际旅游界的地位将越来越高，中国将成为全球旅游业的领袖。如何在不断扩展的涉外交往活动中，展现我们国家和中华民族的良好形象，展现富有礼仪之邦之称的旅游大国的风范和上佳的接待水准，这些都给旅游工作者提出了新的、更高的要求。了解、掌握、遵循、运用相关的国际礼仪及其具体操作规范，就显得至关重要。

学习目标

1. 理解并掌握国际礼仪的基本原则和礼宾次序。
2. 掌握涉外接待礼仪。
3. 熟悉会见、会谈的接待礼仪。
4. 熟悉涉外宴请、涉外馈赠礼仪要点。
5. 了解参观游览及文艺晚会的接待礼仪。
6. 了解涉外舞会礼仪。

第一节　国际交往礼仪的基本原则

在国际交往中，存在着习俗不同、文化不同、背景不同等诸多因素，如果没有一定的规范和标准，没有一个共同基点，就难以实现有效的沟通。国际礼仪是人们在国际交往中约定俗成并共同认可的礼仪规范。随着我国对外交往的日益发展，熟悉和了解相应的礼仪规范，有助于我们在涉外交往中树立良好形象，做好接待和服务工作。

一、国际礼仪通则

国际礼仪通则对国际交往具有普遍的指导意义,是我们中国人在与外国人交往时,应当遵守并应用的基本原则。

(一)维护形象

在国际礼仪中,维护形象是非常重要的一个原则。有一位著名的公共关系专家曾经讲过,在人际交往中,尤其是在国际交往中,形象是一种效益,形象是一种宣传,形象是一种教养,形象是一种服务。

个人形象在国际交往中深受人们的重视,这不仅是因为它能反映一个人的精神风貌与生活态度,体现着一个人的品位和教养,更主要的是因为个人形象常常会被外国人与中国和中华民族的形象联系在一起。因此,每一个人在参与国际交往时,都必须清醒地意识到自己在外国人的眼里,通常代表的并不是个人,而是代表着自己的国家,代表着自己的民族,代表着自己的所在单位。因此,在涉外交往中,每个人都必须明确个人与整体、个人与大局的关系,时时刻刻注意维护自身形象,做到言行从容得体,堂堂正正。通常,从仪容、表情、举止、服饰、谈吐和待人接物六个方面着手,对相应的礼仪规范加以理解和运用,是塑造良好个人形象的有效途径。

在国际交往中,涉外人员除了要注重个人形象外,还应具有维护整体形象的意识。即在外国人面前,对自己的同事和单位、对自己的同胞、对自己的国家和民族不得妄自菲薄,自我贬低,随意指责,应该怀以敬意,注意维护自己一方的尊严。

拓展知识

涉外交往中个人形象的“八项注意”

第一,在涉外活动中要避免高声喧哗。在公共场所无所顾忌、旁若无人地高谈阔论,不仅会给别人粗鲁无理的印象,而且还有碍他人。

第二,要避免言辞不雅。在公众场合,说话时不仅要压低音量,而且要注意内容的文明,要讲礼貌用语,力戒不雅的言辞。

第三,要避免衣冠不整、搭配失当。

第四,凡需要排队的时候,不可争先恐后、蜂拥而上,要有遵守秩序的意识。

第五,在公众场合不能吸烟。

第六,在公众场合随地吐痰,乱扔废弃物,这不仅是社会公德问题,也是缺乏教养的表现,应该禁止。

第七,在国际交往中,一定要避免言而无信的做法,说到一定要做到。

第八,要注意不可随便在背后议论评价别人。"来说是非者,必是是非人",有教养的人是不会在背后随便议论别人的。

(二)遵时守约

"遵时守约"的主旨就是要求在国际交往中必须信守约定,其具体体现在信守承诺和遵守时间两个方面。

能否信守承诺不仅是个人修养问题,也关乎个人和单位的信誉和形象的大问题。"言必信,行必果"不仅是我们中国人的行为准则,也是国际通用的行为准则。说话务必要算数,许诺一定要兑现,这是已被公认的建立良好人际关系的基本前提。所以,在涉外交往中,应注意以下三点:第一,慎于承诺,即不要轻易承诺。第二,有诺必践,对于已经作出的约定与承诺,务必要认真地加以遵守。第三,及时通告说明原委。世事难料,一旦不能如期履行承诺,必须尽早向相关人员进行通报,如实地解释,还要郑重向对方致以歉意,主动承担由此给对方带来的物质方面的损失的赔偿,并且要在力所能及的范围内,采取一切可行的补救性措施。绝对不允许一味推诿,避而不谈,得过且过。

遵守时间是信守承诺的一种体现。目前遵守时间在国际社会里已成为衡量、评价一个人文明程度的重要标准之一。遵守时间的具体要求有三点:一是要有约在先,二是要如约而行,三是要适可而止。

拓展知识

有约在先:所谓有约在先就是提倡人们在进行人际交往时,必须事先约定具体时间。有约在先不仅适用于正式交往而且也适用于非正式交往。在人际交往中,不论是未邀而至,充当不速之客,还是任意顺访,率性而为,都是不尊重交往对象的表现。要做到有约在先,关键是要提前约定交往的具体时间。这主要包括双方交往的具体起始时间与延续时间两个方面,而且约定要尽可能具体、详尽。约定越具体、越详尽越好。在约定具体时间时,要考虑交往对象的习惯和方便与否。应尽量不要占用对方的休息时间或工作过于繁忙的时间。一般而言,凌晨、深夜、午休时间、就餐时间以及节假日,外方人士大都忌讳被外人打扰。总之,应当坚持两相情愿。

如约而行:遵守时间,既要求其在具体的交往时间上有约在先,更要求其根据既定的时间如约而行。如约而行往往比有约在先更加重要。参加正式会议、会见或其他类型的社交聚会时,一定要养成正点抵达现场的良好习惯。在这类活动中,姗姗来迟或提前到场,都会显得不合时宜。前者会令其他人久久等待,后者则会使主办方措手不及。

其他不论是有关工作还是有关生活的具体时间约定，比如承诺给予对方答复的时间，约好双方一同出行的时间，许愿给对方写信、打电话、发邮件的时间等，同样需要言出必践。对于双方有约在先的交往时间，轻易不要改动。万一因特殊原因，需要变更时间或取消约定，应尽快向交往对象进行通报，切忌让对方对此一无所知，空候良久。

适可而止：在国际交往中，还须谨记“适可而止”四个字。也就是说在双方交往之时，不要拖延时间，而应当适时结束。对于一些事先约定好时限的活动，如限时发言、限时会晤、限时会议以及其他限时活动等，一定要心中有数，绝不能超过规定的时间。即使对方网开一面，也绝对不要纵容自己。对于一些并未事先约定时限的活动如私人拜访、出席家宴、接打电话等，也要讲究宜短不宜长。宁肯提前告退，也不应当无节制地拖延时间。

（三）热情有度

伟大的思想家伏尔泰说过：“没有热情者将一事无成！”美国总统威尔逊也曾说过：“冷漠是最大的残忍！”人与人的交往中，需要热情，但只有适度才能收到良好的效果，特别是在涉外交往中。国际交流从本质上来讲，可以理解为跨文化交流。因为民族、地区、国家、文化背景的不同，会带来习俗、理解等诸多方面的差异。所以，在国际交往中，在需要向对方表达热情的时候一要注意对象，因人而异；二要注意把握好分寸尺度。热情有度的具体体现如下：

一是关心有度。我们中国人在人际交往中，提倡“关心他人比关心自己为重”，“你的事就是我的事”。但是在国外，人们普遍主张个性至上，反对以任何形式干涉个性独立，侵犯个人尊严。对他人的过分关心，常常会被认作是干预过多，会令对方反感。所以，与外国友人打交道时，既要热情关心，又要以尊重对方的个人尊严与个性独立为限。

二是帮助有度。我们中国人讲究“一个篱笆三个桩，一个好汉三个帮”，但是在国际交往中往往并不尽然。所以，在工作及交往中，若要给予外国友人帮助时，应考虑到这样几方面的问题：一是自己是否力所能及，二是对方是否真的需要，三是对方是否乐于接受。我们建立起来的意识不应该是“能帮则帮”，而应该是“当帮则帮”。帮助要在两相情愿、适得其所时进行。否则，会出现好心相助对方不领情、反倒弄巧成拙的尴尬局面。

三是批评有度。美国著名思想家富兰克林曾说过：“当你和外人交往时，当你和别人处在平等地位时，只能给别人提建议，而不要随便给别人提意见。”所以，当我们和外国人打交道时，要注意批评有度，不可知无不言，言无不尽，嘴上要有把门儿的。

批评有度的具体体现为：

第一，要分清情况，妥善对待。涉及国格、人格，触及法律，有悖伦理等的大是大非问题，应当机立断，该批评就批评，该告诫就告诫。但对于其他方面的小是小非，通常就没有必要去品评其是非曲直、无须干涉。

第二，要注意批评的具体方式。一般有必要向对方提出批评的时候，应该有一种平等的态度，不要居高临下，也不要恶语相加，要注意有理有节。

第三，要注意场合合理。一般的人际交往中，给予批评和建议应在没有旁人在场的时候进行，否则会伤及对方自尊，不利于问题的解决。

第四，是举止有度。在心理学上，人的举止动作被称为形体语言，它是一个人心理活动的反映，同时也有着一个国家一个民族的习俗的烙印。文化的差异会导致理解的偏差，因此，在涉外交往中，应注意自己的举止行为，以免引起误会，或是失敬于人。如在我国朋友相见时，彼此拍拍肩膀；长辈遇见孩子时，抚摸一下对方的头或脸蛋等，都是常见的表示亲热、喜爱的动作，但在涉外交往中应注意不要随意采用类似的意在显示热情友好的动作。比如对泰国人而言，如果一个未成年的孩子的头被人摸了，会被视为非常晦气的事。

第五，是距离有度。我们中国人是强调亲密无间的，在人际交往中对于双方的空间距离普遍不太讲究，有时为了表示亲近，还喜欢有意靠近交往对象一些。但在国际交往中，对交际距离是很注重的，处理不好会使对方有“被侵犯”的感觉。所以，在涉外交往中，应视双方关系的不同与对方保持适度的空间距离。

特别提示

一次，一个外交会谈座位的安排出现了疏忽，在两个并列的单人沙发中间没有放置增加距离的茶几。结果，客人自始至终都尽量靠到沙发外侧扶手上，且身体也不得不常常后仰。可见，不同的情境、不同的关系需要有不同的人际距离。不适合的距离会导致人们出现心理不适感。

拓展知识

人际交往的最佳距离[①]

一位心理学家做过这样一个实验，在一个刚刚开门的大阅览室里，当里面只有

① www.lcjzwx.com.

一位读者时,心理学家就进去拿椅子坐在他或她的旁边。试验进行了整整80个人次。结果证明,在一个只有两位读者的空旷的阅览室里,没有一个被试者能够忍受一个陌生人紧挨着自己坐下。在心理学家坐在他们身边后,被试验者不知道这是在做实验,更多的人很快就默默地远离到别处坐下,有人则干脆明确表示:“你想干什么?”这个实验说明了人与人之间需要保持一定的空间距离。任何一个人,都需要在自己的周围有一个自己把握的自我空间。而当这个自我空间被人触犯就会感到不舒服、不安全,甚至恼怒起来。

就一般而言,交往双方的人际关系以及所处情境决定着相互间自我空间的范围。美国人类学家爱德华·霍尔博士划分了四种区域和距离,各种距离都与对方的关系相对应。

(1) 亲密距离(0~0.45 m),这是人际交往中的最小间隔或几无间隔,即我们常说的“亲密无间”。这种距离适合于关系最为密切的双方,比如说夫妻及情人之间、父母与孩子之间。因此,在人际交往中,一个不属于这个亲密距离圈子内的人随意闯入这一空间,不管他的用心如何,都是不礼貌的,会引起对方的反感,也会自讨没趣。

(2) 个人距离 (0.45~1.2 m),表现为伸手可以握到对方的手,但不易接触到对方身体。人们可以在这个范围内亲切交谈,又不致触犯对方的近身空间。一般朋友、熟人之间的问候和交谈往往适合在这个距离内进行。

(3) 社交距离(1.2~3.6m),近范围1.2~2.1 m、远范围2.1~3.6m属于礼节上较正式的交往关系。一般在办公、接待等工作环境和社交聚会中,人们都经常保持近范围程度的距离。远范围表现为一种更加正式的交往关系。如正式的谈判、工作招聘时的面谈等,往往都要隔一张桌子或保持一定距离,这样就增加了一种庄重的气氛。

(4) 公共距离 (3.6~7.5 m),因为相互之间没有必然的联系,所以人们完全可以对处于空间的其他人视而不见,不予交往。

人际交往的空间距离不是固定不变的,它具有一定的伸缩性,这依赖于具体情境以及交谈双方的关系、社会地位、文化背景、性格特征、心境等。

不同国家、不同民族的人们,文化背景不同,其交往距离也不同。这种差距是由于人们对“自我”的理解不同造成的。例如,北美人理解的“自我”包括皮肤、衣服以及体外几十厘米的空间;而阿拉伯人的“自我”则仅限于心灵,他们甚至把皮肤当成身外之物。因此,交往时,阿拉伯人步步逼近,总嫌对方过于冷淡;而北美人却连连后退,接受不了对方的过度亲热。同是欧洲人,交往时,法国人喜欢保持近距离,乃至呼吸也能喷到对方脸上;而英国人会感到很不习惯,步步退让,维持适合于自己的空间范围。多数讲英语的人在交谈时不喜欢离得太近,总要保持一定的距离。在对个人空间的要求方面,中国人、日本人以至大多数亚洲人要比西方人小得多。

社会地位不同,交往的自我空间距离也有差异。一般来说,有权力、有地位的人对于个人空间的需求相应会大一些。如我国古代的皇帝,坐在高高的龙椅上,与大臣们拉开了较大的距离,独占较大的空间,以显示其至高无上的权力与地位。

人们确定相互空间距离的远近不仅取决于文化背景和社会地位,还有性格和具体情境等因素。例如,性格开朗、喜欢交往的人更乐意接近别人,也较容易容忍别人的靠近,他们的自我空间较小。而性格内向、孤僻自守的人对靠近他的人十分敏感,他们的自我空间受到侵占,最易产生不舒服感和焦虑感。

我们了解了交往中人们所需的自我空间及适当的交往距离,就能有意识地选择与人交往的最佳距离。而且,通过空间距离的信息,还可以很好地了解一个人实际的社会地位、性格以及人们之间的相互关系,从而有助于更好地进行人际交往。

(四)尊重隐私

在与外国人打交道时,一定要充分尊重对方的个人隐私权。也即在言谈话语中,对于凡涉及对方个人隐私的一切问题,都应该自觉地、有意识地予以回避。不可按照我国的习惯,来个打破沙锅问(纹)到底,否则有可能造成对方不快,甚至还会因此影响双方之间的关系。此外,在回避对方隐私的同时,还应该注意包括自己在内的其他人的隐私也不要随意传播和泄露,也即在国际交往中,要尊重所有人的隐私。

一般而言,在国际交往中,收入支出、年龄大小、恋爱婚姻、身体状况、家庭住址、个人经历、信仰政见以及行为动向八个方面皆属于个人隐私,与外国人交谈时,要自觉避免涉及。

拓展知识

外国人心目中的八大隐私的缘由①

经济收入:在国际社会里,人们普遍认为任何一个人的实际收入,均与其个人能力及实际地位直接存在因果关系。所以,个人收入的多寡,一向被外国人看做自己的脸面,十分忌讳他人直接或间接打听。除工薪收入外,那些可以反映个人经济状况的问题,在交谈时也不宜提及。

年龄:在国外,人们普遍将自己的实际年龄当做核心机密,轻易不会告之于人。

---

① 王丽华,吕欣.旅游服务礼仪.北京:中国旅游出版社,2009.

这主要是因为,外国人一般都希望自己永远年轻,而对于“老”字则忌讳莫深。中国人听起来非常顺耳的“老人家”、“老先生”、“老夫人”这一类尊称,在外国人听起来却有如诅咒谩骂一般。特别是外国妇女,最不希望外人了解自己的实际年龄。此外,西方人普遍信奉基督教和天主教,基督教和天主教中有一种说法,即“将真实的年龄告诉陌生人是不吉利的”。

婚姻状况:中国人的风俗和习惯,是对于亲友、晚辈的恋爱、婚姻、家庭生活时时牵挂在心,并且时时询问,以示关心,被询问者往往心存感激。但是绝大多数外国人却不这么认为,他们觉得,面对一个交往不深的朋友,去回答他“有没有恋爱”、“结婚了没有”、“为什么还不生孩子”等问题,不仅不会令人愉快,反而会让人难堪。在一些国家里,跟异性谈论此类问题,极有可能被对方视为无聊至极,甚至还会因此被对方控告为“性骚扰”,从而吃上官司。

健康状况:在中国人相遇后彼此打招呼时,通常会问候对方“身体好吗?”要是确知交往对象身体曾经一度欠安,那么为了表示对对方的关心,见面时人们往往还会热心而关切地询问对方:“病好些没有?”如果彼此关系密切的话,则通常还会直接向对方打探“吃过一些什么药”,“怎么治疗的”,或是向对方推荐名医、偏方。可是在国外,人们在闲聊时一般都是讳疾忌医,非常反感其他人对自己的健康状况关注过多,因为每个人的身体健康都被看做是他的重要的资本。

家庭住址:在中国人的交往中,大家对自己的住址通常是不保密的。对于自己的家庭住址、私人电话号码等,人们一般都会有问必答。中国人还喜欢串门,往往乐于请人上门做客。而外国人大都视自己的私人居所为私生活领地,非常忌讳别人无端干扰其宁静。除非之间为至交,他们一般都不大可能请外人前往其居所做客。他们都不会轻易将个人住址、住宅电话号码等告诉别人。

经历:初次见面时,中国人之间往往喜欢打听一下交往对象“是哪里的人”、“哪一所学校毕业的”、“以前做过什么”等,总之,是想了解一下对方的出处,打探一下对方的背景,摸一摸对方的老底。然而外国人却大都将这些内容看做是商业秘密,反对询问交往对象的既往经历和随随便便地擅自查对方的户口。外国人还认为,要是一个人在与人初次见面时就对别人的过去非常好奇,并不见得坦诚,相反有可能是别有用心。

信仰政见:在国际交往中,由于人们所处的社会制度、政治体系和所遵从的意识形态多有不同,所以要真正实现交往的顺利、合作的成功,就必须抛弃政治见解的不同,超越意识形态的差异,处处以友谊为重,以信任为重。如果动辄就对交往对象的宗教信仰、政治见解评头论足,甚至横加责难、非议,或是将自己的观点见解强加于人,都是对交往对象不友好、不尊重的表现。最为明智的做法,就是在涉外交往中对此避而不谈。

行为动向:在国内,熟人见面时,免不了要相互询问一下对方"忙什么"、"上哪里去"、"从哪儿回来"、"怎么好久没看到你"等。但是,外国人对于这一类的问题却极为忌讳。他们认为,这些问题皆属个人私事,绝对没有必要让别人知道。所以,当被问及这类问题时,外国人往往会顾左右而言他,甚至还会缄口不语。

(五)女士优先

"女士优先"是国际社会公认的一条重要礼仪原则,它的含义是:在一切社交场合,每一名成年男子,都有义务自觉地以自己的实际行动去尊重妇女、照顾妇女、体谅妇女、关心妇女,而且要想方设法尽心竭力地去为妇女排忧解难。这是因为妇女被视为人类的母亲,对妇女处处照顾,就是对人类的母亲表示感恩之意。倘若因为男士的不慎,而使妇女陷于尴尬、困难的处境,便意味着男士的失职。人们一致公认,只有尊重妇女,才具有绅士风度;反之,则会被认作是一个缺乏修养的莽夫粗汉。

特别提示

在国际社会交往中,虽然"女士优先"的原则早已是家喻户晓,人人皆知,但是它仍然有其特定的适用范围。只有在其适用范围之内,"女士优先"的原则才会生效。一旦超出其特定范围,"女士优先"的原则便不起任何作用。在确定"女士优先"原则的适用范围时,关键是要掌握其地区差别、场合差别与个人差异。

1. 地区差别

"女士优先"主要通行于西方发达国家、中东欧地区、拉丁美洲地区以及非洲的部分地区。在这些国家、地区范围之内,一名对"女士优先"原则一无所知的成年男士在其交际应酬之中必将四处碰壁。可是,一旦到了阿拉伯国家、南亚地区、东亚地区,尤其是在以崇尚传统文化而著称的一些东方国家里,讲究的却是"男尊女卑"。在绝大多数情况下,那里的人士对"女士优先"并不买账。

2. 场合差别

即使在讲究"女士优先"的国家,人们也并非不区分具体的场合而时时处处都讲究"女士优先"。根据惯例,只有在社交场合中,讲究"女士优先"才是最为得体的。在公务场合中,人们普通强调的是"男女平等"。此时此地,性别差异并不为人们所看重,因此就没有必要讲究"女士优先"。至于在休闲场合中,"女士优先"则讲究亦可,不讲究亦可,悉听尊便。

3. 个人差异

"女士优先"的原则提醒每一名成年男士,在需要讲究"女士优先"之时,应对当时在场的所有妇女一视同仁。从原则上讲，“女士优先”的适用对象，应包括所有成年妇女在内。但在实践中，必须注意：即使在传统上讲究“女士优先”的国家里，仍有一些人并无此种讲究，甚至对此颇为反感。最具典型意义的当推所谓“女权主义者”。她们提倡“女权”，要求“男女绝对平等”，认为“女士优先”是歧视妇女行为的一种表现。

拓展知识

“女士优先”的具体体现

西方人有一种形象的说法：“除女士的小手提包外，男士可帮助女士做任何事情。”

男女同行时，男子应走靠外的一侧。不能并行时，男士应让女士先行一步。在开门、下车、上楼或进入无人领路的场所、遇到障碍和危险时，男士应走在女士前面。乘坐计程车或其他轿车时，应让女士先上车；下车一般是男士先下，然后照顾女士下车。在门口、楼梯口、电梯口及通道走廊遇到女士，男士应侧身站立一旁，让其先行。在需要开门的场合，男士应为女士开门。

在社交聚会场合，男士看到女士进门，应起身以示礼貌。当前往做客见到男女主人时，应先与女主人打招呼。

就餐时，进入餐厅入座的顺序是，侍者引道，女士随后，男士压阵。一旦坐下，女士就不必再起身与别人打招呼，而男士则需起身与他人打招呼。点菜时，应把菜单首先递给女士。女士在接受男士的礼让时，不能过分腼腆与羞怯，应面带笑容道谢。

（六）以右为尊

在正式的国际交往中，当需要将人们进行并排排列时，应遵循“以右为尊”的国际礼仪的惯例，即以右为上，以左为下；以右为尊，以左为卑；以右为客，以左为主。这是国际交往中确定礼宾次序的主要指导性原则。

（七）不卑不亢

所谓不卑，就是在国际交往中，在大国、强国、富国人民面前不能畏惧自卑、低三下四、委曲求全，有损自身人格甚至国格；所谓不亢，就是在国际交往中，在弱国、小国、穷国人民面前，不能嚣张放肆、妄自尊大，有伤对方的自尊。

在国际交往中，涉外人员应表现出从容得体，落落大方，堂堂正正。还应注意对任何交往对象都要一视同仁，给予平等的尊重与友好。而且在尊重对方的同时，还必须做到尊重自我，这也是“不卑”的体现和要求。只有自尊才能赢得别人的尊重。

（八）不必过谦

法国伟大的思想家蒙田讲过："谦虚是社交的美德。"通常我们中国人待人接物讲究含蓄和委婉，尤其是反对自我张扬，推崇退让以敬人、谦己以敬人。但在国际交往中，这种与事实不相符合的过分谦虚、不能正面肯定或评价自己的做法，并不为外国人所理解和认可。在外国人看来，做人首先需要自信，需要正视自我、认同自我。不敢承认个人能力、随意进行自我贬低的人，要么事实上的确如此，要么便是虚伪做作，别有用心。

在国际交往中涉及自我评价时，不应自吹自擂，自我标榜，但也绝不可自我贬低，过分谦虚客套。在实事求是的前提下，要敢于并且善于对自己及自己的国家进行正面的评价或肯定，同时也要善于接受外方给予的肯定与积极评价。

特别提示

在国际交往中因过谦而引发的误解现在有过去也有。据说，清朝洋务派领袖李鸿章有一次出国，在一家外方餐馆请客吃饭，李鸿章在祝酒词中说道："感谢各位政府的达官显贵来给我捧场，本应认真招待，但时间有限，准备不够充分，略备粗茶淡饭，希望各位不要见怪。"第二天这些话见了报，餐馆的老板非常气愤，要找李鸿章打官司，他说："李鸿章你自己骂自己就行了，你没时间你活该，但为什么说我的菜是粗茶淡饭？"所以在与外国人打交道时，要注意双方的思想观念、思维方式的差异，要考虑到对方理解、接受的能力，表达方式要因人而异。如果一味地本色出演，就难免会因误解而造成沟通障碍甚至引发矛盾。

（九）入乡随俗

在国际交往中，"入国而问禁，入乡而问俗，入门而问忌"，是人人须知的一项常识。

"入乡随俗"的含义主要是：在涉外交往中，要真正做到尊重交往对象，就必须尊重对方所独有的风俗习惯。其具体体现就是身为东道主时，应遵循"主随客便"；当身处异国他乡时，则应遵循"客随主便"。这两方面都体现了对对方的尊重，从而对双方之间的理解与沟通，以及更好地、恰如其分地向外国友人表达我方的亲善友好之意均会起到促进作用。所以，涉外人员必须充分地了解交往对象的礼仪与习俗，特别是相关的禁忌，做到知己知彼，并加以规范地应用。对外方与我方有别的想法与做法，不可妄加非议、拒不接受，对外方的禁忌所在不可冒犯。

特别提示

在遵循“入乡随俗”的原则时，需要注意“随俗”要有一定限度。对于外方的习俗中不符合我方规范的，如有辱我方的国格、人格，有悖于我国社会公德，或有碍我们的生命安全方面的，我方不可无原则、无条件地盲从。

(十)不宜为先

“不宜为先”原则具有双重的含义。一方面，它要求人们因遇到不很熟悉的事情而举棋不定之时，不要贸然抢先行事，免得弄巧成拙、出丑露怯。另一方面，它又提示人们在实在不知如何做才好，而又必须采取行动时，最好先是按兵不动，静观一下旁人的所作所为，然后按正确做法加以模仿，或是顺同绝大多数在场者的做法即可。

特别提示

有一则历史传闻说清朝大臣李鸿章出使德国时，应俾斯麦之邀赴宴。由于不懂西餐礼仪习惯，竟将吃水果后洗手用的一碗水端起来喝了。俾斯麦为了不使李鸿章难堪，便也将自己的洗手水一饮而尽。参加宴会的其他文武官员见此情况，也只得忍笑奉陪。在国际交往中，难免会遇到这样或那样的不懂或不清楚的事情，这样的情形下，应以“不宜为先”为指导，以“一慢二看三通过”为良策，切不可自以为是、我行我素，以免贻笑大方，影响自身形象乃至大局。

(十一)保护环境

在当今的国际交往中，是否具有环保意识已成为考量现代人的教养、文明程度的重要标志，也是同外国友人进行沟通与交流时要关注的问题。所以，在涉外交往中，应该具有爱护环境、善待自然、珍惜并合理利用资源的环保态度。此外，在如何对待动物方面也应建立起良好的意识，应善待动物、珍爱宠物、保护稀有动物。例如，有些人为了向外宾表现热情好客，不惜花巨资购买珍禽异兽做成食物款待外宾，而外宾毫不领情、拂袖而去。在涉外交往中，我们应该自觉地提升文明程度、增强环保意识，不断地摒弃落后的习俗和不文明的行为，更好地展现我们这个文明古国的风采。

拓展知识

日常生活中保护环境的"八不可"

一不可毁坏自然环境;二不可虐待动物;三不可损坏公物;四不可乱堆乱放私人物品;五不可乱丢乱扔废弃物品;六不可随地吐痰;七不可到处随意吸烟;八不可任意制造噪声。

二、礼宾次序

(一)礼宾及礼宾次序的概念

所谓礼宾就是指按一定的礼仪接待宾客,多用于外交场合;礼宾次序,是指国际交往中对出席活动的国家、团体、各国人士的位次按某些规则和惯例进行排列的先后次序。礼宾次序是礼宾工作的基础。

特别提示

涉外交往中,礼宾次序是一个政治性较强而又较为敏感的问题,因为它体现了主人对各国宾客所给予的礼遇,如果安排不当或不符合国际惯例,就会引起不必要的争执和交涉,甚至会影响到相互之间的关系。礼宾次序,看起来只是个先后排列的事,但一旦出了问题,就是大事。"外事无小事",因此,在组织涉外活动时,对礼宾次序应给予高度重视。

(二)礼宾次序的排列方法

常见的礼宾次序有两大类:一类是明确区分参与者的身份高低、职务大小、年龄长幼等方面的关系,目的是给予尊者相应的尊重和礼遇;另一类是为了表示所有参与者在权利、地位上的完全平等。

1. 参与者身份地位不同时的排列

参与者关系不对等时,排列次序应按照地位高低、职务大小、年龄长幼等关系排列,这是一种最古老、最常见、较少争议的排列方法。

2. 关系对等时的排列

(1)按字母顺序排列

国际多边外交活动中,当出席者身份、职务相等或相当时,通用的办法是按参与国国名的字母顺序(一般以英文字母排列居多)排列,如在国际会议、国际比赛中,公布与会者名单、悬挂与会国国旗,以及座位排列常采用这种方法进行。这种排序多用于国名、团体名，而很少用于个人礼宾次序排列。

在国内交往活动中，常按个人姓名和组织名称的第一个字的笔画多少和笔顺排列次序。

(2)按通知代表团组成的日期先后排列

在一些国家举行的多边活动中，按通知代表团组成的日期先后顺序排列礼宾次序，也是经常采用的办法之一。其具体做法可分为以下三种情况：

第一种，按派遣国通知东道国该国代表团组成的日期先后顺序排列。

第二种，按派遣国决定应邀派遣代表团参加该活动的答复时间的先后顺序排列。

第三种，按各国代表团抵达活动地点的时间先后顺序排列。

采取何种排列方法，东道国须在致各国的邀请书中加以注明。

在安排礼宾次序时所考虑的因素有：国家之间的关系，活动的性质、内容，对于活动的贡献大小，以及参加该活动者的威望、资历等。如把同一地区的、同一宗教信仰的或关系特殊的国家代表团排在前面或排在一起。对同一级别的人员，常把威望高、资历深、年龄大者排在前面。有时还考虑业务性质、相互关系、语言交流等因素。

特别提示

礼宾的次序可以灵活排列，无论采取哪种方式排列，只要有可以站得住脚的理由即可。例如1989年2月日本昭和天皇逝世，163个国家代表参加葬礼，其中包括美国总统布什在内的很多国家元首。如按照常规，以国名英文字母决定各国元首的礼宾位次，布什将排在后头。根据日美关系的需要，日方决定突出美国总统，其公布的理由是：凡天皇出访过的国家代表优先。日本昭和天皇出访不多，但到过美国。于是，布什堂而皇之地被排到最前面去了。

(三)礼宾次序的位次排列规则

礼宾次序主要就是体现在位次方面，不同的位次表明所受到的礼遇不同。这是礼宾次序运用的关键所在。

1. 前后排关系

以居前为上，即居前排者为高、为尊、为强，后面各排依次递减。

2. 同一排关系

以居中为上，即中间为高、为尊、为强，两边各位置依次递减。

而就同一排两侧的位置而言，以居右为上，即右边为高、为尊、为强，左边次之。

第二节 涉外接待礼仪

涉外接待礼仪是指涉外人员在国际交往中从事接待工作时应遵循的基本行为规范。其基本要求是接待人员在具体从事涉外接待工作的过程中,应具备“外事无小事,事事皆大事”的观念,树立良好的礼宾意识,自觉主动地、自始至终地奉行主随客便、礼待宾客、宾客至上的理念。

一、迎送礼仪

(一)确定迎送规格

迎送外宾,无论是个人还是团体,均应首先确定迎送的规格。各国确定迎送规格所依据的标准不尽相同。我国主要依据来访者身份、访问性质、访问目的,并适当考虑当时两国关系,以及参照国际惯例。

1. 迎送主要负责人员的确定

常规的安排是主要迎送人员要与来宾或来访的外国团体负责人的身份对等。如果由于各种原因不能完全对等时,也可灵活变通,由职位相当的人士或由副职出面迎送。如遇这种情况,一定要从礼貌出发,向对方作出解释。总体而言,主人身份要与客人相差不大为宜。

2. 迎送形式的确定

(1)官方性迎送

各国的国家元首、政府首脑的正式访问或某一机构的有特殊身份的人士进行的访问都属官方迎送。官方迎送要举行包括奏国歌、检阅仪仗队、鸣放礼炮等项目在内的隆重仪式。现在对于国事访问和友好访问,一般都略去繁杂的仪式,只有重要访问才安排隆重的欢迎仪式。

拓展知识

许多国家在举行大典或迎送国宾时,往往要举行隆重的鸣炮礼。按照惯例,鸣炮21响为最高规格,多用于国家大典或迎送外国元首的仪式;19响为二级规格,多用于迎送外国政府首脑的仪式;17响是三级规格,多用于迎送外国政府首脑副职的仪式。有些国家的鸣礼炮不划分级别。[①]

① 中国旅游网。

(2)非官方性的迎送

迎送民间团体的客人时，不举行官方正式仪式，但需根据客人的身份，安排对口部门、对等身份的人员前往迎送，必须妥善安排、合理组织。

迎送一般客人，主要是做好各项安排，以热情、周到、便捷、实用为出发点，但同样不可不讲礼节、掉以轻心。否则，会因为失礼影响彼此间的感情。

(二)迎接程序

1. 提前抵达

迎候人员必须准确掌握外宾抵达的时间，提前到达机场、码头或车站的站台，以示对来宾的尊重。

对于元首级的贵宾，准备好欢迎仪式。

对于一般的客人，根据需要，准备好特定的标志，如小旗或牌子，予以提示。

2. 迎接

(1)献花

如安排献花，须用鲜花，并注意保持花束整洁、鲜艳。忌用菊花、杜鹃花、石竹花、黄色花朵。有的国家习惯送花环，或者送一两枝名贵的兰花、玫瑰花等。献花通常由儿童或女青年担当，并通常安排在参加迎送的主要领导人与客人握手之后献上。

(2)帮助提拿行李

若来宾系一般身份，主人可主动帮助客人提拿行李，但是不要主动要求帮助男宾拿公文包、帮助女宾拿随身手提包。

3. 介绍

客人与迎接人员见面时，应互相介绍。一般由礼宾人员或我方迎候人员中身份最高者，率先将我方迎候人员按一定顺序一一介绍给客人，然后再由客人中身份最高者，将客人按一定顺序一一介绍给主人。

若宾主早已相识，则不必介绍，双方直接握手，互致问候即可。

特别提示

被介绍者应微笑点头或者进行问候，千万不可面无表情，无所表示。在双方介绍过程中，遇到外宾主动与我方人员拥抱时，我方人员不应推托或勉强应付，而应得体地做出回应。

4. 陪车

宾主相互介绍后，对于贵宾，可先请到机场、港口、车站的贵宾接待室稍事休息。也可以直接请来宾乘坐事先安排好的交通工具，前往住宿处。

通常迎候人员应陪同来宾一同前往住宿处。在安排陪车时,有的是安排主人陪车,也有的安排其他人员。在陪车环节中,应注意以下几点:

(1)座位的安排

乘车就座的位置安排应视车型及驾驶人员的身份确定。如果是双排座轿车,当主人亲自驾车时,应请尊位排序第一的客人坐于副驾驶的位置;而当专职司机驾车时,应安排尊位排序第一的客人坐在后排右侧位置,秘书或随从坐在副驾驶位置。(详见图5-1、图5-2)

拓展知识

乘车的座次安排

第一种:轿车座次安排。

如果由主人亲自驾驶,一般前排为上,后排为下,具体排序如图5-1所示。

如果由专职司机驾驶,通常后排为上,前排为下,具体排序如图5-2所示。

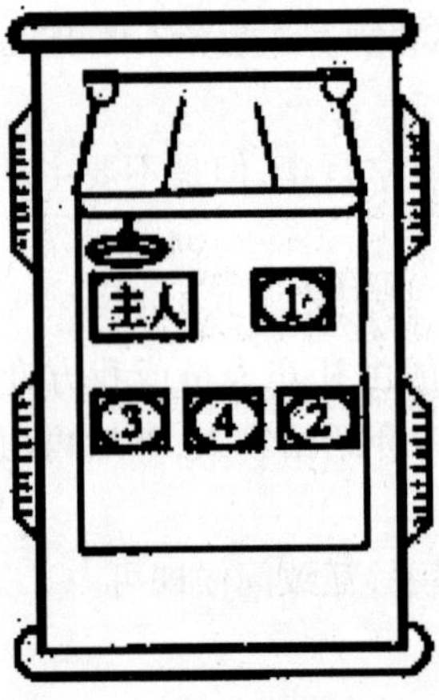

图5-1 主人驾驶的座次安排

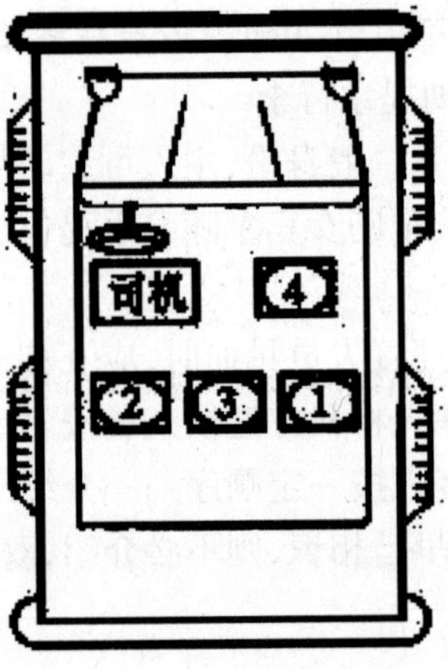

图5-2 专职司机驾驶的座次安排[1]

第二种:多排座的中型轿车(包括旅游大巴)。无论由何人驾驶,均以前排为上,后排为下;右高左低,如图5-3所示。

第三种:轻型越野车,简称吉普车。不管由谁驾驶,其座次尊卑依次为:副驾驶座、后排右座、后排左座,如图5-4所示。

① 中国政府门户网站 www. gov. cn.

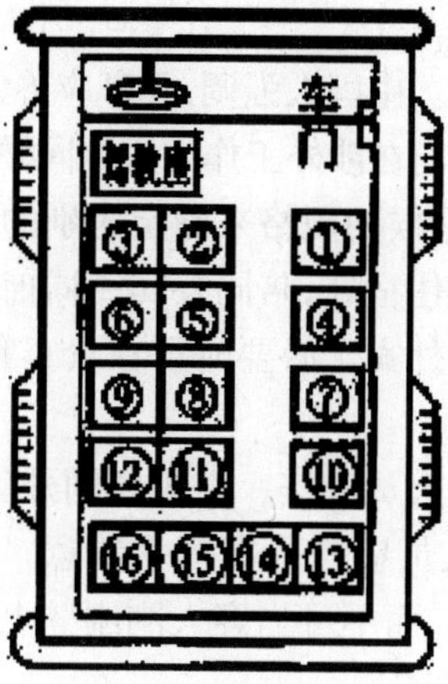

图 5－3　中型轿车的座次安排

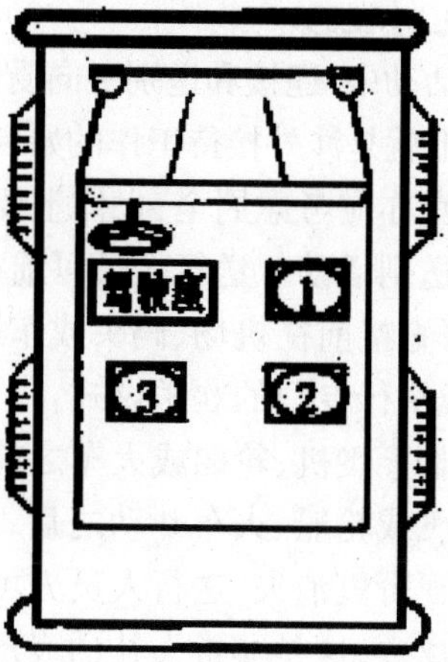

图 5－4　轻型越野车的座次安排①

特别提示

就座的位置也可以随机而变。如为了照顾宾客浏览沿途风景，当主人驾车时也可以请客人坐在后排左侧，但必须加以说明并致以歉意。需要注意的是，即使是出于好意，也不可让客人坐在专职司机旁边的位置，尤其是接待港、澳、台地区和外国客人时更应注意这一点，以免弄巧成拙、事与愿违。

(2)上下车顺序

上下轿车的先后顺序通常为：尊长、来宾先上后下，秘书或其他随从人员后上先下，负责开关车门。尊长、来宾从右侧车门先上，主人从左侧门上车，以避免从客人座前穿过。遇客人先上车、坐到了主人的位置上，则不必请客人挪动位置。

为客人开车门时，应用左手拉门，用右手挡在车门框的上檐，为客人护顶。但对于穆斯林客人要免去护顶的做法，以免触犯其教规。

秘书(或随从)宜从车后绕行。

5. 安顿

到达住宿处后，不要马上安排其他活动，要给外宾留下充足的洗澡、更衣、休息的时间。陪同人员可暂时离去，走前应告诉外宾下一步的活动计划，并争取获得其同意。应当为外宾留下主人的电话号码，以便联系。

① www. welcome. org. cn.

（三）送别程序

在涉外活动中，迎接和送别一向受到重视。中国人强调，凡事应善始善终。迎接与送别实际上就是涉外接待工作的始和终，它们在涉外工作中占有同样重要的地位。

送别外宾亦应考虑周全，大体上要依照迎候的规格来确定送别的规格，主要迎候人应参加送别活动。送行人员可前往外宾住宿处，陪同外宾一同前往机场、码头或车站，亦可直接前往机场、码头或车站恭候外宾。必要时可在贵宾室与外宾进行短暂交流，或举行专门的欢送仪式。

在外宾临上飞机、轮船或火车之前，送行人员应按一定顺序同外宾一一握手话别。飞机起飞或轮船、火车开动之后，送行人员应向外宾挥手致意。直至飞机、轮船或火车在视野里消失，送行人员方可离去。而不可当客人刚刚登上交通工具，送行人就转身离去，这是非常失礼的表现。

特别提示

送行时何时离开，这种看似无足轻重的细节，却更能体现出一个人的礼仪修养。在这方面周恩来总理为我们作出了榜样。

外国领导人访华的时候，周总理经常亲自去机场迎送。1962年，柬埔寨国王西哈努克亲王和夫人莫尼克访华后回国，周总理到西郊机场为他们送行。飞机刚一起飞，有些送行的人便散开要走。周总理发现后，立即让工作人员把那些同志叫回来。他严厉地批评说："你们是怎么搞的？没有一点儿礼貌！外交使节还在那里，飞机还没有飞远，客人还没有走，你们倒先走了。大国这样对待小国客人不是搞大国主义吗？"为了这件事，当天下午，他又把外交部礼宾司和国务院机关事务管理局的负责同志找来开会，研究改进有关工作的问题。这件小事给大家留下了极为深刻的印象，从那以后，再也没有发生过机场失礼的事情。

二、陪同礼仪

（一）涉外陪同人员的基本要求

一要谨慎从事；二要服从领导；三要少说多听；四要计划周全；五要注意保密；六要私交适度。

（二）陪同礼仪

在陪同外国客人时，须特别注意国际礼宾次序。

1. 上下车船

在乘坐汽车、火车、轮船、飞机时，其上下的具体顺序为：

上下轿车时,通常请陪同对象首先上车,最后下车;陪同人员最后上车,首先下车。

上下火车时,陪同对象首先上车,首先下车,陪同人员居后。必要时,亦可由陪同人员先行一步,以便为陪同对象引导或开路。

上下轮船时,顺序通常与上下火车相同。不过若舷梯较为陡峭时,陪同对象先上后下,陪同人员后上先下。上下飞机的顺序要求与上下火车基本相同。

2. 道路行进过程

在路上行进时,礼仪上的位次排列可分为两种:一是同排行进时,以居右为上,或居中为上。因此,陪同人员应当主动在并排行走时走在左侧或两侧,陪同对象走在内侧或中央。二是前后排行进时,以居前为上,即请陪同对象行进在前。但若陪同对象不认识道路,或道路状态不佳,则由陪同人员在左前方引导。引导者在引路时应时常侧身面向被引导者,适时给予对方必要提醒,注意使用规范的指示手势。

3. 出入电梯、进出房门、上下楼梯

应依据“尊者先行”原则,请客人先行,但现在这个次序有所变通。

因为礼仪的践行,除了需要考虑尊重的主旨外,还需体现贴心的内涵。所以,在出入的次序方面,从安全及方便的角度出发,被大力倡导的出入礼仪次序为:

出入电梯。当乘坐有专职人员操控的电梯时,请客人、尊者先进先出;而当乘坐无人操控的电梯时,陪同人员应先进后出,以便操控电梯。在其间,陪同人员应注意配合语言的说明与提示,如“请稍候”、“请进”,并配合规范的指引手势。

进出房门。当房门为外开式时,陪同人员应拉开房门并侧身把门,请客人先行;当房门为内开式时,陪同人员应先推门进入,侧身把门,而后请客人通过。

上下楼梯。上楼梯时,客人在前;下楼梯时,陪同在前。

4. 就座离座

依据“以客为尊”、“尊者为先”的原则。陪同者与陪同对象身份相似,双方可同时就座。陪同对象的身份高于陪同者,请前者首先就座或首先离座,以示尊重。室内围坐时,面对门口的中间位置为尊位。

5. 提供餐饮

在点餐时,陪同者应请客人先点;分菜或斟酒等需要有顺序排列的情况时,应遵循先宾后主、先女后男的次序进行。

6. 日常安排

陪同对象的具体活动日程早已排定,陪同人员无权对其加以变更。若陪同对象要求变更活动安排,陪同人员不宜擅自做主,应及时向上级报告,并执行上级决定。若陪同人员发现陪同对象的活动日程的确存在不足之处,可向有关方面进行反映,但不宜直接与陪同对象就此问题进行沟通,更不宜在对方面前随意发表个人意见。

7. 业余活动

我方所接待的外宾在工作之余,可在遵守我国法律的前提下进行自由活动。

在必要时，我方陪同人员可为之提供方便。若陪同对象要求陪同人员为其业余活动提供建议时，陪同人员既要抱有热情、主动、积极的态度，也要具体考虑我方的有关规定、现场的治安状况以及活动的内容是否健康、合法。若陪同对象要求陪同人员为其业余活动提供方便时，陪同人员应予以重视，既要力求满足对方的合理请求，又要善于拒绝对方的不合理请求。但无论如何，都不允许陪同人员帮助陪同对象在华从事违法犯罪的活动。

第三节　会见、会谈、签字礼仪

一、会见礼仪

（一）相关术语

会见，国际上一般分为接见和拜会两种。凡身份高的人士会见身份低的，或是主人会见客人，一般称为接见或召见。凡身份低的人士会见身份高的，或是宾客访见主人，称拜会、拜见。拜见君主，又称谒见、觐见。我国不作上述区分，一律统称会见。接见和拜会后的回访，称回拜。召见，则多用于提出交涉、抗议等场合。

（二）会见的类别

会见就其内容来说可分为三种类型。

1. 礼节性会见

是指在国际交往中，东道主从礼节、两国关系、来访者身份及来访目的出发，安排相应的国家领导人会见来访者，是主人给客人的一种礼遇。这种会见一般时间较短，话题较为广泛。

2. 政治性会见

也叫正式会见。会见中一般涉及双边关系、国际局势、经贸合作等重大问题。会见时间相对较长，涉及的问题或事务较多。

3. 事务性会见

也称为小范围会晤，一般是在我国领导人会见整个代表团或正式会谈之前进行，通常双方各有 3 ~4 人参加，这是给对方的一种礼遇。另外，当出现一些不便让新闻媒体报道的问题时，也常采用这种方式交谈。

（三）会见的迎送

在我国，会见是在会见厅内举行。

1. 迎接

客人到达时，主人可视情况在正门或客厅门口、客厅内迎候。如主人不到正门迎接，则应安排工作人员在正门迎候并引领客人至客厅。

2. 送别

会见结束后，主人可在客厅内与客人道别，也可视情况送客人至门口或其车旁。

（四）会见的座次安排

在我国，会见的宾主通常在沙发上就座，偏重于礼节性。

1. 主要人员

主人和主宾位置一般居中，与其他座位间隔一定距离加以突出。根据居右为上的次序原则，主人位居左侧，主宾位居主人右侧。

2. 陪见人员

客方人员，按礼宾顺序在主宾所在的右侧就座。主方陪见人，则在主人所在的左侧就座。

3. 辅助人员

翻译员和记录员分坐于主人和主宾后侧（外方译员参加时，坐主宾后侧）。（见图 5－5）

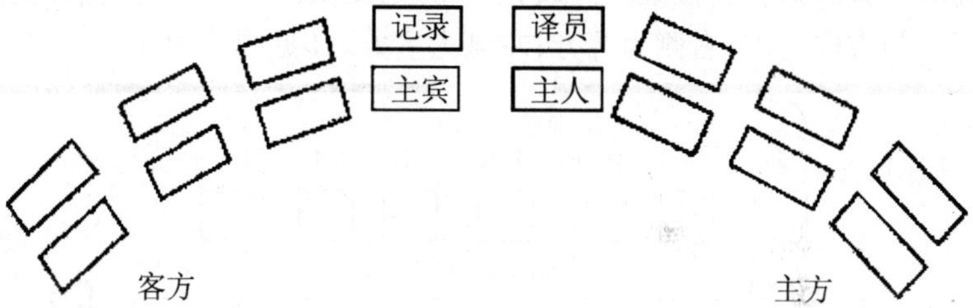

图 5－5　会见座次安排

（五）相关安排

1. 布置

会见厅内的座椅通常摆放成半圆形，座椅多采用单人沙发，若座位不够可在后排加座。主人与主宾的沙发之间放置茶几，茶几上摆放鲜花用于装饰。

2. 扩音设施

如会见厅大、参加人员较多，一般在主人和主宾间的茶几上安装麦克风。

（六）会见的服务

1. 上茶

宾主入座后，服务员应先由主宾处开始斟茶。首先应向客人点头微笑，而后倒茶至茶杯的 2/3 处。杯把一律朝向客人的右手一侧。上茶完毕后要及时退出，以便会谈进行。

2. 续茶

会见期间一般 30 分钟左右续茶一次。续茶用小暖瓶，并随手携带一块小毛巾。

二、会谈礼仪

会谈是指双方或多方就某些重大的政治、经济、文化、军事问题，以及其他共同关心的问题交换意见。会谈也可以是指洽谈公务，或就具体业务进行谈判。会谈，一般来说内容较为正式，政治性或专业性较强。

（一）会谈的座次安排

会谈，在会谈厅内举行，双方身份对等，宾主在会谈桌两旁就座。会谈桌通常为长方形或椭圆形。

1. 宾主双方的位置安排

就房间正门而言，若会谈桌横向放置，双方可依据面门为上的礼宾次序而定，即客方面门而坐，主方背门而坐。（见图 5－6）

就房间正门而言，若会谈桌纵向放置，双方的座次可依据以右为上的礼宾次序而定，即以入门方向为准，右侧为客方，左侧为主方。（见图 5－6）

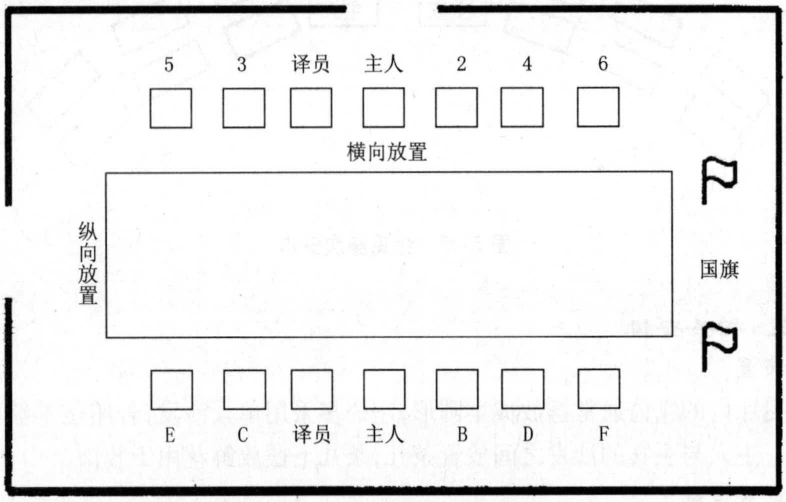

图 5－6　会谈桌横向、纵向放置的座次安排

2. 主谈人员位置

各方的主谈人居中而坐。

3. 陪同人员位置

陪同人员按居右为上的礼宾顺序依次在各自主谈人的两侧入座。但为便于交谈,我国通常安排译员坐在我方主谈人的右侧,所以我方的二号人物位居主谈人左侧,三号人物在译员的右侧;外方二号人物坐主宾的右侧,如有译员,则安排在主宾的左侧,与我方译员相对而坐①。其余人员依此类推。若有的国家习惯让译员坐在后面,一般应尊重主人的安排。

（二）相关安排

1. 国旗的悬挂

我国领导人会见客人,除特殊情况,一般不悬挂国旗。但两国之间的会谈,一般都需要悬挂国旗。若国旗放置于桌面,则应摆放于各方主谈人的右前方;如果国旗悬挂于墙面,则要与各方就座方位相对应。

拓展知识

悬挂双方国旗,按国际惯例,以右为上,左为下。两国国旗并挂,以旗本身面向为准,右挂客方国旗,左挂本国国旗。汽车上挂旗,则以汽车行进方向为准,驾驶员左手为主方,右手为客方。所谓主客,不以活动举行所在国为依据,而以举办活动的主人为依据。例如,外国代表团来访,东道国举行的欢迎宴会,东道国为主人;答谢宴会,来访者是主人。

正式场合悬挂国旗宜以正面(旗套在旗的右方)面向观众,不用反面。如果旗是挂在墙壁上,避免交叉挂法和竖挂。如果悬空挂旗,则不成问题。②

2. 备品的安排

(1)摆放鲜花

会谈桌上摆放鲜花,用以装饰。

(2)摆放座位卡

每个座位前要摆放座位卡。座位卡应为双面,分别印成中文、英文。摆放时,中文朝向我方,英文一面朝向对方。

(3)放置备品

在每个座位前的桌面正中间摆放记录便笺、出席会谈人员名单及座位图,便笺的下端距桌子边沿约5厘米,其右侧摆放铅笔,便笺的右上角放置一个茶杯盘,盘内垫小方巾。主要宾客处放置一个烟灰缸,其他每两个人之间放置一个烟灰缸。

---

① 马保奉.人民日报(海外版).2010.

② 中国政府门户网站 www.gov.cn.

(4)配备扩音设备

若会谈厅面积大、参加的人数较多时,可配备麦克风。

3. 合影的安排

(1)时间安排

如有合影,宜安排在宾主握手之后、入座之前。

(2)位次安排

合影时主人居中,主宾居其右,客方第二号人物居其左,主客双方人员间隔排列。第一排人员既要考虑人员身份,也要考虑场地大小,即能否都摄入镜头。一般情况下,每排的两端均应由主方人员把边。(见图5-7)

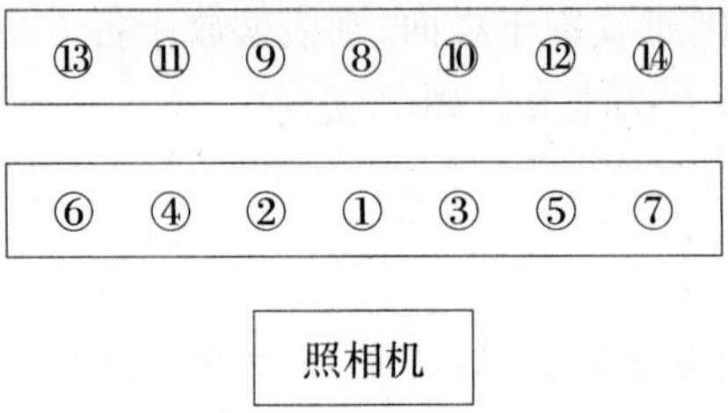

图5-7 合影的位次安排

(三)会谈的服务程序

1. 会谈前期

(1)让座上茶

当主人提前到达会谈现场时,要先安排在厅内周边的沙发就座,用小茶杯上茶。

(2)沏茶时间

在接到外宾已前往会谈地点的指令后,在工作间开始沏茶。

(3)放置茶杯

当主人到门口迎接外宾时,服务员把茶杯端上,放在茶杯垫盘上。

2. 就座

(1)拉椅让座

当宾主来到会谈桌旁,服务人员要上前拉椅让座。

(2)递上毛巾

当记者采访和摄影完毕后,服务员分别从两边为宾主双方递上毛巾,客人用过后及时收回。

3. 会谈中

(1)上饮品

会谈的饮品通常为茶水和软饮料,若会谈时间较长,可视情况上咖啡、点心。

(2)续水

会谈时间较长时,可视情况续水、换铅笔等。

4. 会谈中间休息

在此期间,服务员应及时整理好座椅、桌面用品等,但要注意不可弄乱和翻阅桌上文件等。

5. 会谈结束

礼貌地照顾宾客退席。做好收尾工作。

三、签字仪式

签字仪式,通常是达成协议的各方在协议正式签署时所举行的仪式。签字仪式虽然不算是一种纯礼仪活动方式,但目前世界各国所举行的签字仪式,都有比较严格的程序及礼节规范。这不仅显示出签字仪式的正式、庄重、严肃,同时也表明双方对达成协议的重视及对对方的尊重。

(一)签字厅的布置

由于签字的种类不同、各国的风俗习惯不同,签字厅的布置也不尽相同。

我国通常采用长方桌作为签字桌。签字桌面门横向放置,桌面铺以深绿色台呢。台呢色彩的选择,要考虑到对方的习惯与忌讳。

如果是双边合作,签字桌桌后放两把椅子,作为双方签字人的座位。座前摆放双方各自文本,文本上端分别放置签字的文具(签字笔、吸墨器等)。涉外签字仪式的签字桌中间摆放一个旗架,悬挂签字双方的国旗。各方国旗的位置应与该方签字人位次一致。

(二)签字时的位次安排

宾主双方就座,要按照面门主左客右的次序确定双方签字人的座位。双方各自的助签人应站在己方签字人的外侧。出席签字仪式的其他成员(双方人数最好大体相同)通常是排列站在己方签字人身后,分别按照职务身份的高低,由中间向两侧排列(见图 5-8)。

特别提示

对于多边签字仪式,可以只摆放一把椅子,供签字人轮流就座。举行仪式时,所有各方人员,包括签字人在内,皆应背对正门、面向签字席就座。签字时,一般由文本保存方代表先签字,然后依礼宾次序由各方代表轮流进行签字,再返回原处就座。

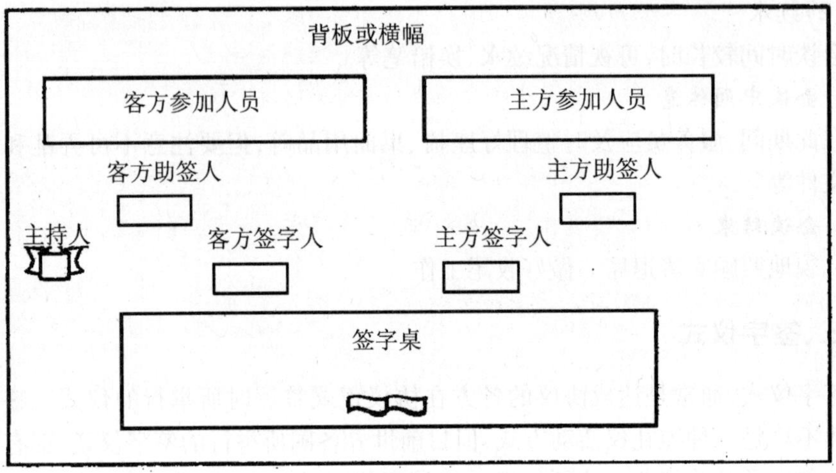

图 5－8　签字仪式位次安排

（三）签字仪式的基本程序

1. 参与人就位

签字仪式开始，签字人与双方参与人先后进入签字厅，按照位次礼仪在既定的位置上就位。

2. 正式签署

签字时由助签人协助翻开文本，指明签字处。各方应首先在己方的文本上签字，再交由他方签署，交换的工作应由助签人来完成。

特别提示

在己方文本上签字时，应当使自己名列首位，这样在次序排列上可以使有关各方都有机会居于首位，以示各方平等。在礼仪上，这种做法被称为“轮换制”。

3. 完成签字

签字完成后，由双方签字人郑重地相互交换协议文本，并相互握手致意，其他参与人员应鼓掌祝贺。

4. 举杯同贺

按国际惯例，各方人员一般应在交换文本后举起香槟酒杯共同庆贺。

5. 按序退席

签字仪式结束后，应让双方最高领导者及宾客先退场，然后东道主再退场。

（四）签字仪式的服务程序

1. 拉椅让座

当签字人就座时，服务人员要主动为其拉椅让座。

2. 准备上酒

签字开始后，后台服务员要将香槟酒启开，倒入香槟杯内（六七分满），摆放于托盘内，端入签字厅，服务员分别站在签字台两侧约 3 米处等候上酒。

3. 迅速撤椅

当双方签字完毕、签字人起身正式交换文本、相互握手时，两名服务员上前迅速将签字座椅撤离。

4. 及时上酒

负责上酒的服务员应及时将酒呈上，请签字人端取。若安排参加签字的人员共同举杯庆贺，则应从中间往两侧递送。

5. 收取酒杯

宾主举酒干杯后，服务员要立即上前，用托盘接收酒杯，并说“谢谢”。

6. 协助退席

当签字仪式结束后，服务人员须面带微笑，协助参与人员退席。

特别提示

服务人员在提供服务的过程中，应面带微笑，站姿端正，行姿稳健，动作规范，语气轻柔，注意掌握时机与分寸。在宾主签字时，不可走动和出声。

第四节　涉外宴请礼仪

一、宴请的类别

（一）宴会

1. 国宴

国宴是由国家元首或政府首脑作为国家的代表，为庆祝国际、国内重大节日，或为欢迎外国元首、政府首脑的来访而举办的国家级宴会。国宴在宴会中规格最高，礼仪要求最为严格。宴会厅内悬挂国旗，安置乐队演奏国歌和席间乐。国宴需发放请柬，按礼宾要求安排座次。在席间，宾主双方相互致辞、祝酒，由乐队演奏双方国家的民间乐曲作为席间乐。国宴对餐具、菜肴的道数以及服务人员的装束仪态，都有严格的规范要求。国宴参加者，要按照宴会的性质或请柬的要求着装，准时赴宴，按安排就座，举止言谈均需符合礼仪规范。

2. 正式宴会

除不挂国旗、不奏国歌及宴席规格不同外，其余安排与国宴相似，席间乐仍可安排。主宾均按正式宴会要求着装，按身份排位就座。有些正式宴会极为讲究，对餐具、酒水、菜肴及陈设等均作严格要求。

3. 便宴

便宴是一种气氛比较随便、亲切的非正式宴会。便宴规模不大，形式简便，电话或口头邀请参加即可，无须专门发请柬。席间无须刻意安排座次，也不用安排正式讲话。菜式有多有少，质量可高可低。不拘严格的礼仪程序，适用于日常交往，招待熟悉的宾朋好友。常见的便宴有午宴和晚宴两种，也有共进早餐的早宴（南方也称为早茶）。便宴是友好交往与商务活动中运用最广的一种宴会。

4. 家宴

家宴即在家中设便宴招待客人，是一种表示更加亲切友好的形式。家宴菜肴往往由主妇亲自下厨烹调，家人共同招待。家宴按时间的不同又分为早宴、午宴和晚宴。一般来说，晚上举行的宴会要比白天举行的宴会更为隆重。西方人喜欢采用这种形式。

（二）招待会

招待会是指一些不备正餐的宴请形式。一般备有食品和饮料，不排席位，可自由活动。招待会有冷餐会和酒会两种常见的形式。

1. 冷餐会

冷餐会又叫自助餐，举办时间多在中午 12 点至下午 2 点、下午 5 点至 7 点。地点可在室内、庭院或花园中，设小桌、椅子，自由入座，不排座位，也可站立进餐。菜肴多以冷食为主，备有酒水。餐桌同时陈设各种餐具，供宾主自取，边谈边用。

2. 酒会

酒会亦称鸡尾酒会，以酒水为主，略备小吃，一般不设桌椅。酒会举办时间较为灵活，早、午、晚均可。客人到达和退席时间不受限制。近年来，采用酒会形式举办大型活动已日渐普遍。

（三）茶会

茶会是一种简单的招待形式。举行的时间一般在下午 3 点半或 4 点（最多延续到 5 点或 5 点半）。地点多设在客厅，不用餐厅。厅内需设置座椅和茶几，不排座次，但如果是为某贵宾举行的活动，入座时，有意识地将主宾同主人安排坐到一起，其他人随意就座。茶会顾名思义是请客人品茶。因此，茶叶、茶具的选择要有所讲究，或具有地方特色。外国人一般用红茶，略备点心和地方风味小吃。也有不用茶而用咖啡者，其组织安排与茶会相同。

（四）工作进餐

工作进餐是现代国际交往中经常采用的一种非正式的宴请形式，有工作早餐、工作午餐和工作晚餐之分。这种形式便于边吃边谈，简便省时。工作进餐只请与工作有关的人员，而且工作进餐往往排席位，尤以用长桌更便于谈话。如用长桌，其座位排法与会谈桌席位安排相仿。

二、宴请的准备

（一）确定规格、时间、地点

涉外交往中宴请的目的有多种，可以是以宴请某人为目的，也可以是为某件事而宴请。宴请可以采用家宴、小型宴会、大型宴会。一般安排在主、客双方均较适合的时间。

宴请地点的选择。官方正式隆重的活动，一般安排在政府、议会大厦或宾馆内举行，其余则按活动性质、规模大小、形式、主人意愿及实际可能而定。选定的场所要能容纳全体人员。举行小型正式宴会，在可能的条件下，宴会厅外另设休息厅（又称等候厅），供宴会前简短交谈用，待主、宾到达后一起进宴会厅入席。

特别提示

宴请举行注意不要选择对方的重大节假日、有重要活动或有禁忌的日子和时间。例如，对信奉基督教的人士不要选十三号，更不要选十三号星期五。伊斯兰教在斋月内白天禁食，宴请宜在日落后举行。

（二）发出邀请

宴会邀请的方式分为口头邀请和书面邀请。各种较为正式的宴请活动，一般均发请柬，这既是礼貌，亦对客人起提醒、备忘的作用。便宴经约定后，可发亦可不发请柬。工作进餐一般不发请柬。请柬一般提前1～2周发出，以便被邀请人及早安排。小型宴请应首先征询主宾意见，最好当面约请，也可用电话联系。主宾同意后，时间即被认为最后确定，可以按此约请其他宾客。

国际上习惯对夫妇两人发一张请柬，如需凭请柬入场的场合则各发一张。

特别提示

请柬发出后，应及时落实出席情况，准确记载，以便席位的安排与调整。即使是不安排席位的活动，也应对出席情况有所掌握。被邀请人员的出席情况既可通过请柬的反馈来定，也可以在请柬发出后，通过电话询问的方式来加以确认。

拓展知识

请柬书写的基本要点

请柬内容包括活动形式、举行的时间及地点、主人的姓名（如以单位名义邀请，则用单位名称）。请柬行文不用标点符号，所提到的人名、单位名、节日名都应用全称。中文请柬行文中不提被邀请人姓名（其姓名写在请柬信封上），主人姓名放在落款处。请柬格式与行文中外文本差异较大，注意不能生硬照译。请柬可以印刷，也可以手写，但手写字迹要美观、清晰。

请柬上应注明时间、地点，以方便宾客。若所选的地点不易找到，应在请柬上详细向客人说明。

通常如请主宾偕夫人出席，主人若已婚，一般以夫妇名义发出邀请。我国大型正式活动以一人名义发出邀请。日常交往小型宴请则根据具体情况以个人名义或以夫妇名义出面邀请。

请柬信封上被邀请人姓名、职务书写要准确。正式宴会，最好能在发请柬之前排好席次，并在信封下角注上席次号。

已经口头约妥的活动，仍应补送请柬，在请柬右上方或下方注上“To remind”（备忘）字样。需安排座位的宴请活动，为确切掌握出席情况，往往要求被邀者答复能否出席。遇此，请柬上一般用缩写形式注上“R. S. V. P.”（请答复）字样；如只需不出席者答复，则可注上“Regrets only”（因故不能出席请答复）。

（三）制定菜单

无论哪一种宴请，事先均应开列菜单，并征求主管负责人的同意。宴请的酒菜根据活动形式和规格，在规定的预算标准以内安排。

1. 要事先了解对方的饮食喜好与禁忌

选菜不应以主人的爱好为准，而应主要考虑主宾的喜好与禁忌。例如，伊斯兰教徒用清真席，不用酒，甚至不用任何带酒精的饮料；印度教徒不能用牛肉；佛教僧侣和一些教徒吃素；也有因身体原因不能吃某种食品的；动物的头和脚及内脏的菜肴也应慎用。

如果宴会上个别人有特殊需要，也可以单独为其上菜。大型宴请，则应照顾到各个方面。

2. 菜肴道数和分量都要适宜

宴请外宾时不宜过于铺张，应以少而精为基本原则。可根据外事接待的礼遇级别与规格确定宴请的标准，根据外宾的习俗和口味准备菜肴，也可结合当地的特色饮食进行招待。

在涉外宴请中任意摆阔、铺张浪费的做法，既有悖于节俭务实办外事的原则，也往往不为外宾们所接受和认可。

3. 印制菜单

宴会形式的宴请，要提前印制菜单。菜单一般一桌两三份，至少一份，规格较高的应每人一份。

（四）安排席位

正式宴会一般均排席位，也可只排部分客人的席位，其他人只排桌次或自由入座。无论采用哪种做法，都要在入席前通知到每一个出席者，使大家心中有数，现场还要有人引导。大型的宴会，最好是排席位，以免混乱。

礼宾次序是排席位的主要依据。在排席位之前，要把经落实出席的主、客双方人员名单分别按礼宾次序开列出来。此外，还要综合考虑政治关系、语言使用、宗教信仰和专业诸因素。适当照顾各种实际情况。例如，身份大体相同、使用同一语言者，或属同一专业者，可以排在一起。常见涉外宴会席位安排常规如下：

1. 桌次安排

国际上的习惯，桌次高低以离主桌位置远近而定，右高左低。桌数较多时，要摆桌次牌。同一桌上，席位高低以离主人的座位远近而定。两桌以上的宴会，其他各桌第一主人的位置可以与主桌主人位置同向，也可以以面对主桌的位置为主位。（详见第六章第三节）

2. 座次安排

按照国际一般惯例，男女穿插安排，以女主人为准，主宾在女主人右上方，主宾夫人在男主人右上方。我国通常习惯按出席者本身职务排列以便于谈话，如夫人出席，通常把女方排在一起，即主宾坐男主人右上方，其夫人坐女主人右上方。（详见第六章第三节）

3. 译员位置

如使用圆桌，译员一般安排在主宾的右侧；使用长桌时，也可以安排在主宾与主人的对面。译员不上席时，则坐在主宾和主人的身后。

特别提示

国际上安排席位如遇特殊情况，可灵活处理。

如遇主宾身份高于主人,为表示尊重,可以把主宾安排在主人的位置上,而主人则坐在主宾位置上,第二主人坐在主宾的左侧。但也可按常规安排。

如果本国陪同出席的人员中有身份高于主人者,可以由身份高者坐主位,主人坐身份高者左侧,但少数亦有将身份高者安排到其他席位上。

主宾有夫人,而主人的夫人又不能出席,通常可以请其他身份相当的妇女做第二主人。如无适当身份的妇女出席,也可以把主宾夫妇安排在主人的左右两侧。

4. 准备座位卡

席位安排稳妥后需备好座位卡。我方举行的宴会,中文写在上面,外文写在下面。卡片用钢笔或毛笔书写,字应尽量写得大些,以便于辨认。便宴、家宴可以不放座位卡,但主人对客人的座位也要有大致安排。

(五)宴会致辞安排

宴会举办过程中如有致辞环节,要提前落实讲话稿。通常双方事先交换讲话稿,举办宴会的一方先提供。代表团访问,欢迎宴会东道国先提供讲话稿,答谢宴会则由代表团先提供讲话稿。双方讲话由何人翻译,一般事先谈妥。

拓展知识

参加涉外宴请礼仪①

1. 掌握出席宴请的时间。根据活动的性质和当地的习惯掌握时间,迟到、早退、逗留时间过短则被视为失礼或有意冷落。身份高者可略晚到达,普通客人宜略为早些到达,待主宾退席后再陆续告辞。出席宴会,根据各地习惯,正点或晚一两分钟抵达,在我国则正点或提前两三分钟或按主人的要求到达。出席酒会,可按请柬上注明的时间到达。确实有事需提前退席,向主人说明后悄悄离去;也可事前打招呼,届时离席。

2. 举止端庄、吃相文雅。嘴内有食物时,闭嘴咀嚼勿说话;喝汤忌啜,吃东西不发出声音;剔牙时,用手或餐巾遮口;嘴内的鱼刺、骨头不可直接外吐,用餐巾掩嘴取出,或轻轻吐在叉上,放在盘内;吃剩的菜,用过的餐具、牙签,都应放在盘内,勿放置在桌面上。

3. 忌喝酒过量、失言失态。中外饮酒习俗有差异,对外宾可以敬酒,不宜劝酒,尤其是不能劝女宾干杯。

宴会进行中,如由于不慎遇意外情况发生,应妥善处理。餐具碰出声音,可轻

---

① 中国文明网 www.wenming.cn.

轻向邻座(或向主人)说一声“对不起”;餐具掉落,可由招待员另送一副。

酒水打翻溅到邻座身上,应表示歉意,协助擦干;如对方是女士,只要把干净餐巾或手帕递上,由她自行擦干即可,忌自己手忙脚乱地帮助别人,效果适得其反。

第五节　馈赠礼仪

礼品馈赠,是与其他一系列礼仪活动一同产生和发展起来的。礼品起源于远古时期的祭祀活动。在祭祀时,人们除了用规范的动作、虔诚的态度向神灵表示崇敬和敬畏外,还将自己认为的最有价值、最能体现对神灵敬意的物品(即牺牲)奉献给神灵。或许从那时起,在礼品的含义中,就开始有了物质的成分和表现形式,即礼可以以物的形式出现,因此也就有了礼物之称。

礼品的相互馈赠,是人类社会生活中不可缺少的重要的交际内容,古今中外莫不如此。

不可否认,任何馈赠都是有着一定目的性的,或为友善与爱心,或为赞赏与感恩,或为尊重与表示敬意,或为宣传与庆贺,或为酬宾与答谢,或为其他等。不管是哪一种,适宜的礼物都在无声地传递着温和友好的信息,联络着人们的情感,融洽着人们的关系。

一、礼品赠送的礼仪

(一)选择礼品的基本原则

1.要重视礼品的禁忌性

由于各国的历史、文化、风俗习惯及宗教信仰方面的影响,不同国家、不同民族的人对不同礼品的喜好与忌讳是多有不同的。因此,向外国人赠送礼品,首先要了解受礼人所在国家的风俗习惯,在挑选礼品时,主动回避对方有可能存在的有关礼品品种、图案、形状、数目、包装等方面的禁忌,绝对不可有悖于对方的风俗习惯,并应将此视为选择礼品的头等重要原则。

特别提示

手帕是人们常用来作为礼物相赠的,尤其像江浙地区那种手绘、真丝的或者绢料的手帕都很不错。日本过年时就有送毛巾的习惯,这是日本的一个传统年俗。但是在一些国家,如拉丁语系的一些国家、地中海沿岸的一些国家,是不能送手帕的。在他们看来,送手帕就意味着诀别,表示这辈子不能相见了,因为手帕是供对方哭泣的时候擦眼泪用的。所以,地方习俗对送礼的影响是非常重要的。不同地区有不同的送礼习惯,这一点必须要注意。

2. 要突出礼品的纪念性

在涉外交往中,送礼要讲究礼轻情意重。因为在许多国家,都不推崇赠送过于贵重的礼品。“重礼之下,必有所求”,过于贵重的礼物会给受礼者带来压力与不安,甚至还可能让受礼者产生受贿之感。礼物是人们情感的寄托物。“千里送鹅毛,礼轻情意重”,这句话很好地表明送礼的心意重于礼物本身的价值。恰当的小礼物一样能传递浓情厚谊。一本画册、一套明信片、一张照片、一枚纪念章,都会受到对方欢迎。

3. 要体现礼品的民族性

有人曾说:“最有民族特色的东西,往往就是最好的。”向外宾赠送礼品,其实也是一样。我们中国人司空见惯甚至有些等闲视之的风筝、二胡、笛子、剪纸、筷子、图章、书画、茶叶、中国结、油纸伞、生肖挂件等物品,往往备受外国人的青睐。

拓展知识

深受西方人士喜爱的富有中国特色的物品

玉饰。玉象征吉祥并有神秘色彩,玉镯、玉佩、玉坠等都受到西方人士的青睐。在挑选玉饰时,以色泽温润、颜色通透、无瑕疵为上品。

蜡染或真丝服饰。蜡染的图案质朴、简洁,具有典型的民族风格,尤其是印有汉字、传统纹饰,盘扣、铜扣、玉扣的斜襟、对襟式衣衫更受外宾喜爱。真丝套装、真丝饰品都是送人的首选。

绣品。我国的四大名绣,绣艺精湛,历史悠久,长期以来,深受外国友人喜爱。

此外,我国传统的漆器、瓷器、景泰蓝、水墨字画、竹制品等,也都是上好的馈赠佳品。

4. 要明确礼品的针对性

挑选礼品时要因人而异,因事而异。

所谓因人而异,是指选择礼品应当不同对象不同对待,切忌千篇一律。应根据受礼人的性格、爱好、修养与品位做些必要的选择,尽量使礼品受到受礼人的欢迎。

所谓因事而异,则是指对礼品的选择应根据具体的情况和场合的不同而有所变化。一般应邀赴私人家宴,应为女主人带些小礼品,如土特产、小艺术品、纪念品、食品、水果以及花束等。有小孩子的,还可送糖果、玩具等。应邀参加婚礼,除艺术品外，还可赠送花束以及实用物品等。探视病人，可根据具体情况，送些对病人有益或为病人喜爱的食品、花束。新年、圣诞节，一般送日历、酒、茶、烟、糖果、巧克力等。出席官方或民间组织的酒会、招待会、较大的宴会等，则可不必送礼，必要时只是送花篮、花束等。

5. 重视礼品的便携性

在一般情况下，为外方人士尤其是远道来访的外方人士选择礼品时，除须考虑以上几点之外，还须兼顾便携性。至少，不应赠送易于损坏或是为对方平添不必要麻烦的礼品。如以民间工艺精制的陶瓷、玻璃制品或巨型图画、雕塑、屏风、摆件，因其易破、易碎、不耐碰撞挤压，或者体积庞大、笨重，通常都不宜向外方人士贸然相赠。

拓展知识

一些国家的礼品馈赠常识

日本：日本人有送礼的癖好，他们比较注重牌子，喜欢名牌礼物和礼品的包装，但不一定要贵重礼品。送礼通常送对其本人用途不大的物品为宜。送礼者不要在礼物上刻字作画以留纪念，因为对于毫无用途的礼品，收礼人会再转送给别人。与日本人互赠礼物时，需要客套一番，不要迫不及待地接受。送太贵重的礼物他们会觉得有欠人情。

韩国：韩国人喜欢当地出产的东西，故你在送礼时只需备一份本国、本民族、本地区的特产即可。

阿拉伯国家：不能送阿拉伯国家人酒或含酒精的礼物，这是伊斯兰教的禁忌。他们喜欢知识性或艺术性的礼品，如艺术品、书、唱片、磁带、成套文具、计算器等。不要拿食物送礼，否则以为你认为他吝啬。不送绘有动物的东西(特别是猪的图案)，因为它暗示着厄运。不要在第一次见面时送礼，那会被认为是贿赂。不要送带标记的礼品，不要向对方的妻子送礼，去阿拉伯人家做客时，不要过分称赞某件东西。盯住阿拉伯人的某一件东西看是一种很失礼的举动，因为他们会认为你很喜欢它，而迫不得已地把它作为礼物送给你。阿拉伯商人一般赠送贵重的礼品，同时也希望收到同样重要的礼品。他们喜欢丰富多彩的礼物，也喜欢名牌货，而不喜欢不起眼的古董。

英国：应送较轻的礼物，因为花费不多就不会被认为是贿赂。合宜的送礼时机是在晚上，请人在上等饭馆用完餐或剧院看戏之后。和其他欧洲人一样，英国人喜欢高级巧克力、名酒和鲜花。对于饰有所属公司标记的礼品，他们大多并不欣赏，除非主人对这种礼品事先有了周密的考虑。此外，英国人对生活用品一般都有自己的习惯和偏好,故一般都不选生活用品送人。

法国:初次结识法国人就送礼物是很不适当的,第二次见面时再送礼物比较适宜。礼品应该表现出对他们智慧的赞美但不要显得过于亲密。法国人喜欢浪漫,喜欢知识性、艺术性的礼物,例如艺术画片、艺术相册或小工艺品等。应邀到法国人家里用餐时,应带上几枝不加捆绑的鲜花;但菊花不能赠送,因为它代表死亡。

德国:德国人作风比较严谨,因此给德国人送礼,礼品的适当与否应特别注意,而且礼品一定要包装精美、价格适中。典雅别致的礼物通常为德国人所喜欢。

美国:给美国人送礼,可"以玩代礼",邀请对方共度良宵就可算作送礼。当然也可送葡萄酒或烈性酒。高雅的名牌礼物他们很喜欢,尤其是要尽量送一些具有浓厚乡土气息或别致精巧的工艺品,以满足美国人的猎奇心。送礼可在应酬前或结束时,不要在应酬中将礼物拿出来。

拉丁美洲国家:拉美人很注重送礼。第一次赠送礼品最好是质量比较好的公司纪念品。征税很高的物品极受欢迎。文学艺术类礼品如优美的古典音乐唱片、文学作品,尤其是诗集最受欢迎。

其他如朝鲜人喜欢送花,斯里兰卡人喜欢赠茶,澳大利亚、新加坡人喜欢鲜花与美酒。

总之,与外国人交往,馈赠礼物方面,仪式是最重要的,而实质性的内容反而是次要的。

(二)注重礼品的包装

在国际交往中,礼品的包装被视为礼品的外衣,是礼品的有机组成部分,是礼品赠送不可或缺的环节之一。否则,会有缺乏诚意、应付受礼人之嫌。因此,送给外国友人的礼品,一定要在事先进行精心的包装,使礼品外观具有艺术性和高雅情调。对包装时所用的一切材料,都要尽量择优而用。与此同时,送给外国人的礼品的外包装,在其色彩、图案、形状乃至缎带结法等方面,都要与尊重受礼人的风俗习惯联系在一起考虑。如对信奉基督教的外宾,送其的礼品包装要避免把彩带结成十字交叉状。

拓展知识

在美国,几乎所有赠送别人的礼物都要包装起来,若没有时间包,就要为没有包装而表示道歉。有时包装的费用甚至比礼物本身还要贵。因为人们普遍认为,包装本身和礼物一样重要,起码表示了你对包装的意义的重视。世界上最注重包装的国家是日本,最会包装的也是日本人。日本人把包装当做一门艺术来看待。在日本,甚至有专门的书籍介绍包礼物的方法和花样。传统的日本人喜欢用做得很精致的木盒子包礼物，更为讲究的还要在外面裹一层印有美丽图案的丝绸。这样的礼物很费心思，更让人觉得很郑重其事。①

（三）把握赠礼的时机

礼品只有适时赠送，才能收到应有的效果。通常在需要道喜、道贺、道谢、鼓励、慰问、纪念的时间，都是赠送礼品的良机。

在涉外交往中，由于宾主双方关系不同，具体所处的时间、地点以及送礼的目的不同，送礼的具体时机理应有所不同。

在会见或会谈时，如果准备向主人赠送礼品，一般应当选择在起身告辞之时。

向交往对象贺喜时，如向对方赠送礼品，通常应当在双方见面之初相赠。

出席宴会时向主人赠送礼品，可在起身辞行时进行，也可选择餐后吃水果之时。

观看文艺演出时，可酌情为主要演员预备一些礼品，并且在演出结束后当面赠送。

游览观光时，如果参观单位向自己赠送了礼品，最好在当时向对方适当地回赠一些礼品。

为专门的接待人员、工作人员准备的礼品，一般应当在抵达当地后尽早赠送给对方。

作为东道主接待外国来宾时，如欲赠送一些礼品，可在来宾向自己赠送礼品之后进行回赠，也可以在外宾临走前赠送。

（四）注意赠礼的场合

赠礼应注意私人性。通常不宜当众给其中的某个人赠礼。

一般来说，在大庭广众之下，可以送大方、得体的书籍、鲜花一类的礼轻情重的礼物。而其他类型的礼物，不宜在公开场合相赠，否则会让受礼者因不便而尴尬，而其他人则容易产生被冷落、被轻视的感觉，结果是一举两伤。

（五）赠送礼节

1. 亲自赠送

礼品最好由送礼人亲自当面交给受礼人。

如果因故不能亲自赠送，要委托他人转交或邮寄时，应随礼品附上送礼人的名片，也可以手写贺词，装在大小相当的小信封中，信封上注明受礼人姓名（不写地址），贴在礼品包装的上方。

2. 注重礼节

赠送礼物过程应该是以礼相伴的，只有这样才会使受礼者乐于接纳对方的美

① http://she.xicn.net/item.

意，达到以物传情的目的。

赠礼时，态度要平和友善，举止要落落大方，双手把礼物送给受礼者，并简短、热情、得体地加以说明，表明送礼的原因和愿望，不要害羞甚至偷偷地把礼物放在某个角落里。

如果对方当面打开包装以便及时欣赏礼物时，送礼人可以帮助受礼人打开礼物，并适当作介绍说明。

特别提示

◆在赠送过程中，可以对所赠送的礼品进行介绍，如礼品的功能、用法及你选择礼品时的独具匠心的考虑，从而激发受礼人的喜悦与感激之情。但不宜强调礼物的实际价值，以免产生重礼轻义之嫌。

◆赠送礼品时，不宜使用过分自谦或庸俗化的言语，如“一点小意思”等。外国人在送礼及收礼时，都很少有谦卑之词。中国人在送礼时习惯说“礼薄，实在拿不出手”，但按外国人的思维习惯，这样的表达会让他们产生被轻视的感觉。如果换成“这件礼物是我专门为你挑选的，希望你能够喜欢”这样的说法，他们则会乐于接受。中国人习惯在受礼时说“受之有愧”等自谦语，而外国人认为这是无礼的行为，会使送礼者不愉快甚至难堪。

拓展知识

涉外交往八不送

一是现金、有价证券。不少国家规定，在对外交往中拒收现金与有价证券，因为怕有行贿受贿之嫌。二是天然珠宝与金属首饰。原因与前者大体相似。三是药品与营养品。在国外，身体健康状况属个人隐私。因此将药品与营养品赠送给外国人，通常都是不受对方欢迎的。四是广告性、宣传性物品。将带有广告词、宣传用语或明显的公司标志的物品送给外国人，效果往往会适得其反，被对方误解为是在利用对方，或是借机进行宣传。五是易于引起异性误会的物品。向关系普通的异性送礼时，千万不要弄巧成拙，勿送示爱的物品或对对方不恭的物品。六是为受礼人所忌讳的物品。在送礼时，若礼品有违受礼人的宗教禁忌、民族禁忌或个人禁忌，也会很失礼。七是涉及国家机密或商业秘密的物品。若将此类物品随意赠与外国人，不管自己有意还是无意，都有损于国家利益，而且还有可能触犯法律。八是不道德的物品。将不道德的物品送给别人，不但坑人，而且害己，因而是绝对要禁止的。

二、接受礼品礼仪

（一）受礼

1. 欣然接受

在收受外方人士的当面赠礼时，我方人员最得体的表现应该是高高兴兴、落落大方地将外方人士所馈赠的礼品当即接受下来。切不可躲躲闪闪，忸怩作态地推来推去，或者言行不一地跟对方过分客套。具体做法应为面带微笑，起身站立，先以双手接过礼品，随后与对方握手，并立即表示由衷的感谢。

收到委托人送来的或邮寄的礼品，应尽快回复一张名片或亲笔信表示感谢。

特别提示

◆礼物应用双手接拿，如果不得已用单手，也不可单用左手，尤其当赠礼方为穆斯林时绝对要严禁左手接递。

◆受礼时稍作推让可以，但不宜过分推辞，以免伤害送礼人的感情。

2. 启封赞赏

在国外，特别是在许多西方国家里，人们在接受礼品时，大都习惯于当场立刻拆启礼品的外包装，将其取出仔细欣赏一番，然后再对其略表赞赏之意。这种对于中国人而言较难接受和习惯的做法，早已逐渐演化成为国际交往中受赠者接受礼品时必须遵循的一项重要礼节。所以，在涉外交往中，我方人员在收到礼物之后，应尊重对方的习俗，尽快拆开包装并真诚地加以赞美。反之，我方人员在接到礼品后随手放在一旁，并不置一词，会使对方产生你对礼物不感兴趣或对其完全不屑一顾的感觉，从而会使赠送者的自尊心受到严重的伤害。

（二）回礼

接受馈赠后，应适时回礼。我们中国人崇尚“礼尚往来”，外国人也同样重视。

接受外方人士的礼品之后，切莫忘记有来有往。其办法之一，是应在适当之时回赠给对方适当的礼品。礼品的性质与档次，大体上可与对方的礼品相近或相仿。办法之二，是在接受礼品后，尤其是在接受较为珍贵的礼品后，应真诚地向对方道谢。除了应当场向赠送者正式道谢之外，还可在事后再度表达此意。常规的做法是在一周内致信、发邮件或打电话再次感谢对方，亦可在此后再次与对方相见时，提及自己很喜欢对方所赠送的礼品。

（三）拒礼

在正常的交往中，拒绝收礼一般是不允许的，这样的做法会很伤对方的感情的。如果需要拒绝,也要注意不可失礼,应保持礼貌、从容、自然、友好的态度,先向对方表达感谢之情,再向对方详细说明拒收的原因。

第六节　参观游览与文艺晚会接待礼仪

一、参观游览接待礼仪

对于来访的外宾,无论是正式访问还是旅游观光,无论是政治交往还是商务谈判,如果能在接待过程中,适当地安排他们参观游览我国的历史、人文和自然景观,不仅能够活跃气氛,加深彼此之间的友谊和沟通,而且能够直观地让他们了解中国悠久的历史,感受中国文化的独特魅力。这也是对外宾的一种礼遇。

(一)安排外宾参观游览的前期准备

1.确定参观游览项目

确定参观游览项目,主要应考虑以下几方面的内容:

(1)客观条件

要考虑外宾来访的目的、性质和当地的季节天气等条件,此外还要结合外宾年龄及身体条件进行相应的安排。

(2)主观条件

可以事先了解外宾的意愿、兴趣和要求,做到力所能及,合理安排。但一定要有原则性,凡涉及我国不宜对外开放的保密场所和区域,一定要规避。外宾提出的要求,如果安排确有困难,可如实告知,并作适当解释。还可以主动提出参观游览方案,与对方共同商定。参观内容要搭配得当,安排应具有针对性。

2.做好计划安排

确定参观游览项目后,应拟订详细计划,包括景点、行程安排、休息及用餐场所、交通工具等。事先联系稳妥,考虑周全,做好接待准备。

这些细节和某些具体要求确定下来以后,应向接待游览单位交代清楚,并告知全体接待人员。这样便于大家主动做工作,而且一旦参观过程中出现问题,也便于协调处理。如无特殊情况,不要随意改变日程;如要改变日程,应及时通知各接待游览单位的有关部门和参加接待的人员。

3.安排陪同人员

按国际交往礼节,一般应由身份相当的人员陪同外宾前往参观游览。根据需要安排好翻译、解说员或导游人员以及其他陪同人员。

4.准备介绍内容与材料

进行参观前,讲解人员要根据外宾的特点准备好具有针对性的介绍内容。全体陪同人员，亦应对参观地点的特殊之处耳熟能详，以便在外宾询问时，可以应对如流。

此外，还可根据需要，事先为参观者准备一些介绍参观项目概况的书面材料，以便让客人提前对参观内容有所了解，使得客人在参观过程中，有更多的时间进行实地观看，有助于加深印象，取得良好效果。

（二）参观游览中的接待要点

1. 做好照顾和安排

参观游览过程中要留意，如果有外宾对参观的内容兴趣很浓、看得仔细，应安排人员专门照顾，并做好前后的联络工作。对一些不允许拍摄或进入的地方，应事先向外宾解释清楚，并在现场竖立外文的说明标志用以提示。外宾较多时可分批介绍或使用扩音器。

2. 语言清晰，内容翔实

介绍说明应使用对方语言，力求简明扼要、生动活泼。介绍情况时应实事求是，数字、材料要确切，还要注意把握分寸，如有需要保密的内容则应予以回避。

对外宾的提问，要耐心、热情、认真地回答，帮助他们增进对中国的了解，对确实不了解或者说不明白的也要如实相告，切不可不懂装懂。

陪同外宾参观游览的翻译人员，要事先做好准备工作。在翻译中要恰如其分，不擅自掺杂自己的意见，随意增减谈话的内容。翻译过程中如遇不很明确的内容，应当即向外宾说明，绝不可凭主观臆断进行解释。

3. 维护好秩序，礼貌待客

在外宾参观游览过程中，对外宾要有礼貌，不要让群众围观、尾随或指手画脚地议论。如外宾主动与群众交谈，向群众招手、点头表示友好，我方也应友好回应。参观游览中，我方人员不得中途离开或不辞而别。

二、文艺晚会接待礼仪

对于应邀来我国访问的代表团，我国接待单位一般都安排文艺晚会招待，这是一种涉外活动的形式，也是一种礼遇。

（一）前期准备

1. 选定节目

演出节目的选定要围绕文艺晚会演出的目的、外宾的兴趣、爱好以及实际落实的可能性进行。一般可安排客人观看反映本国特点和民族风格的戏剧、歌舞等。此外，如是歌舞节目，应尽可能安排有来宾所在国家的节目，以示对外宾的友好。

2. 发出邀请

邀请分为两种：口头邀请和以请柬形式的书面邀请。邀请中，须将活动的目的和名义、邀请的范围、晚会的时间、举办的地点以及有无附加要求等内容清楚告知对方。

按礼仪要求，应邀者接到邀请后，无论能否如约参加，都应该及时地给予回复，以便邀请方做好相应安排与准备。

3. **安排坐席**

邀请外宾观看演出，应把最佳的席位安排给外宾。正规的剧场，一般将观看效果最好的七、八排（外国大剧院以包厢为最好）的席位作为贵宾席。主宾和主要陪同人员的具体席位遵循礼宾次序而定，还要注意穿插安排好翻译的席位，以便沟通交流。其他客人的座位则可视情况而定，既可预先排定座位，也可安排在贵宾区自由入座。如需对号入座，可将座位号与请柬一道发出。

4. **印制说明**

为方便外宾观看与理解节目内容，应精心设计与印制节目单与说明书，对节目顺序安排及相应内容进行简明扼要的介绍，要用主客双方的文字体现。在演出前发给来宾。

（二）入席与退席礼仪

1. **入席**

文艺专场演出，一般应由普通观众先行入座。主宾应在开幕前由主人陪同入场，其他观众应有礼貌地起立鼓掌表示欢迎。

2. **退席**

演出结束时，主人可与客人一道起立鼓掌，或献花和花篮，向演员表示感谢。退场时，主人陪同来宾先行退场，在场的演职人员和观众应站立一齐鼓掌欢送；待贵宾离场后，观众方可离去。

特别提示

许多国家习惯在演出结束时向演员献花。我国在专场晚会或首场演出结束时，亦往往献花篮或花束，主宾在主人陪同下登台向演员致谢。此种安排，应主随客便，主人一般不提示客人献花，也不主动邀请客人登台与演员握手，一般应由客人事先明确，主方进行安排。

拓展知识

出席涉外文艺晚会礼仪

第一，穿着庄重。涉外晚会，对观众的着装通常会有所限制，观众应遵行。一般而言，不允许观众的穿着过分自由、随意，而要求其着装庄重、大方。

在西方国家，人们往往把观看文艺演出作为一种隆重和高雅的娱乐活动，特别是在大剧院，规矩很严格。此外，这种活动对观看演出的观众服饰要求也很高，通常要求按出席正式宴会的规格穿戴。

第二，必须提前进场就座。在一般情况之下，演出正式开演之前的一刻钟左右，观众即应进入演出场所。演出一旦开始，便不准再进场寻找座位，只有在演出中场休息时，方可进场。

第三，按号入座。凡参加要求凭票入场、对号就座的晚会，观众均应自觉配合组织者的工作，持票排队入场，并凭票按号入座。通常观众不仅要提前入场，而且还要提前就座。时间如果不够充裕的话，至少应提前5分钟在属于自己的座位上就座。

走向自己的座位时，如果需要从其他已经落座的人士面前通过，不要不发一言、横冲直撞过去。正确的做法是应当先向对方说一声"对不起"，随后面向对方侧身通过，尽量不要碰撞对方的身体。万一碰到了对方，必须立即致歉。

就座后，要做到坐姿优雅，安静等待。切勿将座椅弄得乱响，或者使身体东倒西歪、前仰后合，甚至将脚乱伸、乱跷、乱踏、乱蹬。

第四，专心观看。在观看演出时，观众的最佳表现是：专心致志，全神贯注。既不妨碍演员的表演，也不影响其他观众的观看。

在观看过程中，不要交头接耳；不要使用手机，应自觉关闭或调至"静音"状态，不可接打电话、收发短信；不要进食和吸烟；不要心不在焉；不要随便走动；不要影响他人，应注意不戴帽子或坐得过高，不要随意拍照、录像、乱用闪光灯。

第五，尊重演员。当演员登台表演或演完退场时，观众应热情、友善地对演员鼓掌，以示欢迎或感谢。演出结束，演员登台谢幕时，全体观众应起立一致鼓掌，再次感谢演员的表演。不可熟视无睹，扬长而去。

第六，依次退场。观看演出期间，一般不允许提前退场。演出结束，观众退场时，应依次而行，井然有序。

第七节　舞会礼仪

舞会是一种很受欢迎的社交聚会，是一种高尚、讲究礼仪的社交活动。在涉外活动中，经常会举办舞会。这种舞会可以作为一项单独活动，也可以作为宴请的余兴活动。

拓展知识

交谊舞作为社会文明的一种标志，代表着现代人高雅、文明的生活情趣，是人们交流感情、增进友谊、陶冶情操、提高审美能力、完善自我的高级社会活动。交谊舞是起源于西方的国际性的社交舞蹈,又称“舞厅舞”(ballroom dancing)、“舞会舞”(party dancing)、“社交舞”(social dancing)、“国标舞”。最早起源于欧洲,在古老民间舞蹈的基础上发展演变而成。自16、17世纪起,交谊舞已在欧洲各国成为一种普遍的社交活动,故有“世界语言”之称。到20世纪20年代以后,交谊舞在世界各地风行起来,所以又称它为“国际舞”。

被列入标准舞中的10种舞蹈分成国际标准交谊舞(摩登舞)和拉丁舞两大类。摩登舞分为:华尔兹、维也纳华尔兹、探戈舞、狐步舞、快步舞。拉丁舞分为:伦巴舞、恰恰舞、桑巴舞、牛仔舞、斗牛舞。在民间还有一些舞蹈如一步舞、勃鲁斯、布鲁斯等。摩登舞是由宫廷舞蹈演变而来以华尔兹、狐步为代表的交际舞,显示出一种高贵、典雅的绅士风度;而拉丁舞是从拉丁美洲土风舞演变而来,活泼、自由、热情奔放,充满浪漫的情调。男女之间的舞步配合需要默契,如影随形,并侧重舞步的规范化,运用整个人体运动表达音乐的旋律和节奏感。

一、舞会的组织工作要点

第一,明确主办者。无论是家庭舞会还是正式舞会,均要预先明确全面负责舞会组织筹备工作的主办者。

第二,确定舞会的规模和参加的人员。在确定人员时要注意男女比例的均衡。发邀请时,对于已婚者,一般均应邀请夫妇一同前往。

第三,确定举办舞会的时间。在请柬上应注明舞会的起止时间。

第四,确定舞会的场地。注意舞会举办场地的条件和舞池的大小是否符合应有的要求和规格。

第五,备好舞曲。所备的舞曲种类与风格应丰富多样,条件允许最好安排乐队现场演奏。

第六,安排好接待工作。安排好舞会的主持人和服务人员,准备好招待所用的饮料食品。

二、舞会参与者的礼仪规范

(一)舞会的前期准备

参加舞会之前,需进行必要的修饰,要点如下:

1.仪容

(1)发型适宜

男士应将头发清洗干净、梳理整齐,不宜选择凌乱不堪的发型。女士应注意发型和自己的脸形及服饰相协调。

(2)面部美观

参加舞会前，男士应适度修饰，女士应适度化妆。

男士修饰的重点通常是剃须、护肤。具体来说，男士在参加舞会前，一般都需要剃掉自己的胡须，这是外事和社交场合的惯例。此外，男士应对自己的皮肤，特别是面部的皮肤进行护理，以免在舞会进行过程中给舞伴造成不舒适的感觉。

舞会大多在夜间举行，因此，参加舞会的女士化妆可以比平时稍加浓艳些，但需要注意精致、和谐美观。

(3)气味清新

参加舞会者要注意个人口腔卫生，要认真清除口腔异味，并避免食用具有刺激性气味的食物和饮酒。此外还要注意皮肤的清洁。在条件允许的情况下可以适量喷洒香水。

2. 服饰

舞会的着装必须整洁、美观、大方、得体。一般情况下，舞会可选择格调高雅的礼服、时装或民族服装。若主办方对服装有明确要求的则应认真遵循。

舞会通常分为家庭舞会和隆重的正式舞会。

(1)家庭舞会

如果是亲朋好友在家里举办的小型舞会，需要选择与舞会的氛围协调一致的服装。女士最好穿便于舞动的裙装或穿旗袍，搭配色彩协调的高跟皮鞋。男士可以穿深色西装，配深色皮鞋。如果是夏季，可以穿淡色的衬衣，打领带，最好穿长袖衬衣。

(2)正式舞会

对于隆重大型的正式舞会，或者有外宾参加的舞会，如果请柬上注明要着礼服时，则意味着女士要穿晚礼服，也可选择穿着由旗袍改良的晚礼服，以凸显中国特色和中国女性端庄典雅的气质。而男士参加正式舞会的礼服是指黑色的燕尾服配黑色的漆皮鞋，但这种着装一般只有西方国家举行的正式舞会才要求穿着。目前，按我国习惯，在很多隆重和正式的场合穿着深色质料好的西装即可。

拓展知识

女士传统的舞会礼服为长至裸关节的宽下摆裙子，一般由一些豪华的面料制成，如绸缎、平纹皱或丝绒，采用蕾丝、珍珠、金属片或是刺绣等装饰。大多都是露肩低领的。常与披肩、外套、斗篷之类的衣服相配，当然也可以搭配首饰和长款的手套。其他的标准配饰还有舞鞋或高跟晚宴皮鞋和一个时尚的晚宴手袋。

特别提示

◆女士参加舞会以裙装为主,不宜穿裤装。

◆参加舞会时,即使是天气炎热,如果主人未表示请宽衣,男宾不能随便脱下外装。跳舞的时候,纽扣也要扣好。

◆不应穿风衣、大衣跳舞,也不宜穿短裤、拖鞋等参加舞会。

(二)舞会进行中的礼仪

1.邀舞礼仪

(1)男士主动

依据惯例,在舞会上邀请舞伴时,一般应是男士主动邀请女士。男士邀人跳舞时应彬彬有礼,谦恭自然。通常,当舞曲响起后,男方即可大方地走到女士面前邀请。如果女方的家人同在,则应先向女方的家人点头致意,并征得他们的同意后,走到女方面前姿态端正,微微躬身施礼,面带微笑,目光柔和,轻声相邀,如"可以请您跳舞吗?""请您赏光"等。有时还需要向陪伴女士的男士征求说:"先生,我可以请这位女士共舞吗?"得到允许后,再与女士走进舞池共舞。

特别提示

◆一般情况下,女士是不用主动邀请男士的,但特殊情况下,如需要请长者或者贵宾时,则可以不失身份地表达,如"先生,请您赏光"或"我能有幸请您吗?"对于女士的邀请,男士不可以拒绝。

◆邀舞时请注意:不论是男士还是女士,当其一个人单独坐在远离人群的地方时,就不宜去打扰。

◆在舞会上,女士不应轻易拒绝他人的邀请。倘若确实不想接受邀请时,要注意分寸和礼貌用语,要委婉地表达,不可伤及对方自尊心,如"对不起,我想休息一下"。而且在对方走后,一曲未终不应再与别人共舞。

◆男士邀舞若被对方婉言谢绝,也不必介意,可回应说:"对不起,打扰了。"这样的做法,不仅不会使男士难堪,反而还显得男士很有修养,会受到女方的尊重。不可勉强女方应邀或冷言以对,甚至出言不逊。

◆如果女士遇到两位男士同时发出邀请,宜采取最能顾全两位邀请者面子的做法,那就是全都婉言谢绝。若是两位男士一前一后前来邀请,则可以先来后到为顺序,接受先到者的邀请,同时应诚恳地向后到的人致歉,如"很抱歉,下一曲再与您跳好吗?"如若被婉拒的男士再次前来相邀,应遵循舞会礼仪之规,在无特殊情况下女士不可再次拒绝，应与其共舞。

◆对于结伴同来的男女舞伴，如果别人邀请自己的女伴时，男方不可代替女方回绝。

◆在较为正式的舞会上，尤其是在涉外的舞会上，同性之间切勿相邀共舞。两位男士一同共舞，意味着他们不愿向在场的女士邀舞，也会有同性恋之嫌。而两位女士一起跳舞，则等于是在说明“没有男士相邀”，故以此举呼吁男士们赶快相邀。

(2)正式舞会的邀舞顺序

正式的舞会，第一支舞曲是主人夫妇、主宾夫妇共舞；第二支舞曲是男主人与女主宾，女主人与男主宾共舞；第三支舞曲开始自由邀舞，但男主人须依次按照礼宾顺序，邀请排第二位、第三位男宾的女伴共舞，而这些女士的男伴应邀请女主人共舞。男宾也应该主动邀请女主人和主人方的其他女士共舞。

如果男女结伴参加舞会，依据惯例第一支舞曲应一起跳，舞会的最后一支舞曲，如有机会两人也应同跳。但是整个舞会，同跳应以两次为限。男士要避免整场都和同一个女士共舞，而应根据舞会礼仪的规定，有礼貌有顺序地邀请其他舞伴共舞，同时也通过交换舞伴去扩大自己的交际范围。

2. 舞池礼仪

(1)上场与下场

进入舞池时，男士应主动跟在女士身后，让女方来选择跳舞的具体位置。男士或女士不宜在舞曲未完之际中途离开。当一曲终了，男士和女士应立于原地，面向乐队或主持人鼓掌致谢。然后，男士应将女士送回到原来的座位，待其落座后，道谢告别如“谢谢，再会”，而后方可离开。男士不可在舞曲结束后，自顾自地离开舞池，而对女伴不管不顾，这样有失礼节与风度。

(2)站位与握持

正确的站位与握持，应舒展、自然、端庄、优美，也应便于通过接触部位传递进退、旋转的信息。

①站位。男女相对站立时，均要将右脚尖对准对方的两脚中间，使双方身体侧对。

②握持。男士的左臂侧向抬起，大臂与肩部水平，小臂略上扬并与大臂形成一定的弧度(以90度最为标准)。左手拇指展开，余四指并拢，掌心侧对上方；右手放在女士左肩胛下方约10厘米处，掌心贴于女伴背部。女士双臂同时抬起，将右手掌心与男士左手掌心相对，拇指交叉，其余四指弯曲搭在男士左手上，相互轻握；将左小臂放于男士的右大臂上，并将左手手指并拢，掌心向下，轻放于男士右肩上，不

可将手臂勾在男士的脖颈上，以免有失风雅。

(3)舞姿

舞姿是指舞者的身姿步态，包括舞伴之间的协调配合与舞步中的造型等。优美的舞姿，应端庄稳健、舒展自然、配合默契。

①端庄稳健。在起舞时，身姿要保持平正，收腹、挺胸、抬头有向上拔的感觉。不要养成随便摇晃、颠动、弓身、屈腿以及内、外八字步等不好的身姿步态。稳健的关键是掌握好重心，在进退旋转时，重心的移动要及时跟上步子的变化。

② 舒展自然。步态要符合人体运动的规律，如前进时脚跟先着地，后退时前掌先着地；行进时，左手右脚、右手左脚相配合，才不会蹩手蹩脚。

③配合默契。要想做到配合默契就需要明确关系、心灵相通。

明确关系。男士是领舞，要主动、自信、果断。女士是伴舞，要随和、轻盈、灵敏。女士要注意不要抢先，要注意顺应配合男士。

心灵相通。是靠接触部位传递信息。男士要善于运用手臂（国标摩登舞是用贴靠的腹、胯、膝）果断地传递信息，操作女士的进退、换向、旋转等动作。女士要善于领会男士传出的信息，灵敏地作出反应，展现出男士要求的舞姿与动作。要凭感觉，顺势而动，而不是用眼去看脚，再去跟着走。

特别提示

◆跳舞过程中，双方身体应适当保持一定的距离，不可搂得过紧，即使是恋人，也不宜过分亲昵，以免有失雅观和对周围人应有的礼貌。

◆男士在舞动动作引导时，要注意技巧，不应强拉硬拽。女士要注意领悟对方的动作意图，要注意协调舒展，和谐美观。

◆跳舞时，男女双方如果进行交谈，一定要注意控制音量，以声音小到不影响其他人为好。不可在舞池中旁若无人地大声喧哗、嬉笑。

◆在跳舞时，应面带微笑、温和自然。不可过于严肃、凝重，也不应总是盯着对方的脸，以免引起误会和反感。

◆在舞池中的行进方向均为逆时针方向。切忌横冲直撞，旁若无人。

◆如果有事需要找人，要等一曲终了时，才可以进入舞池寻找。不可单个人进入舞池在舞动的人群中穿梭，不可在舞曲进行中就把人从舞池中拉出来，也不可高声叫喊。

◆舞动中如不慎碰撞或踩到对方，要及时道歉。

◆不宜在舞会进行过程中学习跳舞。

思考与练习

1. 国际交往中应遵循的礼仪原则有哪些？
2. 在陪同外国客人行进过程中应遵循怎样的次序进行？
3. 会谈、会见及签字仪式的位次安排各是怎样的？
4. 宴请的准备工作有哪些？
5. 选择礼品时应遵循哪些基本原则？
6. 赠送礼品、接受礼品时应注意的礼节要点有哪些？

第六章 餐饮接待礼仪

引　言

餐饮接待服务是餐饮部门工作人员为就餐客人提供食品、饮料等一系列行为的总和。餐饮接待礼仪是酒店服务水平的重要标志，良好的餐饮接待礼仪既能使客人在优雅的环境中享受热情周到的服务，又能使其在精神上得到满足，同时也使酒店的优质服务得到保证。

学习目标

1. 熟悉和掌握餐饮接待礼仪的规范和技巧。
2. 在实践中能够熟练地应用餐饮接待礼仪，满足客人的需求。

第一节　中餐接待礼仪

中餐一般是指一切具有中国特色的、依照传统方法制作而成的为中国人日常生活所享用的餐食和饮品。在为客人提供中餐服务时，餐饮接待人员应该掌握并熟练运用中餐接待礼仪，这不仅是接待人员个人素质与修养的重要表现，更可让客人在享受美味佳肴的同时，感受到主动、热情、礼貌、周到的服务，从而提升餐厅的美誉度。

一、客人订餐礼仪

客人前来订餐，预订员要面带微笑，语言亲切，主动热情地为其提供服务。如是电话订餐，则在电话铃响 3 声内接听，接听电话态度要和蔼，语言要清晰。接受预订时，预订员要详细询问客人姓名、用餐时间、用餐人数、订餐要求等内容，然后为客人安排合适的用餐房间，取得客人的同意后，复述以上内容向客人进行确认，做好记录，并负责具体落实。

二、服务接待礼仪

随着中西饮食文化的不断交流，中餐不仅是中国人的传统饮食，还越来越受到外国人的青睐。而这种看似最平常不过的中式餐饮，用餐礼仪却有一番讲究。

（一）餐前准备礼仪

服务人员要端庄大方、着装整洁，做好个人卫生工作。认真选择好消毒餐具，并按照要求进行摆台。中餐的餐具主要有杯、盘、碗、碟、筷、匙六种。

（二）迎宾领位接待礼仪

迎宾领位接待礼仪是餐厅服务流程中的第一个环节，迎宾员站立餐厅门口负责迎送客人、引客入座，其基本接待要求是：着装整洁，仪容美观，仪表大方，微笑服务，热情待客。这一阶段的接待礼仪主要内容如下：

1. 迎宾礼仪

营业前 20 分钟，迎宾服务员精神饱满地站立在餐厅迎宾工作台位置，积极主动地迎宾，给客人留下良好的第一印象。当客人走向餐厅约 1.5 米处时，迎宾员要热情迎上前去问候，对常客或回头客能称呼姓名。如果是几位客人一起来进餐，问候的顺序是先主宾后主人，先女宾后男宾，同时问清客人是否有预订，共几位。如遇雨天，要主动收放客人的雨具。客人离开餐厅时要把雨具及时递上，并帮助客人打开雨伞、穿好雨衣，礼貌道别，并致以 30 度的鞠躬礼。

拓展知识

迎宾的接待礼仪①

在通常的理解中，迎宾就是例行性地说"您好，欢迎光临"。在现代礼仪中，说"欢迎光临"的时候要求服务人员融入感情，眼神要流露出欣喜。此外，迎宾的接待礼仪还有"五步目迎，三步问候"等要求。

1. 五步目迎，三步问候

在酒店餐厅这样开放式的服务空间中迎接宾客，要记住"五步目迎，三步问候"的礼仪原则。目迎就是行注目礼。迎宾人员要专注，注意到客人已经过来了，就要转向他，用眼神来表达关注和欢迎。注目礼的距离以五步为宜，在距离三步的时候就要用"您好，欢迎光临"等礼貌用语问候。

---

① http://www.33la.cn/html/3/2011-01-26/124.htm.

2. 15 度鞠躬

为了表示对顾客的尊敬,很多服务场所的人员都会向顾客行鞠躬礼。日本式的礼仪对于敬礼的鞠躬要求达到30度。但是,按照一般的惯例行15度的鞠躬即可,这样比较符合中国的国情。

3. 三分笑

所谓和气生财,服务人员在迎接客人的时候要始终面带恰到好处的微笑,表现出礼貌、亲切、含蓄等。但是,笑脸也不能过头,切忌不合时宜地大笑,否则会让客人感到莫名其妙,从而产生排斥感。

4. 注目欢喜的眼神

精致化的服务能够贯彻到眼神和表情。眼神呆若木鸡,服务就会显得生硬。服务要整体表达出真情诚意,眼神也要流露对顾客的感情,这样才能令顾客感受深刻。眼神的表达要经过系统训练,除了喜、怒、哀、乐这四种基本表情之外,还要表现出贴切、真诚、热忱、关注等感情,努力做到"眼睛会说话"。

2. 领位礼仪

迎宾员引客人入座时,应该走在距客人左前方1米左右的位置,并不时回头示意客人,同时伴以规范的手势,切忌用一个手指指指点点。

特别提示

服务手势的禁忌①

在服务工作中,要注意手势的大小幅度。手势的上界一般不要超过对方的视线,下界不低于自己的腰所在的水平线,左右摆动的范围不要太宽,应在人的胸前或右方摆动。一般场合,手势动作幅度不宜过大,次数不宜过多,不宜重复,总之:手势宜少不宜多。多余的手势,会给人留下装腔作势、缺乏涵养的感觉。服务场合要多用柔和的曲线手势、少用生硬的直线条手势以求拉近心理距离。

要避免哪些不良手势呢?

和客人交谈,讲到自己的时候不要用手指自己的鼻尖,而应用手掌按在自己的胸口部位。

谈到别人的时候,不要用手指着别人,更忌讳背后对人指指点点等很不礼貌的手势。

① http://www.hnlypx.com/html/200802/26/20080226103429.htm.

接待客人的时候，避免抓头发、玩饰物、掏鼻孔、剔牙齿、抬腕看表、高兴时拉衣服袖子等粗鲁的手势动作。

做指引指示时，最忌“一指功”（用食指指人）：“你、你、你坐那儿！”这是对客人的大不敬。这个动作完全可以用整只右手手掌来处理，即拇指弯曲，其他四指伸直并拢指方向。

服务工作中不能双手抱头，很多人喜欢用单手或双手抱在脑后，这一体态的本意，也是放松。在别人面前特别是给人服务的时候这么做的话，就给人一种目中无人的感觉。

要避免摆弄手指，要么活动关节，要么捻响，要么握拳头，要么手指动来动去，给人一种无聊的感觉，让人难以接受。

不允许把一只手或双手插放在自己的口袋里。这种表现，会使客户觉得你在工作上不尽力，忙里偷闲。

在不同国家、不同地区、不同民族，由于文化习俗的不同，手势的表意也有很多差别，甚至同一手势表达的含义也不相同。所以，手势的运用只有合理规范，避免有歧义的手势，才不至于无事生非。

接待已经预订的客人，要迅速查阅预订记录，将客人引至预订的位置。接待没有预订的客人，要注意餐厅的客流情况，一般的引领原则是先里后外、尊重选择、合理调整，根据具体情况、具体对象，因人而异地引座。引领客人到达餐位后，要先询问客人对这个位置是否满意，然后遵循先女宾后男宾、先主宾后随从的原则拉椅让座。如果有多位客人就餐，可象征性地为2～3位客人拉椅让座。客人入座后，领位员应把客人介绍给看台服务员。如果看台服务员正在忙着接待其他客人，可请客人稍候，为客人倒上茶水。

特别提示①

在餐厅的整个服务过程中，顾客入座后的3分钟和离开前的2分钟十分重要，如果这时服务不到位，很容易让顾客产生被怠慢的感觉。那么，如何做好这5分钟的服务呢？

进门3分钟：

1. 让顾客等候不要超过60秒。如果顾客走进餐厅却无人理睬，顾客会感到愤怒。所以，服务员即使很忙，也要迅速走到顾客桌旁招呼。

---

① http://www.canyin168.com/glyy/cyfw.

2. 开口之前要过脑。招待顾客时一定要专心。对顾客说话时，要知道自己在说什么，并面带微笑。

3. 讲话时要直视顾客。和顾客讲话时，只有接触他们的目光，才能让他们感觉到被关注。

4. 为单身顾客提供读物。为了消除单身顾客的孤独感，在事先确定顾客有充裕时间的情况下，最好为他们提供书报等读物来消磨时光。

5. 让结伙就餐的人感觉愉快。为结伙就餐的顾客服务时，要安排好上菜次序，使顾客轻松自在。

6. 要培养观察力。服务员要善于察言观色，及时了解顾客需要。最好的服务是在顾客开口之前就主动提供服务。

临别2分钟：

1. 为顾客结账要手脚麻利。在顾客示意要结账时，服务员应快速算好总价并双手递上账单，然后手脚麻利地收款和找零。

2. 友好地为顾客打包剩菜。如果顾客要求打包剩菜，服务员应认真对待，勤谨有礼。最好能为顾客添加一点调料之类的小花样，让顾客感到惊喜。

（三）看台礼仪

1. 热情迎宾

看台服务员要仪容整洁、仪表端庄、面带微笑地迎接客人。如果客人需要脱挂衣帽，服务员要主动协助客人存放好衣物；如果客人将外套挂在椅背上，服务员则要主动用椅背套将衣物罩上。如果有儿童用餐，应加一把儿童单坐的高椅子。

待客人入座后，服务员要取出口布（即餐巾）放在客人的腿部，并及时为客人提供香巾、斟茶等服务。同时服务员还要根据客人人数补撤餐具，如有外宾用餐需及时加放刀、叉、匙等西餐用具。

2. 恭请点菜

客人就座后，看台服务员从客人的左边用双手或右手将菜单及时递给客人，切忌把菜单塞给客人或扔在桌上。接受客人点菜时要面带微笑站在其左后侧，上身略微前倾，精神集中地聆听。要耐心等候客人点菜，不要催促客人，不要显得不耐烦，给客人充分的时间考虑决定。当客人点菜犹豫不决时，看台服务员应为其当好参谋，帮助客人进行选择。烹调费工费时的菜肴应事先向客人说明，以免等待时间过长而遭客人抱怨。当客人点的菜已售完时，应礼貌地向客人致歉说明，同时婉转地向客人推荐同档次的菜肴。若客人所点菜肴菜单上没有列出，应尽量设法满足客人要求；若确有困难，应向客人致歉说明。客人点菜完毕后要主动征询客人需要什么酒水饮料。客人点酒水时，要注意一定的推销技巧。当客人所点菜肴和酒水全部记录好后，要向客人复述核对，得到客人确认后，迅速开单下厨，尽量减少客人等候的时间。

3. **上菜规范**

服务员要按客人点菜的先后顺序为各餐桌上菜，做到无先到后上、后到先上的现象发生。客人点菜后，10 分钟内冷菜就要摆上台，20 分钟内开始上热菜，除甜品、水果外，45 分钟内出齐菜品。上菜一律使用干净的托盘，要掌握好上菜的节奏与时间。上菜要从客人的左边上，最好在陪同或翻译之间进行，不要在主宾之间进行，以免影响正常用餐。爆炒食品上桌时，要示意客人遮挡。上菜时要注意尊重主宾及摆菜的造型艺术，切忌越过客人头顶上菜。每上一道菜都要报菜名，介绍菜点要恰到好处，引起客人的兴趣和食欲，注意说话时不可唾沫四溅。主人或客人祝酒或发表讲话时，应停止上菜，但要及时斟酒，以便干杯。菜上齐后，应告诉客人"菜已上齐，请慢用"，以示尊重。

4. **周到服务**

一般地，上凉菜后，看台服务员征得客人的同意便开始为客人斟上第一杯酒。客人用餐过程中，要适时体察客人需求，照顾好每一台面的客人。上菜、撤盘应遵守操作程序。派菜顺序是先客人、后主人，先女宾、后男宾，如果是一个人服务，可先从主宾开始，然后按顺时针的顺序逐次派菜。上需要客人用手食用的食品，同时要上盛有水的净手盅。当盘中剩下不多菜肴时需大盘换小盘，或当桌上菜多摆不下需撤走或合并某些菜肴时，要征得客人的同意后方可进行。要适时撤换脏骨盘、整理台面，及时更换烟缸，保持烟缸内的烟头不超过 3 个。如客人不慎将餐具掉到地上，服务员应迅速上前拾起拿走，随后为其更换干净的餐具。如果菜汤或酒水不小心洒在同性客人的身上，可亲自为其擦净；如洒在异性客人身上，则只可递上毛巾，并表示歉意。客人的物品尤其是女宾的物品，如果不慎掉落地上，服务员应立即帮忙拾起，双手奉上，不可视而不见。

看台服务人员在服务过程中的注意事项有：服务人员要坚守岗位，始终保持规范的站姿。要注意自己的举止，不要有不雅的动作出现在客人的视线内。营业时间内，在餐厅撤台、摆台动作要轻稳而文雅，不要影响到其他餐桌客人用餐。不要因为客人无意间损坏餐具而影响客人的就餐情绪，如果需要客人赔偿，应婉转地告诉客人。客人未吃完，即使营业时间已过，也绝不能有催促或打扫卫生、关灯等不礼貌的逐客之举。醉酒的客人不听劝阻，或发生粗鲁行为的，要尽量忍让，并请示餐厅经理协助处理。

（四）送客礼仪

客人用餐结束时，服务员要主动询问客人，征求客人意见和反映，如果客人有意见就应马上解释和解决。及时把账单放在垫有小方巾的托盘上或放在账单夹内，然后将托盘或账单夹放在主人的旁边，不要直接交到客人手里。结账或找零时不可大声报钱数，不要因为找零而让客人久等。客人结账后起身离座时，应及时拉椅让路，方便客人离开，同时提醒客人携带好自己的物品，并友好话别，躬身施礼，目送离去。

第二节　西餐接待礼仪

西餐接待礼仪是随着西餐文化的诞生而逐渐发展起来的。现在的西餐厅，为了协调其菜谱和设施，往往把两种或两种以上的接待方式结合起来使用，特色西餐厅则使用一种别具一格的接待方式。总体来讲，西餐基本接待礼仪如下：

一、餐前礼仪

每餐正式开餐前，服务员应将餐厅收拾整洁干净，台面摆放整齐，刀叉、餐巾、匙、盘、碟、杯、牙签等布置完好。微笑相迎客人，主动问好，常客、贵客要记住并称呼其姓名。

拓展知识[①]

刀叉的使用礼仪：吃西餐时右手拿刀，左手拿叉。使用刀叉时，左手拿叉用力固定食物，同时移动右手用刀切割食物。用餐中暂时离开，要把刀叉呈八字形摆放，尽量将柄放入餐盘内，刀口向内。用餐结束或不想吃了，刀口向内，左叉右刀地并排纵放。刀是用来切食物的，不要直接用刀叉起食物送入口中，也不要用刀叉同时将食物送入口中。刀上沾上酱料不可舔食。用餐刀切割食物时不要在餐盘上划出声音。

餐匙的使用礼仪：餐匙是用来喝汤、吃甜品的，不可直接舀取其他任何主食、菜肴和饮料。餐匙入口时，以其前端入口，不能将它全部塞进嘴里。

餐巾的使用礼仪：将餐巾平铺于大腿上，可以防止进餐时掉落下来的菜肴、汤汁弄脏自己的衣服。在用餐时，与人交谈之前先用餐巾轻轻地揩一下嘴。女士进餐前，可用餐巾轻抹口部，除去唇膏。在进餐时需剔牙，应拿起餐巾挡住口部。餐巾摆放的位置不同，寓意不同。当主人铺开餐巾时，表示用餐开始；当主人把餐巾放在桌子上，表示用餐结束。中途暂时离开，将餐巾放在本人座椅面上。

---

① http://www.21food.cn/html/news/35/443709.htm.

二、点菜礼仪

客人点菜时服务员应端正站在客人一侧，上身前倾与客人保持适当距离。点菜顺序从主人或女主人开始，如主人示意请客人分别点菜时，则从主宾开始；如果是客人聚会则从已经选好菜的客人开始。接受点菜应按逆时针方向进行，并记下点菜客人的餐位编号。若客人点有牛扒、羊扒等菜肴，应问清客人喜欢几成熟，并在菜单上注明。客人点完菜后要核对点菜内容，准确无误后开单下厨。同时注意客人所点菜肴要与酒水匹配，善于主动推销酒水。

拓展知识①

正式的西餐，酒水是主角。酒与菜的搭配也十分严格。一般来讲，吃西餐时，每道不同的菜肴要搭配不同的酒水，吃一道菜便要换上一种酒水。

西餐的酒水一共可以分为餐前酒、佐餐酒、餐后酒三种。它们各自又拥有许多具体种类。

餐前酒别名叫开胃酒。显而易见，它是在开始正式用餐前饮用，或在吃开胃菜时与之搭配的。餐前酒有鸡尾酒、味美思和香槟酒。

佐餐酒又叫餐酒。它是在正式用餐时饮用的酒水。常用的佐餐酒均为葡萄酒，而且大多数是干葡萄酒或是半干葡萄酒。有一条重要的讲究，就是“白酒配白肉，红酒配红肉”。这里所说的白肉，即鱼肉、海鲜、鸡肉，吃它们是需要和白葡萄酒搭配的；所说的红肉，即牛肉、羊肉、猪肉，吃这些肉的时候要用红葡萄酒来搭配。这里所说的白酒、红酒都是葡萄酒。

餐后酒指的是用餐之后用来助消化的酒水。最常见的是利口酒，又叫香酒。最有名的餐后酒，则是有“洋酒之王”之称的白兰地。

三、上菜礼仪

西餐跟中餐有很大的区别，中餐往往是一桌上满了，大家一起食用，而西餐是吃一道上一道。一般情况下，西餐是20分钟内送上第一道菜，90分钟内菜点出齐。服务员在上菜过程中，要控制好上菜节奏、时间与顺序，无错上、漏上、过快或过慢的现象发生。

正式的西餐全套餐点上菜顺序是：

第一，头盘。西餐的第一道菜是头盘，也称为开胃品，一般有冷头盘和热头盘

---

① http://xf.66wz.com/system/2008/04/08/100527933.shtml.

之分。开胃菜一般都有特色风味，味道以咸和酸为主，而且数量少，质量较高。

第二，汤。汤是西餐菜中的第二道菜。西餐的汤大致可分为清汤、奶油汤、蔬菜汤和冷汤四类。

第三，副菜。通常贝类及软体动物类，各种淡水、海水鱼类，水产类菜肴与蛋类、面包类、酥盒菜肴品都称为副菜。鱼类菜肴放在肉类菜肴的前面是因为其肉质鲜嫩，比较容易消化，所以叫法上也和肉类菜肴有区别。

第四，主菜。禽、肉类菜肴是西餐的第四道菜，也称为主菜。禽类菜肴的原料取自鸡、鸭、鹅，肉类菜肴的原料取自牛、羊、猪等各个部位，其中最有代表性的是牛肉或牛排。通常将兔肉和鹿肉等野味也归入主菜类菜肴。

第五，蔬菜类菜肴。蔬菜类菜肴可以安排在肉类菜肴之后，也可以和肉类菜肴同时上桌，算一道菜，或称为一种配菜。

第六，甜品。西餐的甜品是在主菜后食用的，可以算做是第六道菜。从真正意义上讲，它包括所有主菜后的食物，如布丁、煎饼、冰激凌、奶酪、水果等。

第七，咖啡、茶。西餐的最后一道菜是上饮料、咖啡或茶。喝咖啡一般要加糖和淡奶油，茶一般要加糖和香桃片。

四、看台礼仪

服务员每上一道菜，要及时主动为客人分菜、派菜。客人每用完一道菜，服务员要及时撤下餐盘，清理好台面。为客人呈上需要用手食用的菜点时，要上盛水的洗手盅。在客人用餐过程中，要随时注意台面整洁。上水果甜点前，要先撤下台面餐具，服务应及时周到。

特别提示

餐饮接待服务中应注意的操作规范[①]

1. 二不。不吸烟，不吃零食。
2. 二静。工作场合保持安静，隆重场合保持肃静。
3. 三轻一快。操作轻，说话轻，走路轻，动作利落服务快。
4. 三了解。了解宾客的风俗习惯，了解生活，了解特殊要求。
5. 三声。客人来时有迎声，客问有应声，客走有送声。
6. 四尊。自尊，尊重老人，尊重妇女儿童，尊重残疾人。

---

① http://www.canyin168.com/glyy/yg/ygpx/fwly/200911/18343.html.

7. 五勤。眼勤，口勤，脚勤，手勤，耳勤。

五、送客礼仪

服务员应将账目清楚的账单用账单夹呈放在客人面前，客人结账后，要表示感谢。客人离座时服务员要主动拉椅，询问其是否满意，同时提醒客人不要忘记个人物品，将客人送到餐厅门口，礼貌道别。客人离开后，要快速轻稳清理台面，3 分钟内完成清台、摆台，准备迎接下一批客人。

第三节　宴会接待礼仪

宴会是为了表示欢迎、祝贺、答谢、喜庆等举行的一种隆重的正式的餐饮活动，宴会服务是饭店餐厅服务的重要内容，做好这方面的工作可以大量增加收入，提高饭店知名度。宴会服务接待是一项精细的工作，好的宴会服务接待是一门艺术，给人以美好的享受。宴会的形式有多种，具体规格和服务程序也不尽相同，但就宴会中服务员的接待礼仪规范而言，则大体是一致的。

拓展知识①

不同类型的宴会具有不同的特点，下面对常见的宴会形式及特点略作介绍。

中式宴会：是中国传统的聚餐形式，遵循中国的饮食习惯，以饮中国酒、摆中式台面、用中国餐具、吃中国菜肴、遵从中国习俗、行中国传统礼仪为主，其装饰布局及服务等无不体现中国的饮食文化特色。

西式宴会：遵循西方的饮食习惯，采取分食制，以西菜为主，用西式餐具，行西方礼节，遵从西方习俗，讲究酒水与菜肴的搭配，其布局、台面布置和服务都有鲜明的西方特色，突出西方民族文化传统。由于举办宴会的目的、宴请的对象和人数的不同，西式宴会的形式也有所不同，目前采用的形式主要有正式宴会、冷餐酒会和鸡尾酒会。

中、西式结合宴会：是中、西饮食文化交流的产物，是取两种宴会之长，其特点是：气氛活泼，客人来去自由，时间可长可短；主人周旋于宾客之间，服务员巡回服务；以冷食为主，热菜、点心、水果为辅；充分尊重宾客的自由，不受席规酒礼约束，便于交流思想感情和广泛开展社交活动；食品利用率高，较之正规宴会节约。

① http://bbs.gxhqw.cn/redirect.php? fid = 27&tid = 1296&goto = nextoldset.

各种主题宴会：这类宴会往往有着明确的目的和意义，整个宴会都围绕主题进行。典型的主题宴会有国宴、喜庆婚宴、生日宴会、纪念宴会、商务宴会、庆典宴会。

一、宴会订餐接待礼仪

（一）岗前准备

订餐员要着装整洁，佩戴员工牌，女服务员身着西装或西装套裙、肉色丝袜、黑皮鞋，男服务员身着西服系领带。

（二）订餐服务

客人前来订餐，订餐员要微笑服务，使用服务用语，拉椅让座，遇有外宾前来订餐，要使用外语服务。订餐员要主动介绍饭店的设施设备、餐厅的风味特色，有针对性地提供符合客人口味的餐食供客人选择。客人询问，遇有不清楚或不易解答的问题要想方设法查清，然后告知。菜肴明码标价，服务主动在时间和方式上方便客人。在与客人达成口头协议后，请客人本人逐项填写订餐单，特别要请客人填写清楚就餐标准、就餐人数、就餐时间、就餐地点、付费方式、就餐布置及要求等内容，并请客人签字。

（三）送别客人

客人订餐完毕，订餐员应站起来拉椅让路，送别客人，同时将印有饭店地址、电话号码的餐厅情况介绍卡送给客人，便于客人今后订餐联系。送客时订餐员要点头示意，并欢迎客人下次再来。

二、宴会席位安排礼仪

在宴会接待中，餐桌的具体摆放应根据宴会厅的空间条件而定，各类宴会餐桌摆放与座位安排都要整齐统一，台布折纹要向着一个方向，椅背达到纵横成行，给人以整体美感。

（一）中餐宴会的席位排列

1. 桌次安排

中餐宴会大多使用圆桌，通常 8 ~ 12 人一桌，人数较多时也可以平均分成几桌。一般设有主桌，主桌应安排在所有客人的视线内，而且要求有醒目的标志。布置桌次时应根据餐厅形式和大小来安排，桌与桌之间距离适当，具体距离以方便穿行上菜、斟酒水为宜。座位安排不能太挤，一般每位客人应有 45 公分宽的位置。

(1)由两桌组成的小型宴会桌次

只有两桌的小型宴会,可根据餐厅的具体情况横排或竖排桌次,其具体原则是:当两桌横排时,桌次是以右为尊,以左为卑。这里所说的右和左,是指进入房间、面对正门的位置来确定的。如图 6－1 所示。

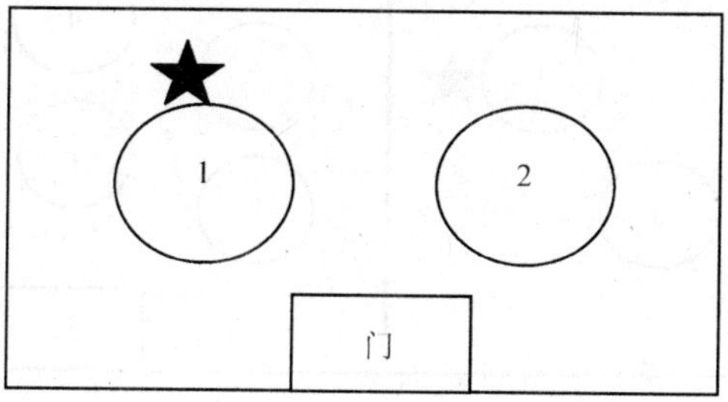

图 6－1　两桌组成的小型宴会横排桌次

当两桌竖排时,桌次讲究以远为上,以近为下。这里所讲的远和近,是以距离正门的远近而言。如图 6－2 所示。

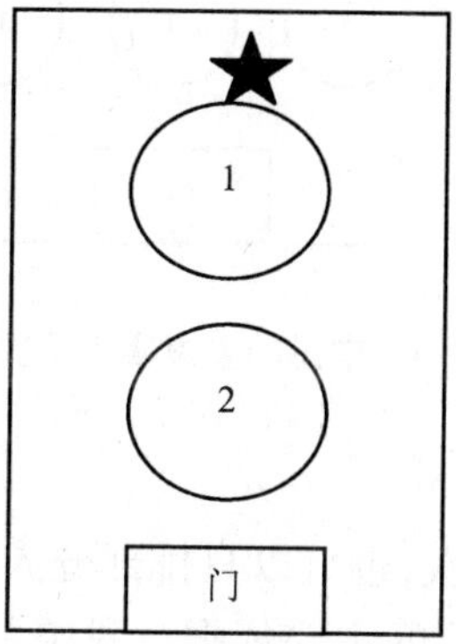

图 6－2　两桌组成的小型宴会竖排桌次

(2)由多桌组成的宴会桌次

在安排多桌宴会的桌次时,要注意"面门定位"、"以远为上"、"以右为尊"的原则,还应兼顾桌次的高低以离主桌位置远近而定,右高左低。桌数较多时,要摆桌次牌,这样既方便宾、主,也有利于管理。宴会所使用餐桌的大小、形状要基本一致。除主桌可以略大外,其他餐桌都不要过大或过小。常见的多桌宴会桌次摆放如图 6－3 所示。

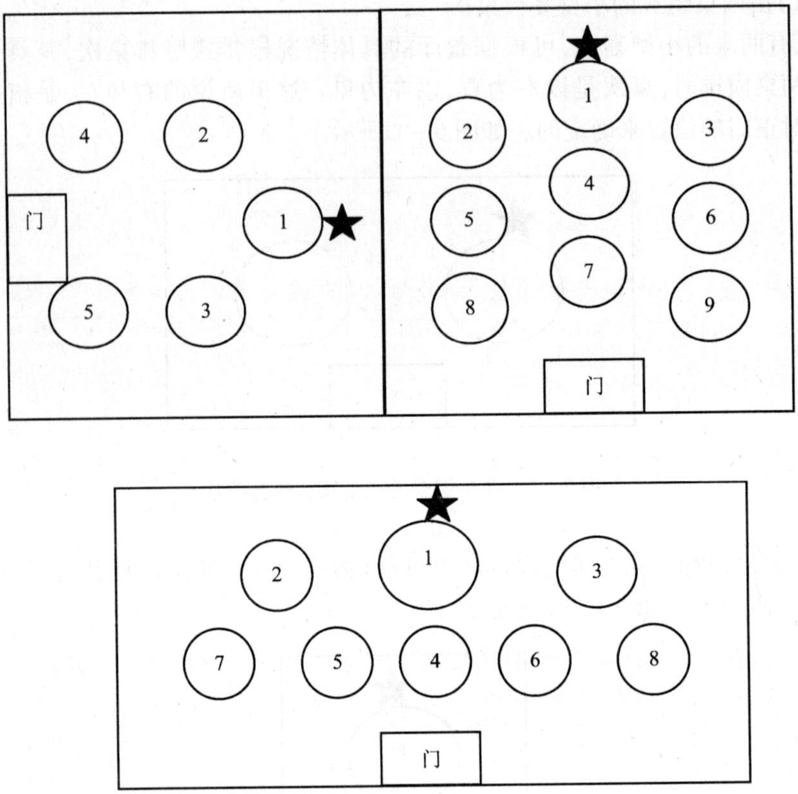

图 6－3　常见的多桌宴会桌次摆放

2. 位次排列

凡正式宴会，一般均排位次，也可以只排部分人的位次，其他人只排桌次或自由入座。礼宾次序是安排座位的主要依据。我国习惯按客人本身的职务排列位次，以便谈话。如夫人出席，通常把女方排在一起，即主宾坐在男主人右上方，其夫人坐在女主人右上方。按外国习惯，主桌上男女穿插安排，以女主人为准，主宾在女主人右上方，主宾夫人在男主人右上方。较为正规的宴会一般都应写好座位卡，并放置在客人的座位前，让客人对号入座，有条不紊。如系中方宴请外方而举行的宴会，那么中文写在上面，外文写在下面。

(1)单主人的位次安排

以主人为中心，按“以右为贵”的原则依次按“之”字形飞线排列，同时要做到主客相间。如图 6－4 所示。

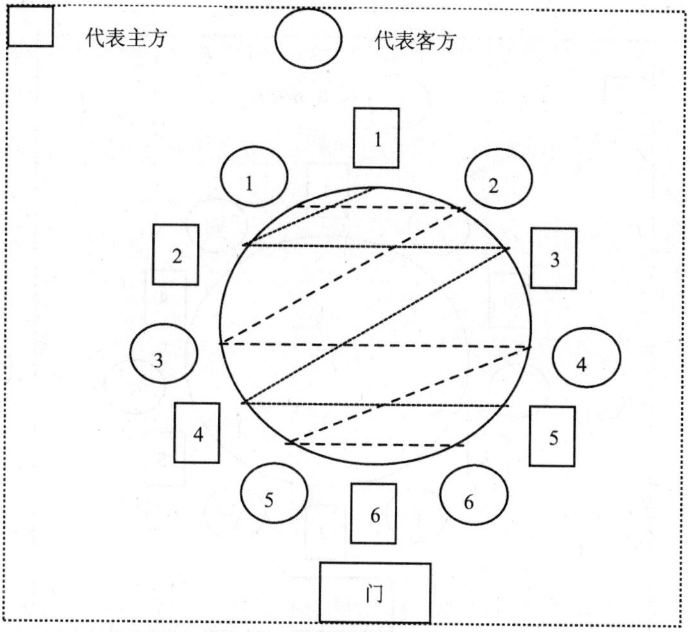

图6－4　单主人的位次安排

(2)男女主人的位次安排

男女主人共同宴请时的位次安排方法是一种主副相对、以右为贵的排列。以男主人为第一主人,女主人为第二主人,女主人位于男主人的对面,主宾和主宾夫人分别在男女主人右侧就座。国际惯例是男主宾安排在女主人右侧,女主宾安排在男主人右侧。如图6－5所示。

在具体安排座位时,还应考虑其他因素。例如,双方关系紧张的应尽量避免安排在一起,身份大体相同或同一专业的可以安排在一起。如果主宾身份高于主人,为表示尊重,也可以安排在主人位子上就座,而请主人坐在主宾的位子上。

为了确保在宴请时赴宴者及时、准确地找到自己所在桌次,可以在请柬上注明赴宴者所在的桌次,并在宴会厅入口悬挂宴会桌次排列示意图,安排引位员引导来宾按桌就座。

(二)西餐宴会的席位排列

1. 西餐宴会桌形

西餐宴会以长桌较为普遍,依据宴会规模及场地可布置成丁形桌、马蹄形桌等方式,而且还要注意桌子之间的距离要安排适当。如图6－6所示。

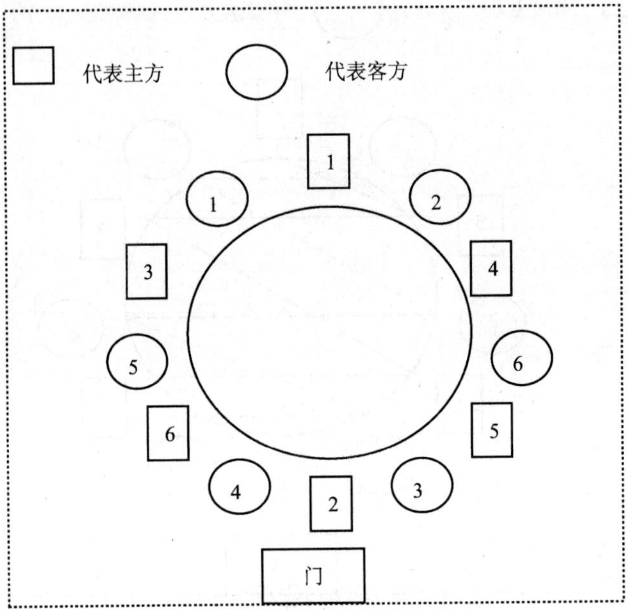

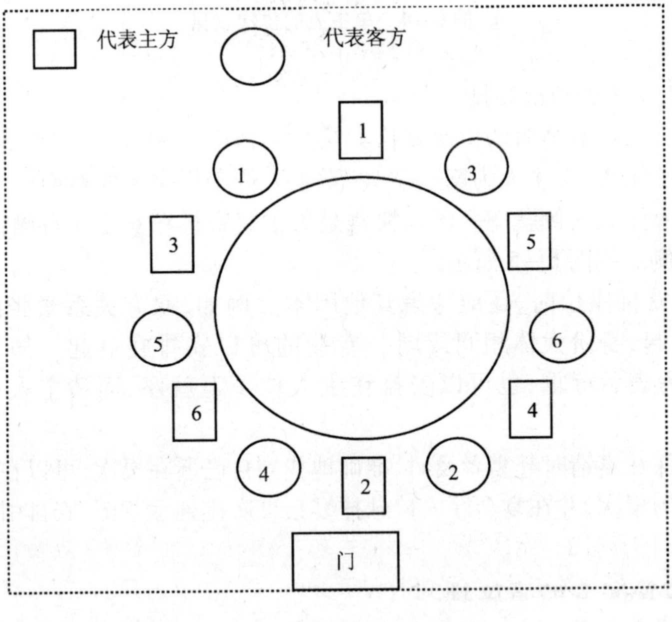

图 6－5　男女主人的位次安排

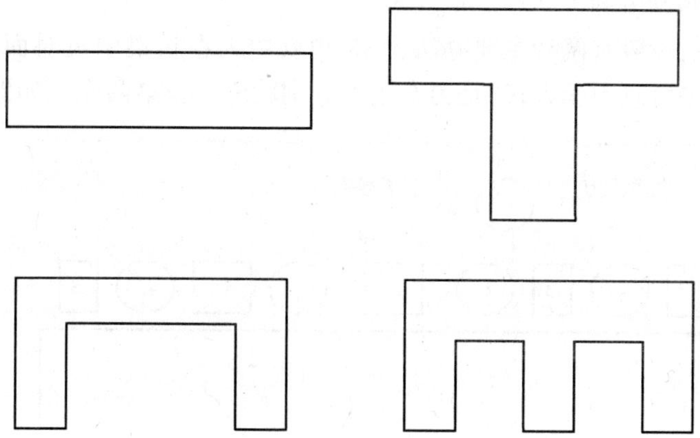

图6-6　西餐宴会桌形示意图

2. 西餐宴会位次安排

(1)位次排列的原则

西餐位次的安排类似中餐的圆桌位次安排，要考虑宾客的地位、政治背景、民族习惯、宗教信仰等，也要考虑客人之间的关系，适当照顾一些特殊情况，不要因此出现不协调局面。同时也应遵循西餐位次的安排原则，具体如下：

①右高左低原则。在排定位次时，通常以右为上座，以左为下座。

②中座为尊原则。一同就座用餐时，坐在中间的人在位次上要高于两侧的人。

③恭敬主宾原则。在西餐中，主宾极其受尊重。在排定位次时，应请男、女主宾分别紧挨着女主人和男主人就座，即使用餐的来宾之中有人在地位、身份、年纪等方面高于主宾，主宾也仍然是主人关注的中心。

④女士优先原则。在排定用餐位次时，主位一般应请女主人就座，而男主人则须退居第二主位。

⑤面门为上原则。面门为上，有时又叫迎门为上。面对正门者是上座，背对正门者是下座，即面对餐厅正门的位子通常在序列上要高于背对餐厅正门的位子。

⑥距离定位原则。一般来说，西餐桌上位次的高低，以离主位的远近而定。在通常情况下，离主位近的位子高于距主位远的位子。

⑦交叉排列原则。男女交叉排列，生人与熟人也交叉排列，这样做最大的好处是可以广交朋友，不过这也要求用餐者最好是双数，并且男女人数各半。

⑧特殊原则。在高档餐厅里，室内外往往有优美的景致或高雅的演出，供用餐者欣赏，这时候，观赏角度最好的座位是上座。在某些中低档餐馆用餐时，通常以靠墙的位置为上座，靠过道的位置为下座。

(2)长桌位次安排

长桌排位,一般有两种主要办法:一是男女主人在长桌中央对面而坐,餐桌两端可以坐人,也可以不坐人;二是男女主人分别就座于长桌两端。如图6-7所示。

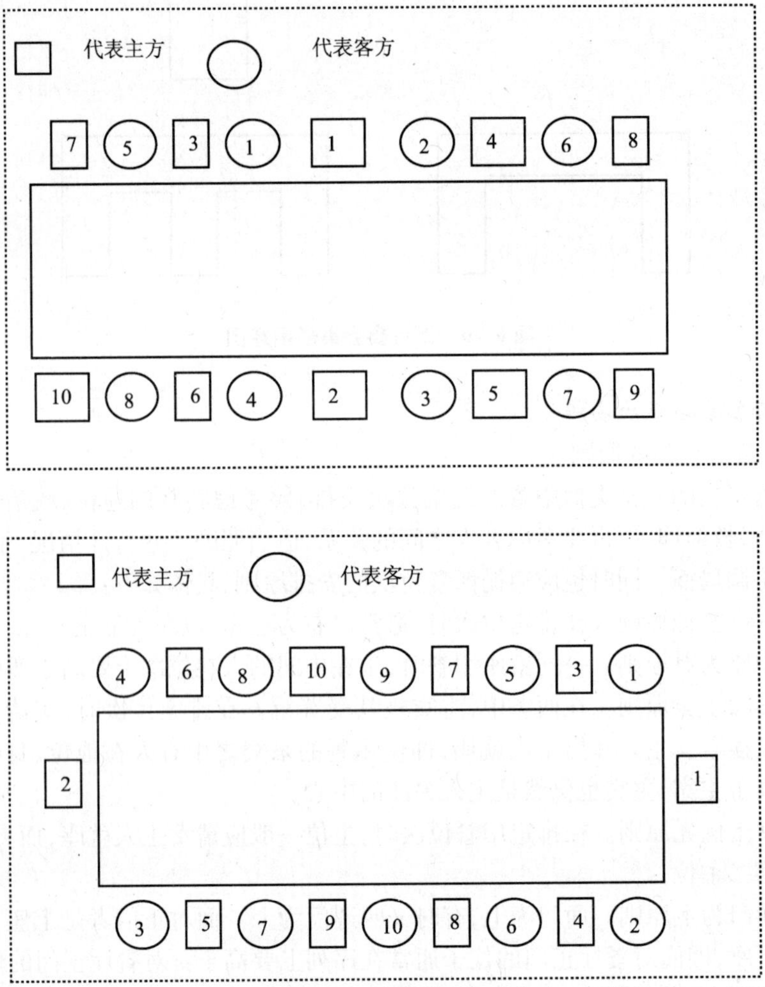

图6-7 长桌位次安排

(3)方桌位次安排

以方桌排列位次时,就座于餐桌四面的人数应相等。在进行排列时,应使男、女主人与男、女主宾对面而坐,所有人均各自与自己的恋人或配偶坐成斜对角。如图6-8所示。

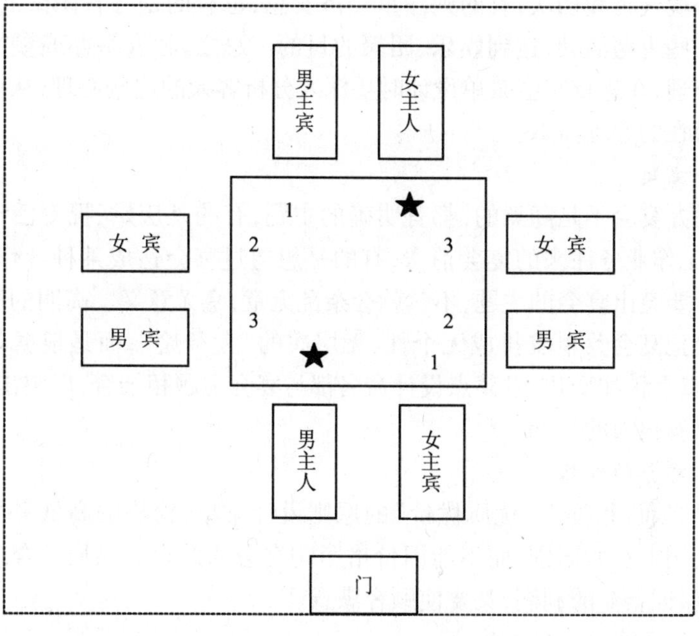

图6－8 方桌位次安排

三、宴会菜单设计

菜点是宴会的重要组成部分,因此必须对菜点进行科学的设计。宴会菜点设计是指对组成一次宴会的菜点的整体设计和具体每道菜的设计,也即是对菜单的合理设计。宴会菜单的设计要点如下:

(一)了解客人,投其所好

宴会菜单是供客人点菜时使用的,用好宴会菜单是使客人宴请达到目的的一种手段,所以宴会菜单设计一定要了解主办单位或主人举办宴会的意图,准确把握客人的特征,了解客人的心理需求,从而使设计的菜单满足客人的爱好和需要。

1. 宾客的饮食习俗

宴会预订员要熟悉主要客源国和地区的风俗习惯及饮食特点,这将有助于宴会菜点种类的确定,特别是在接待外国朋友或其他民族和地区的客人时,更要根据宾客(特别是主宾)的国籍、年龄、民族、职业、信仰宗教、体质以及个人的饮食嗜好和忌讳,分析客人的总体共性需求和个别客人的特殊需要,灵活设计安排宴会菜单。

2. 宾客的心理需求

了解客人饮食习俗的同时,还要分析举办宴会者和参加宴会者的心理。有的客人注重环境气氛和档次，有的则注重经济实惠，也有的是寻找团聚的气氛，借宴会形式搞一些主题活动，达到娱乐、团聚的目的。总之，客人举办或参加宴会有各种各样的心理，在进行宴会菜单设计时要深入分析客人的这些心理，从而满足他们明显的和潜在的心理需求。

3. 宴会主题

客人举办宴会不是随意的，都有明确的主题，有的是庆婚、祝寿活动的喜庆宴会，有的是工作业务往来的宴会消费，有的是想通过宴会达成某种合作等。因此，菜单的设计要突出宴会的主题，不然就会杂乱无章，毫无意义。高明的宴会菜单设计者绝不会把宴会菜单安排成无个性、无层次的“大杂烩”，而是根据各个主题的不同，在菜点上稍加变化，且菜点设计命名都与宴会主题相结合，以突出主题，这对宴会的气氛有很大的影响。

4. 预订宴会的价格

要按照“质价相等”、“优质优价”的原则设计菜单，价格的高低只能体现在食物材料的使用上有所区别，而不能因价格影响宴会的效果和品质。合理设计宴会菜单，既要保证企业的利润，又要使顾客满意。

（二）合理搭配，富于变化

宴会菜单如同一部美妙的乐章，由序曲到尾声，应富有节奏和旋律。因此，在设计菜单时，应注意冷菜、热菜、点心、水果的合理搭配，注意菜点原料、调味、形态、质感及烹调方法的合理搭配，使菜单丰富多彩，使菜点口味各异，令人食用后回味无穷。

（三）注意营养成分

以客人的用餐标准为依据，以科学合理的营养搭配为主要目标，通过丰富的菜点品种、适宜的口味、合理的营养供给和多样的烹饪技法，设计出既符合客人需要，又能保持膳食平衡、能量供给恰当的宴会菜单。

1. 荤素原料的搭配

这是指动物性原料与植物性原料的相互搭配，其搭配品种、数量、比例因人而异。

2. 五色原料的搭配

五色原料习惯指白、绿、红、黄、黑等各种颜色的食物，它们在中式菜点中被广泛应用。不同颜色的烹饪原料营养价值不同，同时还有不同的滋补作用。

3. 五味原料的搭配

五味原料的搭配泛指以酸、甜、苦、辣、咸为代表的各味原料的组合，这在中国菜中十分讲究且有一定的说法。

4. 呈酸性食物与呈碱性食物的搭配

注意食物的酸碱平衡，维持人体正常的 pH 值。在日常膳食中，肉、鱼、蛋等呈酸性食品摄入过量，人体就会感到不适，造成酸中毒或酮中毒；反之，吃素，一点肉也不吃就会冒清口水,这就是碱中毒。

总之,宴会菜单设计需要考虑的因素很多,归根结底只有两点:满足宾客需求和保证饭店赢利。

四、宴会的服务流程接待礼仪

(一)餐前准备礼仪

宴会服务人员应做到"八知"、"三了解"。八知:知台数、知人数、知宴会标准、知开餐时间、知菜式品种和出菜顺序、知主办单位、知收费办法、知邀请对象。三了解:了解客人习惯、了解客人生活忌讳、了解客人特殊要求。

宴会服务人员要根据宴会性质布置会场,包括场景和台形布置。正式宴会一般均要排定席位,席位的安排应与宴会举办单位商量而定。口布折花要明显显示宾主位置,灯光和温度要调到适宜程度。若席间有乐队演奏,则不要离客人太近,乐声宜轻。服务员要准备充足宴会用物,包括宴会使用的各种酒水饮料、茶杯、茶壶、热水及小毛巾等。宴会开始前10~15分钟摆好冷菜,要保持冷菜的拼摆造型,同时要注意荤素搭配,颜色调开。大型宴会开始前10分钟,应将烈性酒和葡萄酒斟好。

(二)热情迎宾礼仪

当客人到达时,服务人员要热情迎宾、礼貌问候。较高级的宴会,餐厅负责人应带领一定数量的服务员在客人到来之前站在餐厅门口迎接。重要宴会入口处是主办单位列队欢迎客人的地方,服务员在主办代表身后,一半列队迎宾,一半引宾入场或帮客人接外衣、拉椅让座。大型宴会应按座号对号引导客人入座。

(三)上菜礼仪

大型宴会上菜速度要以主桌为准,全场统一,做到主桌上哪道菜其余各桌都上哪道菜,不允许任何一桌提前或错后。新上的菜要放在主人和主宾面前,每上一道菜服务员都要主动介绍菜名和风味特点,撤盘要征得客人同意。鸡、鱼腹部要面向主人及主宾。若菜点有图案,则图案正面朝向主人和主宾。热菜一般都要派菜,派菜时从主人右侧第一位客人开始,最后一位到主人。

(四)看台礼仪

客人入座后,服务员要打开餐巾铺在客人的餐盘下。宾主致辞时,服务人员要停止一切活动,以保持场面的安静和宴会的气氛;宾主致辞即将结束时,服务员要迅速把酒斟好,以供主人和主宾祝酒用。宾主到其他餐桌敬酒时,服务员应手持酒瓶跟随在宾主身后随时准备斟酒。宴会进行中,递送香巾的程序是喝完汤、吃完海鲜、吃完水果后各送一次,从客人的右侧送上,放在每位客人餐盘的右边。当众多客人同时要求服务时,要用眼睛、手势语言等示意自己已经看到,马上就来。

若发现烟缸中有两个以上的烟头,就要换上新的烟缸。要热情解答客人提出的问题,对不易回答的问题应灵活应变,并找机会请示经理。当餐桌上水果用完后,就可以撤掉水果盘、餐盘和刀叉,并在餐桌上摆好鲜花,表示宴会结束。在宴会接待中服务员不要聚在一起,不要歪身倚在墙上或服务台上,不要碰撞,不要吃东西,工作前不吃葱、蒜等食品。

拓展知识

体态语言①

要成为好的服务者,首先就要成为一个善于沟通的人。服务员整天与客人打交道,时时刻刻离不开沟通。在服务过程中,与客人沟通经常使用的方法是听、说、写及体语,体语就是体态语言。你的一个动作、一个眼神及面部表情都将影响着你与客人之间的每一次沟通过程是否完美。

体态语言也称为视觉沟通,在沟通过程中占据55%的信息量,它包括目光、身体的姿态、手势动作及面部表情。

1. 关于目光

在沟通过程中用目光注视对方,是体态语言沟通方式中最有力的一种。当你在交流过程中使用目光接触时,你实际上是在说:"我对您感兴趣,我在关注您。"目光接触是对对方的尊重。反之当你避免目光接触时,一般会认为你对自己没有把握、在说谎或者对他们毫不在意等,因此会产生负面影响。

2. 关于身体的姿态

含胸塌背、无精打采,都在告诉客人你或是疲倦或是缺乏自信或是感到无聊,这些都将给客人留下不良印象,影响饭店的整体形象。服务员的姿态应该潇洒自信,要显得自我感觉良好,对工作充满信心。

3. 关于手势动作

手势动作包括你讲话时手、臂、肩甚至头部的动作,借助手势动作可辅助你解释问题或支持你的说法。手势动作能够添加信息,能够反映出一个人的自身修养程度及心理素质是否良好,如服务员摆弄头发、咬嘴唇等都会使人觉得其正在感到不自然或过于随便,这样就会使客人产生疑虑。

4. 关于面部表情

你的面部表情在很大程度上显示出你的态度。大多数人在沟通时会注意对方

① http://wenwen.soso.com/z/q93315506.htm.

的表情,他们能从你的面部表情里看出你是喜是忧、是怒是乐。面部表情是非常自然的东西,呆板的面部表情难以让人接受。面部表情不是总与言语一致,出现不一致时,人们往往相信面部表情,而不是你的言语。由此可见面部表情在沟通过程中起着很重要的作用。

(五)送客礼仪

客人用餐完毕起身离座,服务员应为客人拉开椅子,提醒客人不要遗忘个人物品,并将客人送到餐厅门口。大型宴会,服务员应列队于餐厅门口两侧,热情欢送客人。

特别提示

大型宴会服务注意事项[1]

1. 如果有2名服务员同时为一名客人服务,不应在客人的左右同时服务,令客人左右为难,应讲究次序。

2. 动作不要过于求快,将物品堆积于工作台而疏于清理,这样不利于提高工作效率。如是有骨头的,每次撤出骨碟时,应先将骨头杂物拿走。

3. 如客人挡住去路或妨碍你的工作时,应礼貌地说:“请让一让,谢谢。”不能粗鲁地越过客人取物或从客人身边挤过。

4. 上菜报菜名,声音要适度,以让客人听清为宜。分鸡、鱼等不能只分一个部位给客人,要均匀搭配。假如一次分不完的菜式或汤,要主动分第二次。

5. 分给客人的菜碟上切忌有汁、汤滴于碟边而直接递给客人。

6. 分完一道菜后,应抓紧时间做斟酒、换烟缸、收拾工作台等工作,不能一味站着等下一道菜。

拓展知识

中餐餐具使用礼仪[2]

一、使用筷子的禁忌

中国人使用筷子用餐是从远古流传下来的,古时又称其为“箸”。日常生活当

① http://www.canyin168.com/glyy/yg/ygpx/yhfw/200707/7418.html.

② http://baike.baidu.com/view/603979.htm. http://218.68.0.220/etiquette/yanqing/zc.html.

中对筷子的运用是非常有讲究的。一般我们在使用筷子时，正确的使用方法讲究用右手执筷，大拇指和食指捏住筷子的上端，另外三个手指自然弯曲扶住筷子，并且筷子的两端一定要对齐。在使用过程当中，用餐前筷子一定要整齐码放在饭碗的右侧，用餐后则一定要整齐地竖向码放在饭碗的正中。

二、使用匙的礼仪

在一般情况下，尽量不要单用匙去取菜。用匙取食物时，不宜过满，免得溢出来弄脏餐桌或自己的衣服。必要时，可在舀取食物后，在原处暂停片刻，待汤汁不再滴流后，再移向自己享用。使用匙时要注意下列四点事项：①使用汤匙要用右手。右手执筷同时又执汤匙是最忌讳的。②用匙子取用食物后，应立即食用，不要把它再次倒回原处。③若取用的食物过烫，不可用匙将其折来折去，也不要用嘴对它吹来吹去。④食用匙里盛放的食物时，尽量不要把匙子塞入口中，或反复吮吸它。

三、使用碗的礼仪

碗在用餐时主要是盛放主食、羹汤之用的。在正式场合用餐时，用碗的注意事项有：不要端起碗来进食，尤其是不要双手端起碗来进食；食用碗内盛放的食物时，应用筷、匙加以辅助，切勿直接下手取用，或不用任何餐具以嘴吸食；碗内若有食物剩余时，不可将其直接倒入口中，也不能用舌头伸进去乱舔；暂且不用的碗里面不宜乱扔东西。

四、使用盘子的礼仪

盘子在中餐中主要用以盛放食物，其使用方面的讲究与碗大致相同。盘子在餐桌上一般应保持原位，不要挪动，而且不宜多个叠放在一起。取放的菜肴不要过多，否则看起来既繁乱不堪，又有欲壑难填之嫌。不要将多种菜肴堆放在一起，弄不好它们会彼此相克，相互串味，不好看，也不好吃。不宜入口的残渣、骨、刺不要吐在地上、桌上，而应将其轻轻取放在骨碟前端，必要时再由侍者取走、换新。

五、辅助餐具的使用礼仪

水杯：水杯主要用来盛放清水、汽水、果汁、可乐等，不必用它来盛酒，也不能倒扣水杯。另外，喝进嘴里的东西不能再吐回水杯。

餐巾：用餐前，比较考究的话，会为每一位用餐者上一块湿毛巾。它只能用来擦手。擦手后，应该放回盘子里，由服务员拿走。有时会在正式宴会完毕前，再上一块湿毛巾，和前者不同的是，它只能用来擦嘴，却不能擦脸、抹汗。

牙签：主要用来作剔牙之用。用餐时，尽量不要当众剔牙。非剔不行时，应以另一只手掩住口部进行，切勿张大嘴巴。剔牙之后，不要长时间叼着牙签。取用食物时，也不要用牙签扎取。

第四节 酒吧接待礼仪

酒吧是为客人提供酒水饮料,并让其欣赏音乐、消除疲劳、进行交际娱乐的场所。酒吧重在气氛与格调,酒吧服务接待必须与高雅、幽静的酒吧氛围相协调。

一、迎宾礼仪

营业前5分钟,服务员应保持良好的仪容仪表,恭候客人的光临,礼貌地引领客人入座。

二、点酒礼仪

服务员恭敬地用双手将清洁的酒单递给客人,站立客人左侧,同时将今日特色酒或优惠酒介绍给客人参考。服务员要对各种酒非常熟悉,能够灵活自如地回答客人的问题,并根据各种酒的特性向客人提出最佳的建议。当客人一时拿不定主意时,要热情地予以推荐。客人点酒时要仔细倾听,按照客人的要求做好记录,特别要留心客人的细小要求。核实无误后立即开票。

三、上酒礼仪

上酒水饮料时均用托盘,从客人的右侧送上,以便客人饮用。上酒时要先宾后主,先女后男,不可一次将其他客人的酒全部上齐而只剩下一位客人面前什么也没有。对背向的客人上酒时要招呼一声,提醒客人注意,以免碰翻酒水饮料。

如果是为客人上存酒,则要显示出商标以后再开瓶。要注意瓶口始终不能对着客人,开瓶后将少许酒倒入男主人的酒杯内,等待主人试酒,如果认为满意,在主人示意后方可为客人倒酒。如果客人要的是瓶装酒,应用左手托瓶底、右手扶瓶口、商标面向客人,待客人确认后方可当面打开瓶盖为客人斟倒。开瓶时应站在男主人右侧,身体稍侧。开启后的酒瓶,一般放在主要客人的右侧,开启后的封皮、木塞等物在离开餐桌时一起带走。斟酒时服务员应站在客人右侧,用右手侧身斟酒。斟白酒最好不超过酒杯的3/4,啤酒1/2杯左右即可,红酒不超过2/3杯为宜。

特别提示

斟酒注意事项[①]

1. 为客人斟酒不可太满,瓶口不可碰杯口。

2. 斟酒时,酒瓶不可拿得过高,不要太急速,注意控制酒液流出的速度,以防酒水溅出杯外。

3. 斟啤酒时,一要速度慢,二要酒瓶倾斜,瓶口留有空隙,三要尽可能减少晃动,让酒沿着杯的内壁徐徐倒入,避免泡沫溢出杯外。

4. 啤酒、汽水混合斟在一只杯中时,应先斟汽水后斟啤酒,以防汽水对啤酒的冲击。

5. 斟酒时只能在一个位置为一个宾客斟倒,不准左右开弓,不准隔位斟,不准反手斟。

6. 当因操作不慎将杯子碰倒时,应立即向客人表示歉意,同时在桌上洒下的酒水痕迹处铺上干净的餐巾。

四、调酒师礼仪

调酒师取身后物品时应斜身取,每次斟酒后,都应将酒瓶放回原处。快空的酒瓶里的酒不要卖给客人,变质变味的酒水饮料不能出售。讲究卫生,尊重客人的选择,要严格按照客人的要求和标准进行操作,摇晃调酒壶的动作要适度。调酒时不要背向客人,要态度认真,神情专注,不随便敷衍。记住常客的姓名及喜爱的酒水,热情为其提供服务,会使客人感觉备受尊重。

五、结账礼仪

不可催促客人结账,若客人示意结账时,则尽快用托盘将账单送到客人面前,请客人核查。客人付款时,应当着客人面小声核对清楚;如付款的客人醉了,要当着他的同伴面核对,避免发生纠纷或误会。客人离去时要提醒客人携带随身物品,并礼貌送别,诚邀客人再次光临。

六、注意事项

在服务中,不管哪位客人要酒,服务员都必须动作优雅、态度温和、笑脸相迎,

---

① http://www.canyin168.com/Print.aspx? id=1334.

以此显示对客人的尊重。斟完酒,服务员应退到一旁,绝不能偷听客人的谈话。与客人交谈时,要记住自己的身份和职责,不能因与一些客人交谈而忽视照料其他客人。

不能催促客人快喝酒,不能因客人的某些举动而表现出不耐烦。服务员要记住酒吧里酒的名称、品种、价格、特点等信息,以便准确回答客人的问题,及时向客人推销酒水。如果酒吧设有电视或音响设备,在选择电视频道和音乐类型时应考虑客人的喜好。发现醉酒客人要及时妥善处理,以免影响其他客人,破坏气氛。在服务过程中,服务员要注意站立的姿态和位置。

拓展知识

谈话礼节①

谈话礼节是在与宾客谈话时应具有的礼节。一般来说,与客人谈话时,必须站立,态度温和、耐心,集中精力,双目注视对方。常用语有"是"、"好的"、"明白了"、"麻烦您了"、"不客气"、"请别在意"、"不,一点都不麻烦"、"对不起"、"谢谢"等。

与客人谈话时要注意以下几点:

1. 与客人谈话,一般只谈与服务工作有关的事情。

2. 与客人谈话时,应本着实事求是的原则,不要随便答复自己不清楚或不知道的事情,对在服务范围以外和自己无把握办到的事情,不要轻易许诺客人。

3. 同客人交谈时,应态度诚恳、和蔼可亲,音量高低以能使对方听清为宜。谈话时应面对客人,尽量不用手势。在客人面前不可有不文雅的举动,如挠头抓耳等。打喷嚏时,应将脸转向一侧,并用手帕遮住口鼻。

4. 同客人谈话时,应注意自己服务人员的身份,讲话要有分寸,称赞客人要得体,应做到谦虚有礼。

5. 可与客人以有关酒水、饮料、天气、旅游风光、体育运动为话题进行交谈,但不能问及客人的经济收入、婚姻状况、宗教信仰、年龄等情况。

6. 与客人谈话时,应保持站立姿势,注意倾听客人的发言,不要随便插嘴。对客人的话如果没有听清楚,可以再请客人讲一遍,但不能有急躁或厌烦的表情。

7. 同两个以上的客人谈话时,不能只和一个人谈而冷落其他客人。如遇此时有其他人插进来与你说话,不应把脸背对着你原来与之谈话的客人。如需离开时,应先向客人表示歉意后,后退一步再转身离去。

---

① http://wulijun1456.blog.163.com/blog/static/5060114920104249390407.

8. 客人之间进行交谈时，不可驻足旁听。如有事需与客人联系，则应先打招呼，并表示歉意。

第五节 茶艺礼仪

中国是文明古国、礼仪之邦，素有客来敬茶的习俗。茶是礼仪的使者，可融洽人际关系，在整个茶事活动中，礼仪应始终贯穿其中，语言、行为表情、服饰是构成茶艺礼仪最基本的三大要素。

拓展知识

茶艺员礼仪之美①

一位推销大师说得好：推销自己比推销商品更重要。作为茶艺员，老板并不在乎你今天让客人消费了多少，他更在乎的是客人能否回头再来。一些有远见的茶馆老板，非常留意有多少高层次、高品位的客人是因你而来，因为作为茶人，茶馆老板是儒商，高朋满座是他的追求。茶艺员吸引贵客靠的是自己的人格魅力，那么，怎样做足自己，实现个性化服务呢？

1. 微笑。茶艺员的脸上永远只能有一种表情，那就是微笑。有魅力的微笑，发自内心的得体的微笑，对体现茶艺员的身价十分重要。茶艺员每天可以对着镜子练微笑，但真诚的微笑发自内心，只有把客人当成了心中的上帝，微笑才会光彩照人。

2. 语言。茶艺员用语应该是轻声细语。但对不同的客人，茶艺员应主动调整语言表达的速度，对善于言谈的客人，你可以加快语速，或随声附和，或点头示意；对不喜欢言语的客人，你可以放慢语速，增加一些微笑和身体语言，如手势、点头等。总之，与客人步调一致，你才会受到欢迎。

3. 交流。茶艺员讲茶艺不要讲得太满，从头至尾都是自己在说，这会使气氛紧张。应该给客人留出空间，引导客人参与进来，除了让客人品茶外，还要让客人开口说话。引出客人话题的方法很多，如赞美客人，评价客人的服饰、气色、优点等，这样可以迅速缩短你和客人之间的距离。

4. 功夫。这是茶艺员的专业。知茶懂茶、知识面广、表演得体等，是优秀茶艺员应具备的先决条件。

---

① http://club. china. alibaba. com/forum/thread/view/79_9649685_0. html.

一、准备礼仪

（一）着装得体

茶艺员着装颜色、式样与茶具、茶馆环境要协调。茶艺员的服装颜色不宜太鲜艳，袖口不宜过宽，否则不方便泡茶。

（二）发型整齐

茶艺员的头发应梳洗干净，避免前额头发散落而挡住视线。

（三）面部干净

在茶事活动中泡茶者可着淡妆，指甲须修剪平整，切忌涂指甲油。

（四）举止优雅

茶艺服务中的每一个动作都要圆活、柔和、连贯，而动作之间又要有起伏、虚实、节奏，这样才能给人一种赏心悦目的感觉。

二、热情迎接礼仪

服务人员要微笑迎客，礼貌问候，主动为客人开门，并询问客人品茶人数。要讲普通话，声音柔美，吐字清楚。

三、引客入座礼仪

茶艺员要根据客人的人数、品饮要求以及是否预订等信息为其选择合适的座位或者包间，同时也要尊重客人的意见。对于初次到来的客人，应向客人简单介绍茶室布局和品茶环境。同时，茶艺员要善于观察，通过察其意、观其身、听其言、看其行，对顾客进行准确的定位，以便为其提供有针对性的服务。

四、点单礼仪

根据季节为客人送上冷、热毛巾，双手递上茶单，等待客人点茶。若客人请服务员推荐，则要根据客人的消费需求、年龄喜好以及品饮季节等因素，为客人推荐适合的茶品，并介绍其特点。若有促销活动时，则应向客人介绍促销产品的具体信息，如产地、质量、价格等。回答客人问询时音量要适中、语气要亲切。客人选定茶叶、茶点后，应复述客人所点内容，得到确认后准确迅速下单。在下单后 10 分钟内，为客人奉上茶点。

五、冲泡奉茶礼仪

第一，展示茶叶。在正式冲泡前，应先向客人展示所点的茶叶，待客人确认后，提供下一步服务。

第二,清洁茶具。在泡茶前用沸水冲淋茶壶、茶杯,这样不但可以使茶具更为清新洁净,而且可以提高茶具的温度,有利于茶香的蕴发。

第三,投放茶叶。服务人员应向客人询问茶叶的投放量,按照客人的具体口味需求投放茶叶,掌握好茶汤的浓度。

第四,冲水。根据所冲泡的具体茶叶,将烧好的沸水凉至合适的温度,采用科学的手法冲水。

第五,焖茶。对于那些茶质粗老、外形紧结的茶叶(如铁观音、沱茶等)在冲水后需要焖泡一段时间,以利于茶香、茶味的释出。

第六,分茶。将冲泡好的茶汤均匀地分到各杯中,斟至茶杯的2/3即可。分茶一定要注意茶汤的色泽、浓淡一致。

第七,敬茶。双手捧住茶杯的下半部,双眼平视客人,面带微笑,将茶杯放在客人前面的茶桌上,并礼貌地说"请用茶"。

第八,品饮。待每位客人都拿到茶杯后,征求客人意见是否需要演示品茶动作,若需要则为其演示。

特别提示

泡茶礼仪①

第一,茶具一定要洁净,包括茶杯、茶壶、托盘及装茶叶的罐、盒。

第二,取茶叶要用专用的器皿——竹制或木制的茶勺,也可用不锈钢或陶制的勺代替,不要用手抓。

第三,要用双手敬茶,杯把在客人的右边。敬茶时要用茶托盘,如果没有,也要用小茶碟,一手托着小茶碟底部,一手扶着茶杯,双手捧上。手指不能触及杯沿。

第四,第一杯茶要敬给来宾中的年长者,如果是同辈人,应当先请女士用茶。

第五,浅茶满酒。说的是给客人斟酒要倒满,敬茶只需七八分满。

六、茶间服务礼仪

服务人员应随时观察客人的饮茶情况,及时为茶壶续水以及为客人续斟茶水。续茶次序为先宾后主,先女后男。掌握茶船内废水的容量,及时更换茶船内的废水。根据茶叶的特性,提醒客人更换茶叶,更换前应征得客人的同意,如客人同意

① http://zhidao.baidu.com/question/19103995.html.

更换，泡茶服务同上。如果客人点了茶点或是小吃，服务人员应及时清理桌面，保持桌面的整洁干净，以便放茶点或是小吃。

七、结账送客礼仪

当客人示意结账时，茶艺员应问清付款方式，并告知收银台结账。递账单时，身体前倾，声音放低但清楚地报出所消费金额，找零及发票放入收银夹内递送给客人。结账后，提醒客人将未用完的茶叶及茶叶罐带走，如是会员，可提醒客人存放茶叶。客人起身要离开时，主动为客人拉开座椅，送上衣帽，并提醒客人携带好随身物品，与客人热情告别，欢迎再次光临。客人离开后，检查是否有未燃尽的烟头。

八、服务注意事项

进入包房前要先敲门，得到允许后方可进入，服务毕将门关好后离开。如果使用较特殊的长嘴大铜壶，要注意不让长壶嘴碰到客人。若客人对茶有异议时，应作出准确、合理的解释。当客人提出无理要求时，要保持冷静并及时报告领班或经理处理。茶艺员要用心去泡每一杯茶，让每位客人喝到称心的茶，喝到茶香、茶味俱佳的茶。

案例分享

如此餐饮销售①

宾馆气派豪华，在灯红酒绿的中餐厅，客人熙熙攘攘，服务员小姐在餐桌之间穿梭忙碌。一群客人走进餐厅，引位员立即上前，把客人引到一张空桌前，让客人各自入座，正好十位坐满一桌。

服务员小李及时上前给客人一一上茶。客人中一位像是主人的先生拿起一份菜单仔细翻阅起来。小李上完茶后，便站在那位先生的旁边，一手拿小本子，一手握支笔，面含微笑静静地等待先生点菜。那位先生先点了几个冷盘，接着有点犹豫起来，似乎不知点哪道菜好，停顿了一下，便转向小李说："小姐，请问你们这儿有些什么海鲜菜肴？""这……"小李一时有点回答不上来，"这就很难说了，本餐厅海鲜菜肴品种档次各有不同，价格也不同，再说不同的客人口味也各不相同，所以很难说哪个海鲜菜肴特别好。反正菜单上都有，您还是看菜单自己点吧。"小李的一席话说得似乎头头是道，但那位点菜的先生听了不免有点失望，只得应了一句："好

① http://www.canyin168.com/Print.aspx? id=3544.

吧,我自己来点。”于是,他随便点了几个海鲜和其他一些菜肴。

当客人点完菜肴后,小李又问道:“请问先生要什么酒水和饮料?”客人答道:“一人来一罐青岛啤酒吧。”接着客人又问:“饮料有哪些品种?”小李一下子来了灵感,忙说道:“本餐厅最近进了一批法国高档矿泉水,有不冒气的 eviau、perrier 和冒汽的 perrier 两种。”“矿泉水?”客人听了感到意外,看来矿泉水不在他考虑的饮料范围内。“先生,这可是全世界最有名的矿泉水呢。”客人一听,觉得不能在朋友面前丢了面子,便问了一句:“那么哪种更好呢?”“那当然是冒气的那种好了!”小李越说越来劲。“那就来 10 瓶冒气的法国矿泉水吧。”客人无可选择地接受了小李的推销。

服务员将啤酒、矿泉水打开,冷盘、菜肴、点心纷纷上来,客人们在主人的盛情招待下美餐一顿……

最后,当主人结账时一看账单,不觉大吃一惊,原来 1400 多元的总账中,10 瓶矿泉水竟占了 350 元。他不满意地嘟囔一句:“矿泉水这么贵呀!”“那是世界上最好的法国名牌矿泉水,卖 35 元一瓶,是因为进价就要 18 元呢。”收银员解释说。“原来如此,不过刚才服务员可没告诉我价格呀。”客人显然很不满意,付完账后便很快离去。

思考题:

1. 用你学过的知识分析服务员小李在服务过程中的不当之处。

2. 服务员应当如何接待客人点菜?

微笑也要有分寸①

某日华灯初上,一家饭店的餐厅里客人满座,服务员来回穿梭于餐桌和厨房之间,一派忙碌气氛。这时一位服务员跑去向餐厅经理汇报,说客人投诉有盘海鲜菜中的蛤蜊不新鲜,吃起来有异味。

这位餐厅经理自信颇有处理问题的本领和经验,于是不慌不忙地向投诉的客人那个餐桌走去。一看,那不是熟主顾老食客张经理吗?他不禁心中有了底,于是迎上前去一阵寒暄:“张经理,今天是什么风把您给吹来了,听服务员说蛤蜊不大对您老胃口……”这时张经理打断他说:“并非对不对胃口,而是我请来的香港客人尝了蛤蜊后马上讲这道菜千万不能吃,有异味,变了质的海鲜,吃了非出毛病不可!我可是东道主,自然要向你们提意见。”餐厅经理接着面带微笑,向张经理进行解释,蛤蜊不是鲜货,虽然味道有些不纯正,但吃了不会要紧的,希望他和其余客人谅

① http://www.gznc.edu.cn/jpk/lyxy_lyly/003/303.htm.

解包涵。

不料此时，在座的那位香港客人突然站起来，用手指指着餐厅经理的鼻子大骂起来，意思是，你还笑得出来，我们拉肚子怎么办？你应该负责任，不光是为我们支付治疗费而已。这突如其来的兴师问罪，使餐厅经理一下子怔住了！他脸上的微笑一下子变成了哭笑不得。到了这步田地，他揣摩着如何下台阶，他在想，总不能让客人误会刚才我面带微笑的用意吧，又何况微笑服务是饭店员工首先应该做到的。于是他仍旧微笑着准备再作一些解释，不料，这次的微笑更加惹起了那位香港客人的恼火，他甚至于流露出想动手的架势，幸亏张经理及时拉拉餐厅经理的衣角，示意他赶快离开现场，否则就难以收场了。

事后，这一微笑终于使餐厅经理悟出了一些道理来。

思考题：

1. 分析餐厅经理在处理客人投诉时存在哪些问题？

2. 如果你是餐厅经理，你该如何应对？

如此服务用语①

在某地一家饭店餐厅的午餐时间，来自台湾的旅游团在此用餐，当服务员发现一位70多岁的老人面前是空饭碗时，就轻步走上前，柔声说道："请问老先生，您还要饭吗？"那位先生摇了摇头。服务员又问道："那先生您完了吗？"只见那位老先生冷冷一笑，说："小姐，我今年70多岁了，自食其力，这辈子还没落到要饭吃的地步，怎么会要饭呢？我的身体还硬朗着呢，不会一下子完的。"

思考题：

1. 请分析案例中服务人员的服务用语有何不妥？

2. 按照餐饮接待礼仪要求服务员应该怎样做？

送客服务②

一个深秋的晚上，三位客人在南方某城市一家饭店的中餐厅用餐。他们在此已坐了两个多小时，仍没有去意。服务员心里很着急，到他们身边站了好几次，想催他们赶快结账，但一直没有说出口。最后，她终于忍不住对客人说："先生，能不能赶快结账，如想继续聊天请到酒吧或咖啡厅。"

"什么！你想赶我们走，我们现在还不想结账呢。"一位客人听了她的话非常

---

① http://www.gznc.edu.cn/jpk/lyxy_lyly/003/303.htm.

② http://www.gznc.edu.cn/jpk/lyxy_lyly/003/303.htm.

生气,表示不愿离开。另一位客人看了看表,连忙劝同伴马上结账。那位生气的客人没好气地让服务员把账单拿过来。看过账单,他指出有一道菜没点过,但却算进了账单,请服务员去更正。这位服务员忙回答客人,账单肯定没错,菜已经上过了。几位客人却辩解说,没有要这道菜。服务员又仔细回忆了一下,觉得可能是自己错了,忙到收银员那里去改账。

当她把改过的账单交给客人时,客人对她讲:"餐费我可以付,但你服务的态度却让我们不能接受。请你马上把餐厅经理叫过来。"这位服务员听了客人的话感到非常委屈。其实,她在客人点菜和进餐的服务过程中并没有什么过错,只是想催促客人早一些结账。

"先生,我在服务中有什么过错的话,我向你们道歉了,还是不要找我们经理了。"服务员用恳求的口气说道。

"不行,我们就是要找你们经理。"客人并不妥协。

服务员见事情无可挽回,只好将餐厅经理找来。客人告诉经理他们对服务员催促他们结账的做法很生气。另外,服务员把账又多算了,这些都说明服务员的态度有问题。

"这些确实是我们工作上的失误,我向大家表示歉意。几位先生愿意什么时候结账都行,结完账也欢迎你们继续在这里休息。"经理边说边让那位服务员赶快给客人倒茶。在经理和服务员的一再道歉下,客人们终于不再说什么了,他们付了钱,仍面含余怒地离去了。

思考题:

1. 请分析案例中客人产生不满的原因是什么?

2. 在送客服务中,服务员应注意什么问题?

思考与练习

1. 中餐看台礼仪有哪些注意事项?
2. 正式的西餐全套餐点上菜顺序是怎样的?
3. 简述宴会订餐接待礼仪。
4. 中餐宴会怎样进行席位排列?
5. 宴会菜单的设计要点包括哪些?
6. 酒吧接待礼仪有哪些注意事项?
7. 如何为客人冲泡奉茶?

第七章 酒店住宿接待礼仪

引 言

酒店行业由于其特殊性，需要与其他各行各业的人员和组织进行广泛的接触，其中不同的接待岗位由于特点不同，所以服务内容不同，进而对接待礼仪的规范要求就有所区别，因此掌握酒店住宿接待礼仪是十分必要的，是酒店住宿接待人员提高服务质量、赢得客人满意的重要保障。

学习目标

1. 了解酒店住宿接待各服务岗位上对礼仪规范的要求。
2. 掌握酒店前厅部和客房部的接待服务礼仪。

第一节　前厅服务礼仪

前厅部(Front Office)主要负责招徕并接待客人，销售饭店相关产品和服务，协调饭店各部门之间的关系，为饭店决策层及各相关职能部门提供相关信息参考。前厅部通常由客房预订处、礼宾服务处、接待处、问讯处、前台收银处、大堂副理、电话总机、商务中心等组成。客人对前厅各组成部分的服务礼仪的感受将直接反映出饭店的服务质量和管理水平，从而影响饭店的经济效益和整体形象。

一、门厅迎送服务礼仪

门厅迎送服务主要由门童负责。门童也叫司门员或者门卫，一般由外表出众、讲究礼仪的人担任，其工作装高雅华丽，门童上岗前，要做好仪表仪容的自我检查，做到服饰挺括，端庄大方。门童上岗后应面带微笑，站姿端正，精神饱满，随时恭候客人的光临。

(一)接站服务礼仪

对于一些重要客人,应客人要求,酒店要派人去机场、车站、码头接机、接站。

1. 制作接机、接站标志牌

标志牌要制作规范,符合酒店的形象设计。接机、接站车辆应符合客人事先的要求。

2. 提前到达

接机、接站人员应提前到达指定地点迎候宾客,平稳举拿标志牌,抬头挺胸,站姿端正,微笑着目视出站口。

3. 主动问候

见到客人应主动问候,应正确称呼客人的姓名或职务,应得体地进行自我介绍。

4. 与客人保持适当的距离

为客人引路时,接机、接站人员应与客人保持适当的距离,应根据客人的职务、路况和环境等因素综合考虑选择合适的位置提供服务,把方便留给客人。

5. 合理停放车辆

接机、接站车辆应按照交通法规合理停放,停靠位置应方便宾客上下车。

6. 做好上下车服务

接机、接站人员应根据不同车辆选择合理的站位,协助宾客上下车。安排座位应符合座次礼仪并照顾宾客的意愿。开关车门动作应轻缓,应适时为宾客护顶,且护顶时应尊重宾客的宗教信仰。如果是信仰佛教或伊斯兰教的客人,因教规习俗,不能为其护顶。

拓展知识

泰国人大多信奉佛教,佛教是泰国的国教。泰国人忌讳随便触摸别人头部,除了和尚之外,任何人都不能随便触摸别人的头部,否则就是对他们的一种极大侮辱。泰国的乡村人士对握手礼也看不惯,甚至不欢迎。他们忌讳有人用脚踢门或用脚指东西,认为这是有伤风化和不礼貌的举止。他们忌讳别人拿着东西从他们头上掠过,认为这是极不礼貌的举动,是有意对他们的侮辱。他们忌讳左手服务,认为左手不洁净,还会令人回想起肮脏的事情,甚至还会怀疑你这是不轨行为。

（二）门厅迎接服务礼仪

1. 尊重客人

客人光临时，要面带微笑，热情主动地表示欢迎，并向客人问候："您好！欢迎光临！"致15度鞠躬礼。对经常住店的客人应称呼他（她）的姓氏，以表达对客人的礼貌和重视。当客人较集中到达时，要尽可能让每一位客人都能看到热情的笑容和听到亲切的问候声。

2. 开车门服务规范

客人乘车抵达时，应立即主动迎上，引导车辆停稳，接着左手拉开车门成70度角左右，右手挡住车门框的上沿，以免客人碰头。确保衣裙不影响关门，再轻关车门。

3. 服务周到细致

如遇下雨天，要撑伞迎接，以防客人被淋湿。若客人带伞，应为客人提供保管服务，将雨伞放在专设的伞架上。

对老人、儿童、残疾客人，应先问候，征得同意后予以细心的帮助，以示关心照顾。如果客人不愿接受特殊关照，则不必勉强。

4. 及时提醒

客人下车后，要注意车座上是否有遗落的物品，如发现，要及时提醒客人或帮助取出。如未发现，则关门，退后一步，示意司机开车，并向司机道谢。

（三）门厅送客服务礼仪

1. 热情道别

客人离店时，要把车子引导到客人容易上车的位置，为客人拉车门，请客人上车，向客人告别，并目送客人离去。客人走出视线后再转身离开。

2. 做好其他常规工作

主动、热情、认真地做好日常工作，如为客人联系出租车、接待来访者等。

二、行李服务礼仪

（一）客人入住的行李服务礼仪

1. 礼貌迎客

门童应选择合理站位，站立端正，随时迎候客人。客人抵达时，应热情相迎，微笑问候，帮助提携行李。当有客人坚持亲自提携行李时，应尊重客人意愿，不要强行帮助提携行李。在推车装运行李时，要轻拿轻放，切忌随地乱丢、叠放或重压。下雨时，应带着雨伞迎候在无雨棚区域下车的客人。为客人打开车门时，应站在车门一侧为客人护顶、撑伞。

2. 耐心等候

陪同客人到总服务台办理住宿手续时，应侍立在客人身后1米处等候，将行李放在客人和自己之间伸手可触及的地方，看管好客人的行李并随时听客人的吩咐。

3. 引导要规范

引领客人去客房时，行李员应靠边侧引导客人前行，并与客人保持适当的距离，一般两三步远距离即可。遇到拐弯处，要微笑向客人示意，并用手指引转弯。乘电梯时，行李员要带行李先进，然后行李员应主动为客人按电梯按钮，以手挡住电梯门框敬请客人入电梯。在电梯内，行李员及行李的放置都应该靠边侧，以免妨碍客人通行。到达目的楼层时，应礼让客人先步出电梯。如果有大件行李挡住出路，则先运出行李，然后用手挡住电梯门，再请客人出电梯。

4. 遵循入门程序

引领客人进客房时，先按门铃再敲门，敲门时应当先敲三声，停顿三秒钟后再敲三声，房间内无反应再用钥匙开门。开门时，先打开过道灯，扫视一下房间无问题后，再请客人进房。

5. 服务周到，注意细节

进入客房，将行李物品按规程轻放在行李架上或按客人的吩咐将行李放好。箱子的正面要朝上，把手朝外，便于客人取用。与客人核对行李，确无差错后，可简单介绍房内设施和使用方法。询问客人是否有其他要求，如客人无要求，应礼貌告别，及时离开客房。离房前应向客人微笑礼貌告别，而后目视客人，后退一步，再转身退出房间，将门轻轻关上。

（二）客人离店的行李服务礼仪

客人离店需要行李服务时，行李员进入客房前要按门铃或敲门通报，得到客人允许后才可以进入房间。行李员应准时为客人提拿行李，并将行李整齐摆放在出租车上客人指定的地点。行李放好后，先请客人清理行李件数，再向客人致谢、告别，如“欢迎再次光临”、“祝您旅途愉快”，并轻轻将出租车门关好，挥手目送车辆离去。

三、总台接待服务礼仪

总台接待是客人进入酒店住宿的必不可少的环节，其服务质量是整个酒店服务质量的基础和保证。

（一）接待员服务礼仪

1. 热情迎客

当客人离总台 3 米远时，接待服务人员应予以目光的注视。客人来到台前，应面带微笑热情问候，然后询问客人的需要，并主动为客人提供帮助。如客人需要住宿，应礼貌询问客人是否有预订。

接待高峰时段客人较多时，要按顺序依次办理，注意“接一顾二招呼三”，即正在接待一位,嘴里招呼一位,通过眼神、表情等向第三位传递信息,使顾客感受到尊重,而不是被冷落。

2. 规范办理入住登记手续

验看、核对客人的证件与登记单时要注意礼貌,"请"字当头,"谢"字结束。当知道客人的姓氏后,应尽早称呼姓氏,让客人感受到热情亲切和受尊重。给客人递送单据、证件时,应上身前倾,将单据、证件文字正对着客人双手递上。若客人签单,应把笔套打开,笔尖对着自己,右手递单,左手送笔。敬请客人填写住宿登记单后,应尽可能按客人要求安排好房间。把客房钥匙交给客人时,应有礼貌地介绍房间情况,并祝客人住店愉快。

3. 及时询问

重要客人进房后,要及时用电话询问客人,如"这个房间您觉得满意吗?""您还有什么事情,请尽管吩咐,我们随时为您服务"等,以体现对客人的尊重。如果安排不尽合理,则进行必要的调整。要及时做好客人尤其是重要客人相关资料的存档工作,以便在下次接待时能有针对性地提供个性服务。

4. 认真听取客人的意见

客人对酒店有意见到总台陈述时,要微笑接待,以真诚的态度表示欢迎。在客人说话时应凝神倾听,绝不能与客人争辩或反驳客人,要以真挚的歉意,妥善处理。

5. 热诚帮助

如果客房已客满,要耐心解释,并请客人稍等,看能否还有机会。此外,还可为客人推荐其他酒店,主动打电话联系。

(二)预订员接待礼仪

预订部主要工作是控制整个酒店预订、接听电话、开展客房预订业务、解答各种电话询问。

1. 热情接待面谈预订者

客人到柜台预订,要热情接待,主动询问需求及细节,并及时予以答复。若有客人要求的房间,要主动介绍设施、价格,并帮助客人填写订房单;若没有客人要求的房间,应表示歉意,并推荐其他房间;若因客满无法接受预订,应表示歉意,并热心为客人介绍其他饭店。

2. 礼貌而认真地接待电话预订者

客人电话预订时,要及时礼貌接听,主动询问客人需求,帮助落实订房。订房的内容必须认真记录,并向客人复述一遍,以免出差错。因各种原因无法接受预订时,应表示歉意,并热心为客人介绍其他饭店。

3. 准确受理预订

受理预订时应做到报价准确、记录清楚、手续完善、处理快速、信息资料准确。

4. 做好后续工作

接受预订后应信守订房承诺，切实做好客人来店前的核对工作，以免出差错。

（三）问讯员接待礼仪

问讯处是为客人解答各种疑难问题的部门，多数客人由于对酒店所在城市比较陌生，在食宿期间可能会遇到各种问题，作为问讯员，要耐心、热情地解答客人的任何问题，做到百问不厌。

1. 礼貌待客

客人前来问讯，应面带微笑，注视客人，主动迎接问好。认真倾听客人问讯的内容，耐心回答问题，做到百问不厌、有问必答、用词恰当、简明扼要。服务中要多使用"请"、"谢谢"、"对不起"、"再见"等文明用语。

2. 规范服务

服务中不要推托、怠慢、不理睬客人或简单地回答"不行"、"不知道"。遇到自己不清楚的问题，应请客人稍候，请教有关部门或人员后再回答，忌用"也许"、"大概"、"可能"等模糊语言应付客人，语调应当柔和、亲切。

3. 业务熟练

问讯员应掌握与客人有关的信息和客人可能问及的问题，如对酒店的设施、各部门的服务时间和具体位置、市内交通、旅游景点以及商业区等问题要了如指掌，要尽量帮助客人解决疑难问题。客人如果要查询电话、借用雨具等应当予以满足。

4. 尽力满足客人的需求

问讯员被问及带有敏感性的政治问题或超出业务范围的问题时，应说明不便回答，并表示歉意。对不知道的事情，不要不懂装懂，也不要轻率地说"我不知道"，而应当请客人稍等，然后向有关人员请教，或者查询电脑，弄清楚后再给客人一个满意的答复。如果经过努力还是无法解答，可向客人耐心解释，求得谅解，并表示歉意，但要尽量避免这种情况发生。

5. 忙而不乱

客人较多时，问讯员要做到忙而不乱、井然有序，应先问先答、急问快答，使不同的客人都能得到适当的接待和满意的答复。

6. 认真办理客人留言服务

接受客人的留言时，要记录好留言内容或请客人填写留言条，认真负责，按时按要求将留言转交给接收人。

7. 注意规则

在听电话时，看到客人来临，要点头示意，请客人稍候，并尽快结束通话，以免让客人久等。放下听筒后，应向客人表示歉意。如果有人来电或者来访询问住店客人的有关情况，此时问讯员应当先确定来电者或者来访者身份，同时在不涉及客人隐私的范围内予以回答。如客人事先交代有人来访，问讯员则要问清来访者姓名、工作单位，按照客人的要求进行安排；如果客人要求对来访者保密，则应当问清客人的保密要求，在没有经客人同意的情况下，不能将客人的国籍、房间号、活动日程及离店时间和去向等告诉他人。

拓展知识

北京某饭店的一位问讯员，每天都要接到若干问讯电话。一次接到驻外地的一位外商打来的长途电话，询问他夫人所住该饭店的房间号，有急事要找。几经翻阅登记簿，未有其人，便如实相告。不料这位外商竟然用不怎么熟练的中国话骂了起来。问讯员感到十分委屈，但考虑到对方可能确有急事，急宾客之所急，便采取了宽容态度，强忍委屈，继续查找。后来终于知道，原来那位外商的夫人是用不同的姓名登记的。当外商谈完事后，又专门打电话向问讯员表示道歉，请求原谅。可以试想，如果当时问讯员得理不让人，对外商的无理之举穷追不放，或是采取对骂的方法，那么也许是出了一口气，心理上感到一些平衡，但却会使对方产生强烈的逆反心理，不但不会承认自己有错，而且也无益于事情的圆满解决。问讯员的做法，维护了整个饭店的良好形象。

（四）收银员服务礼仪

结账处也称为收银处，负责处理入住客人的付账事宜，通常位于大厅总服务台内，与前厅的接待处、问讯处相邻。

1. 规范服务

接待员、收银员见到客人应主动问候。获知客人姓名后，应用姓氏或尊称称呼客人。住离店日期要当场核对，收款项目要当面向客人解释清楚，单据书写要工整，印鉴要清晰，不得涂改，收款时当场唱票，找回的零钱要当面点清不能含糊，避免客人有多收费的猜疑。

2. 注意秩序

如结账客人较多时，要礼貌示意客人排队等候，依次进行，以避免因客人一拥而上，造成收银处混乱，引起结算的差错，从而造成不良影响。

3. 注重细节

收银员应将账单、发票装入信封，用双手呈递给客人，请客人确认无误。递送账单给客人时，应将账单文字正对着客人；若客人签单，应把笔套打开，笔尖对着自己，右手递单，左手送笔。

4. 礼貌送客

结账完毕，收银员应真诚地向客人表示感谢，欢迎客人再次光临，祝福旅途平安愉快，以给客人留下彬彬有礼的美好印象，吸引客人再次光顾。

（五）总台接待其他服务礼仪

1. 票务服务尽力满足客人需求

在承揽了为客人代购各种机票、船票、车票的业务时，应尽力按客人的需求去办。

2. 收发邮件及时准确

如果有客人的邮件，特别是快件，应立即想办法及时送交客人。如果确定客人外出不在，应把邮件妥善放置，等客人回来时及时送交。收发邮件，一定要及时、准确。

3. 代办服务要遵规细致

在为客人代办事项时，应问清代办事项的名称、数量、规格尺寸、颜色、形状及时间要求，并向客人预收款项。

四、前厅其他接待礼仪

（一）大堂副理接待礼仪

大堂副理的主要职责之一是代表总经理接受及处理酒店客人对酒店内所有部门（包括个人）的一切投诉，听取客人的各类意见和建议。

1. 给予足够重视

接待客人投诉要积极热忱，精力集中，以谦和、富有同情心的态度认真倾听，让客人把话讲完。对于客人投诉所反映的问题，要详细询问，并当面记录，以示郑重。

2. 妥善解决问题

能够设身处地为客人考虑，以积极负责的态度处理客人的问题和投诉。在不违反规章制度的前提下，尽可能满足客人的要求。

3. 耐心而灵活地应对

当客人发脾气时，要保持冷静，待客人平静后再婉言予以解释与道歉，要宽容、忍耐，绝对不能与客人发生争执。尽量维护客人的自尊，同时也要维护好酒店的形象和声誉；原则问题不能放弃立场，同时又应机智灵活地处理。

4. 及时处理

对客人的任何意见和投诉，均应给予明确合理的回应，力争在客人离开酒店前解决，并向客人表示感谢。

（二）电话总机服务礼仪

由于电话总机不是面对面与客人交流，客人是通过电话总机的服务状况来衡量其服务质量，因此，电话总机应当以清晰、准确的语言，轻柔、圆润的音调为客人提供温和、友善、诚恳的服务。

1. 使用礼貌用语

集中精神，坚守岗位，在接待服务中坚持使用礼貌用语，严格避免使用“我不知道”、“我现在很忙”、“什么”等用语。

2. 及时接听

接听电话要在电话铃声响一声之后、不超过三声之前。主动问候对方“您好”，自报店名和岗位，热诚提供帮助。如果业务繁忙，在铃响三声后接听，应向顾客致以歉意：“对不起，让您久等了！”

3. 注意规范

用电话沟通时，宜保持嘴唇与话筒约1寸的距离，若靠得太近，声音效果不好。使用左手接听电话，以方便右手做必要的记录。

4. 语音适宜

要面带微笑，语言要热忱亲切、甜美友善，语调不宜太高，语速不宜太快，用词要简练得当。

5. 及时准确

熟悉常用号码，按客人的要求迅速准确地转接电话。若转接的电话无人接听，忌用“不在”打发客人，应主动询问是否需要留言。

6. 注意记录与确认

随时在电话旁准备好便条纸和笔，当客人留言时，要认真倾听和记录，留言要重复一遍确认，并跟进、履行对客人的承诺，做到热心、耐心和细心。

7. 适时周到

为客人接转电话和查找资料时，不能让对方等候电话超过15秒钟。要求对方等候电话，应向其表示歉意：“对不起，请您稍候。”如果一时未能查清，应及时向对方说：“正在查找，请您再稍等一会。”

8. 遵守职业道德

遵守职业道德，尊重他人隐私，不偷听他人电话，保护客人私人信息。通话结束后，应热情道谢告别，待对方挂断电话后，方可关掉电键。

（三）商务中心服务礼仪

现代饭店为满足商务客人的需要大多设立了商务中心。商务中心通常设立在一层或者二层公共区域，有明显的指示标志牌。

1. 服务规范

商务中心提供打印、复印服务时，应将客人的文件码放整齐，注意文件保密，迅速、准确地提供服务。向客人递送文件时，应微笑着注视客人，用双手递送。

2. 遵守规章

在客人进行商务活动期间，服务人员应当回避商务活动现场。在客人提出服务要求时，对客人没有说明又不会影响服务的内容，服务人员不可多问。对涉及客人商务活动的任何内容，服务人员不得向任何人泄露。

3. 注意保密

对客人交办的文字资料原稿必须当面交还客人，不得自留备份。对已经作废的文字稿，应当立即销毁。当其他人查看客人文字资料时应该给予及时、有力、有效的制止。

4. 满足客人需求

客人要求提供笔译服务时，要根据客人提供的资料及饭店确定的收费标准请饭店专职翻译笔译，译好后及时通知客人取稿，客人取稿时可请其先核对，如对译稿有异议，可请译者修改或者与客人协商解决，直到客人满意为止。

第二节　客房服务礼仪

客房是客人主要的休息场所，是客人临时的家。客人希望在酒店住宿期间能拥有个人空间，受到尊重，感受到自在、舒适、方便、安全。因此，客房服务应注重礼仪，应在提供优质服务的同时，尽量避免与客人过多接触，以免打扰客人。

我国目前客房对客服务的部门为客房部，大多采用客户服务中心和楼层服务台服务模式。无论采用何种模式，服务人员均应保持仪表整洁自然，举止端庄大方，礼貌周到，尊重客人，精神饱满地为客人提供优质服务，让客人感到时时刻刻受到礼遇和尊重。

一、楼层接待服务礼仪

（一）做好准备

在客人抵达前，要整理好房间，检查设备用品是否完好、充足，调节好房间的温度和湿度，为客人提供清洁、整齐、卫生、舒适、安全的客房。

（二）热情迎候

楼层服务员接到来客通知后，要在电梯口迎接，主动问候客人："先生（小姐）您好，一路辛苦了，欢迎光临！"如果是常客，要称呼客人的姓氏。引导客人出电梯，热情主动帮助客人，征得其同意后帮助其提携行李。

（三）引客入房

引领客人到客房，到达房间门口时先开门、开灯，侧身一旁，敬请客人进房，然后放置好客人的行李物品。

（四）适度介绍

根据客人实际情况，礼貌介绍房间设备及其使用方法，简要介绍饭店内的主要服务设施及其位置、主要服务项目及服务时间，帮助客人熟悉环境。对房内需要收费的饮料食品和其他物品，要婉转地说明。接待服务要以客人的需要为准。若客人不想被打扰，需要安静地休息时，服务人员应随机应变，简化或者省略某些不必要的服务环节。

（五）礼貌告别

在问清客人没有其他需求后，要向客人礼貌告别，离开房间，说“请好好休息，有事请打电话到服务台”，并祝客人休息愉快。退出房间时注意要面向房间，轻手将门关上。

二、日常服务礼仪

客人住店期间的日常服务范围广、项目多、劳动强度大、繁重琐碎，需要工作人员有良好的身体素质、较强的责任感和动手能力，工作要细致耐心。

（一）客房清洁服务礼仪

1. 适时整理

客人一旦入住，客房即成为其私人空间，服务人员不能随意进出该房间。整理房间应尽量避免打扰客人的休息与工作，最好在客人外出时进行。动用客房内的任何一样东西，都应事先征得客人同意。

2. 敲门进入

有事需要进入客房时，必须讲究礼貌。先按门铃两下，未见动静，再用中指关节有节奏地轻敲房门，每次为三下，一般为两次，同时自报“Housekeep—ing”，在听到客人肯定的答复或确信房间内无人后方可进入。进入客房，不论客人是否在房间，都应将房门敞开。

特别提示

◆敲门时，对可能出现的各种情况应该灵活处理。敲门时，若是客人来开门，要有礼貌地向客人问好，并征得客人允许，方可进入客房服务。

◆敲门时，房间内无人答应，进房后发现客人在房间或在卫生间，若客人穿戴整齐，要立即向客人问好，并征询客人意见，是否可以开始工作；若客人衣冠不整，应马上道歉，同时退出房间，并把门关好。

3. 注意征询

客房清洁过程中，遇到客人回来，服务员要礼貌地请客人出示房间钥匙或房卡，确定是该房间的客人，并询问客人是否可继续整理。如果客人需要整理，应尽快完成,以便客人休息。

4. 礼貌离房

打扫完毕,不要在客房逗留。如客人在房间,离开时应轻声说:“对不起,打扰了,谢谢!”然后礼貌地后退一步,再转身走出房间,轻轻关上门。

5. 注意细节

打扫客房时,不得擅自碰客人的物品。打扫完后物品应放在原处,不能随意扔掉客人的东西,如便笺、纸条等。不可取食客人的食品。不得接听客人的电话。如客人在交谈,不要插话,更不能趋近旁听,不向客人打听私事。如客人挡道,应礼貌打招呼,请求协助通过。

特别提示

◆在客房工作时,不能与他人闲聊或大声说话,做到说话轻、走路轻、操作轻。在过道内行走,不要并行,不得超越同方向行走的客人。遇事不要奔跑,以免造成紧张气氛,如有急事需要超越客人应表示歉意。

◆清扫时,遇到客人外出或回房间,都要点头微笑问候,切勿视而不见,不予理睬。在楼道中遇到客人,在距离客人3米远处开始注视客人,放慢脚步;距离1米远时向客人致以问候,楼道狭窄时要侧身礼让客人先通行。

(二)访客接待礼仪

1. 注意保护客人隐私

尽量记住住宿客人的姓名、特征等,并注意保守客人的秘密,不将客人的房号、携带物品及活动规律等告诉无关人员,不要给客人引见不认识的人员。

2. 遵守接待规则

访客来访时,应礼貌问好,询问拜访哪位客人,核对被访者姓名、房号是否一致。在征得客人同意后,请访客办理登记手续,才能指引访客到客人房间。未经客人允许,不要将来访者带入客人房间。

访客如果不愿意办理来访登记手续,应礼貌耐心地解释,并注意说话技巧,打消来访者的顾虑,求得对方配合;如访客执意不登记,应根据来访者与被访者的身份、来访目的与时间,酌情处理。

3. 妥善安排

若住客不愿见访客时,要礼貌委婉地说明住客不方便接待客人,不要将责任推给住客。同时不能让访客在楼层停留等待,应请访客到大堂问询处,为其提供留言服务。

4. 慎重对待

住客不在，若有访客带有客房钥匙要进房取物时，服务人员要礼貌地了解访客对住客资料的掌握程度及与住客的关系；若有访客带有住客签名的便条但无客房钥匙时，服务员应将便条拿到总台核对签名。确认无误后办理访客登记手续，然后陪访客到客房取物品。住客回店后，服务员应向住客说明有关情况。若客人外出，交代来访者可以在房内等待，服务员应仔细询问来访者的姓名及特征，经过辨别确认后，请来访者办理访客登记手续。如访客要带物品外出，服务员应及时询问，并做好记录。

5. 履行职责

服务员在岗时要保持相应警惕，对可疑来访者应上前有礼貌地询问清楚，坚持原则，刚柔相济，杜绝不良人员制造事端。

（三）客房送餐服务礼仪规范

1. 保持用具整洁完好

送餐车应干净整洁，符合卫生要求。车轮转动灵活，推动方便，无噪声。餐具应与食物匹配，干净、整齐、完好。

2. 服务规范

送餐员一定要站在离餐车一定距离处介绍菜品。送餐结束后，祝客人用餐愉快。送餐时，如遇客人着装不整，送餐员应在门外等候，等客人穿好衣服后再进房送餐。

（四）其他服务礼仪

1. 洗衣服务

客人需要洗涤或熨烫衣服时，应认真核对件数、质料、送洗项目和时间，检查口袋里有无物件、纽扣有无脱落、衣物有无破损、是否会褪色或有无严重污点等。衣服送回时如果发现出现差错或者损坏，要及时与洗衣房联系，查明原因，妥善解决。

2. 擦鞋服务

酒店应按客人要求和相关程序提供擦皮鞋服务，遵守承诺，按时送还。

3. 委托代办服务

客人委托代订、代购和代修的事项要询问清楚，详细登记并重复确认，及时为客人服务。客人合理的随机服务要求，要快捷高效地满足，不可无故拖延。

4. 饮品服务

提供房内免费饮品服务时，应尊重客人的需求和偏好，按时将有免费标志的饮品送至客房。

5. 租借服务

客人租借用品时，酒店应热情受理。服务员应礼貌向客人申明相关租借规定。如果无法提供租借用品，应主动提供建议，尽量帮助客人解决问题。

拓展知识

一次印度官方代表团前来我国某城市进行友好访问，为了表示我方的诚意，有关方面做了积极准备，就连印度代表下榻的饭店里也专门换上了宽大、舒适的牛皮沙发。可是，在我方的外事人员事先进行例行检查时，这些崭新的牛皮沙发却被责令立即撤换掉。原来，印度人大多信奉印度教，而印度教是敬牛、爱牛、奉牛为神的，因此无论如何都不应该请印度人坐牛皮沙发。这个事例表明，旅游服务人员是很有必要掌握一些宗教礼仪的。

三、公共区域清洁服务礼仪规范

清洁公共区域时，服务员应保持专业的工作状态，步履轻盈，动作熟练。使用清洁设备时，服务员应保证设备整洁完好，不乱堆乱放。提拿工具应注意避让客人，提拿方式安全、得当，并符合礼仪规范。

服务员见到客人时应暂停工作，礼貌问候。注意礼让客人，让客人先通行。客人在工作区域谈话时，清洁员应礼貌回避。因清洁工作给客人带来不便时，要向客人致歉。

四、离店服务礼仪

（一）送客服务礼仪

得知客人离店的日期后，服务员要热情关照客人，仔细检查客人委托代办的项目是否已经办妥，主动询问是否需要提供用餐、叫醒、叫出租车等服务，主动询问客人意见，认真记录，并衷心感谢，但不要强求客人或过多耽误客人时间。

客人离房要送至电梯口，礼貌道别，并欢迎客人下次光临。对重要客人和老弱病残者要送至前厅，并给予特别照顾。

（二）查房相关事宜

客人离房后要迅速检查房间，查看有无遗忘遗留物品，房间内的各种配备用品有无损坏或缺失，各种需要收费的饮料食品和物品有无消耗。如果发现遗留物品应尽可能归还原主，如果客人已走，则按酒店的遗留物品处理规定保管和处理。如果发现物品缺失或损坏，应立即打电话与总台联系，机智灵活处理，不可伤害客人的感情和自尊心。

五、特殊情况服务礼仪

（一）对生病客人的服务

客人在住宿期间生病，服务员应主动询问是否需要到医院就诊，给予热情关照,并及时向领班报告,做好记录。对客人要表现出乐于帮助的态度,对卧床客人要加倍注意,提供相应的物品,帮助客人与亲友联系。若客人患突发性疾病,应立即报告上司与大堂副理,联系急救站或附近医院,不可拖延时间。对客人提出的协助购买药品的要求,服务人员应当婉言拒绝并建议其就诊。

(二)对残疾客人的服务

对残疾人服务应当根据其行动不便、生活自理能力差等特点,给予特别照料。对残疾人一方面要主动热情,耐心周到;另一方面要注意照顾到客人的自尊心,对不愿意接受帮助的客人要尊重其意愿,但要在暗处给予适当关注。对客人的残疾原因不询问、不打听,避免言语不当而使客人不愉快。当残疾客人有人陪同时,服务中只需提供便利,做好辅助性工作即可。

(三)对酗酒客人的妥善应对

客人住店期间,若发生酗酒现象,服务员应理智、机警地处理,尽量安置酗酒客人回房休息,并注意房内动静,必要时应采取措施。对醉酒吵闹的客人,要留意其动静,避免出现损坏客房设备、卧床吸烟而引起火灾、扰乱其他住客或自伤等事件,必要时通知上司和保安部人员。对醉酒酣睡的客人,要同保安人员一起扶客人进房,同时报告上司,切不可单独搀扶客人进房或为客人解衣就寝,以防客人醒后产生不必要的误会。

(四)有关客人物品方面的妥善应对

1. 客人财物丢失的应对

客人在客房内丢失财物,服务员应安慰并帮助客人回忆财物丢失的过程,同时向上司和保安部报告,协助有关人员进行调查,不能隐瞒情况不报或是自行其是。

2. 客人遗忘钥匙的应对

客人称钥匙遗忘在客房,要求服务员为其开房门时,应请客人出示住房卡,核对日期、房号、姓名等无误后,方可为其开门。若客人没有住房卡,应请客人到总台核对身份无误后,方可为其开门。

3. 物品损坏的应对

客人损坏酒店物品时,酒店应派人及时到达现场,首先查看客人是否受伤,然后再检查物品的损坏情况。及时修补或更换被损坏物品,查明物品损坏原因,根据实际情况处理索赔事宜,做到索赔有度。

员工损坏客人物品时,酒店应派人及时到达现场,赔礼道歉,安抚客人,然后认真查看物品损坏状况。分清责任后,应就员工的过失再次向客人诚恳致歉,及时与客人协商赔偿事宜,跟踪处理结果。

案例分享

客人要求取消优惠

某公司李经理在酒店办理住店手续时,要求房金给予优惠。经请示前厅经理同意打八折,并在住房单上写明。第二天早晨,客房服务员小王在整理客房时,发现李经理行动有些不便,经询问才知客人的老毛病肩周炎突然发作了,肩部疼痛,两手不能动弹。小王于是和另外的服务员小洪商量以后,安慰李经理不要着急,并答应会给予他照顾和帮助。李经理因为在当地还有事情要办理,不能马上返回,见他们这样热心相助,也就安心住了下去。

在李经理住店期间,小王和小洪几次送他去医院就诊,还帮他洗衣服、发短信、打电话,周经理心里很受感动,屡次坚持要付给她俩小费以表谢意,但都被婉言谢绝。

当离店结账时,周经理坚持取消八折优惠,要求改按全价支付住宿费,因为他觉得住在这样的酒店,得到如此的超值服务,支付全费完全值得而且也是理所应当的。

思考题:

谈谈从上述案例中所能获得的启示。

思考与练习

1. 门厅迎接服务礼仪中如何做到个性化服务?
2. 门厅送客服务礼仪要注意哪些方面?
3. 商务中心服务礼仪包括哪些方面?
4. 楼层接待服务礼仪包括哪些方面?
5. 简述公共区域清洁服务礼仪规范。
6. 客人离店后客房检查应当注意哪些方面?

第八章 旅行社接待礼仪

引 言

旅行社是指以营利为目的从事旅游业务的企业,它是旅游活动的组织者、安排者和联系者,在整个旅游活动中处于核心地位。要保证旅游活动的圆满成功,旅行社就必须和游客、参观游览点、饭店、交通运输部门和邮电通信部门等方面保持良好的关系和有效沟通。旅行社不仅是旅游者与旅游对象的中介,而且在不同旅游企业之间起着联络和协调作用。旅行社在接待过程中所体现出的服务礼仪是旅行社接待和经营管理中的一项重要工作。旅行社接待服务人员只有了解和掌握旅行社接待与服务的礼仪规范要求,才能在接待工作中得心应手,更好地为游客提供服务。

学习目标

1. 掌握旅行社业务部门的接待服务程序和相应的礼仪要求。
2. 熟悉并掌握导游接待服务各环节的服务礼仪规范。

第一节 旅行社业务部门接待礼仪

旅行社任何一项旅游活动的完成都需要相关部门的配合与支持。旅行社与相关部门在经营上既相互分工又相互合作,双方发展目标与根本利益一致,只有相互配合与协作,才能完成接待游客的任务,实现双赢或共赢。

一、旅行社业务活动礼仪

(一)旅行社与交通部门之间业务活动礼仪

旅游交通部门是决定旅行社出团成功与否的关键部门之一。旅游具有空间流动性，从某种意义上说，人们出外旅游，也是空间位移的过程。优质的旅游交通服务不仅可以确保游客的旅游计划顺利实施，同时也在很大程度上使游客在心理上产生满足感，提高对旅行社的评价。所以旅行社在与交通部门进行业务交往过程中，良好的接待礼仪可以增加对方的好感度，提升业务水准，提高业务效率，使得旅游交通部门能够更好地为旅行社服务。

一般情况下，旅行社与旅游交通部门的业务联系由旅行社计调部门负责，在组团之后、出团之前，旅行社要根据不同的行程和需要联系相关的旅游交通部门，组织出票工作。

1. 航空公司

飞机是旅行过程中主要的交通工具之一，用于较为长途的旅行距离或者针对特殊服务要求的旅行。航空公司有不同于其他旅游交通部门的订票手续和规矩。旅游团所乘飞机的班次、时间和机场的名称等信息都要确认清楚，避免带来出团时不必要的错误。旅行社计调部门应该确认交通票据是否订妥，有无变化，有无返程票以及机场建设费的付款方式等。对于海外旅游团，要了解其国际机票有无国内段。如旅游团从北京出境，要弄清机票的种类，是 Open 票还是 Ok 票。

(1)初次合作见面礼仪

旅行社与航空公司在初次合作时，有必要由相关部门领导出面，与航空公司进行会面洽谈，表示对合作单位的尊敬和友好，从而给所要合作的航空公司留下良好的第一印象，建立良好的业务关系，以便将来更加愉快地合作。航空公司的票务问题比起铁路和公路更为复杂，关于业务上的问题必须当面说清楚，不能含糊，避免日后不必要的麻烦。

(2)合作伙伴电话礼仪

对于已经建立了长期业务关系的航空公司，一般采取电话订票方式，节省双方的办公时间，同时又能提高效率。因此，旅行社工作人员的电话礼仪就显得尤为重要。

2. 铁路部门

火车一直是旅行社为游客选择的最为常用的出游交通方式，主要用于中长途境内游。火车有着其他交通工具不可比拟的优越性。游客乘火车出游可以避免乘飞机的较为繁杂的手续，又可以同样享受相对舒适的旅行环境，并且经济实惠。旅行社在与铁路交通部门进行旅游商务往来时，要注意以下几点：

(1)旅行社在铁路部门订票礼仪

在组织好旅游团队之后，旅行社负责票务的人员首先要确定好出团的人数，以及出票的种类：是卧铺票还是坐票，是直达还是转乘。这些都要根据游客的需求以及旅游团的档次而决定，不能搞错，否则会导致旅行社单方面不遵守合约的问题。

(2)旅行社在铁路部门换票礼仪

在旅游团出发之前,或者是在旅途过程中,如果有个别乘客由于特殊原因需要临时调换位子或者换为更高级别的座位时,旅行社的工作人员应该及时与铁路公司联系并采用礼貌的方式说明不得已要换票的理由,积极配合铁路部门工作人员,最终达到使游客满意的目的。

3. 公路部门

旅行社经常联系的公路交通部门一般指旅游目的地为游客提供在周边景区之间游览交通服务的旅游巴士出租公司或是旅游车队。旅行社在与旅游车队或旅游巴士出租公司洽谈业务时需要注意以下礼仪:

旅行社要主动向巴士公司说明所要接待的旅游团的情况,例如出发时间、参团人数等,以利于彼此的合作。在出团过程中,如果遇到不可预见的特殊情况,旅游巴士出租公司在与旅行社联系并说明情况之后,旅行社的工作人员要积极配合,努力解决突发事件。

旅行社在与旅游巴士出租公司的交际过程中要注意诚实守信。业务会谈难以避免有关利益方面的冲突和矛盾,但为了长期合作,双方不能只顾眼前利益,用欺骗或隐瞒事实的手段,失去合作伙伴的信任。旅行社应该按照事先约定的时间和地点及时支付租金,不可拖延。

(二)旅行社与酒店之间业务活动礼仪

酒店是旅游业三大支柱产业之一,为游客提供餐饮住宿服务,是旅游者实现旅游活动的重要设施之一。和旅游交通部门一样,作为旅行社重要的合作伙伴,酒店的服务同样决定着游客对于旅游的满意程度。旅行社与酒店之间的关系,直接影响到旅行社经营的业绩。尤其在旅游旺季或客房紧张时,旅行社与酒店的配合与协作至关重要。为了保持与酒店良好的业务关系,旅行社工作人员要注意以下几个方面的问题。

1. 酒店的选择

旅行社要选择信誉好、规模较大的酒店作为长期合作的伙伴。此外,旅行社还应核实酒店的营业资格,满足旅游团要求的设施及服务水平,酒店员工的专业素质、外语能力及酒店的经营模式和管理目标,以便于彼此业务关系的长期发展。

酒店的信誉是旅行社重点考虑的因素之一。酒店过硬的满足游客需求的服务水准及履行合同的信誉是双方合作的基础。旅行社可以通过经验或者社会舆论来考察酒店的业界声誉。客房的价格也直接关系到旅游者的切身利益,当然同时也关系到旅行社的经济效益。但是旅行社在选择合作酒店的时候,不能将报价作为衡量的唯一标准,也并不是报价越低越好,而应该把保证游客的食宿及服务质量放在第一位,从而避免使旅行社的声誉遭受不必要的损失。

2. 销售部

在旅游团入住酒店之前,旅行社负责采购酒店产品的相关工作人员要与酒店的销售部门联系。与酒店商定的事宜包括:订购所需要的房间数量、房间级别、房间价格和打算入住的日期以及一切在入住前将涉及的问题。

酒店产品不同于其他产品,具有不可储藏性特征。因而,旅行社的人员一定要确认入住酒店的日期和房间数量等细节,维护旅行社的信誉。旅行社在与酒店合作的过程中,要遵守平等的共事原则,尤其不能因为淡季旅游团数量骤降就表现出高于酒店的姿态。双方彼此合作,既要考虑到自己的经济利益,同时也相应照顾对方的利益,寻求长期合作的途径。

3. 前厅部

旅行社在和酒店的业务往来之中,与前厅部接触得最频繁。无论是为游客登记、分房、换房,还是问讯、叫早、留言、行李处理、退房等诸多问题,都要与酒店的前厅部联系和协商。所以,这些繁杂的事情决定了旅行社在与酒店往来中一定要注意其礼仪的规范性。

(1)登记、退房礼仪

游客入住后,首先由旅行社的全陪负责进行登记。全陪在与前厅部联系时要采用礼貌的语言,配合酒店大堂的和谐气氛。

(2)分房、换房、行李搬运礼仪

全陪办理入住登记之后,地陪领取房卡,并且按照名单分配旅游团团员的房间。在分房、处理行李过程中如果出现有要求换房、行李分发错误或者其他的突发事情,全陪、地陪都避免不了要再次或多次和酒店工作人员联系,请求帮助。

(3)叫早、留言礼仪

遇到游客需要叫早、留言等特殊服务时,旅行社人员要向前厅部的工作人员交代清楚并表示感谢。

4. 客房部

客房部是酒店的重要组成部分之一,它的服务是围绕游客住宿活动的产生而展开的。客人入住以后,酒店客房部的工作人员要提供日常服务,以便客人更加舒适地入住,从而更好地缓解旅途所带来的疲劳。所以,旅行社人员与酒店客房部的积极高效的联系和配合是十分有必要的。

(1)要求房间内部服务礼仪

旅行社在组团时就应该定下旅游团的级别和待遇,这同时也反映在客房的服务上。所以对于房间内部的需要,旅行社要事先向酒店的客房部讲明。例如,各种房间内各种设备的准备和更换的需求等。

(2)说明游客特殊需求礼仪

与酒店日常服务工作相比，游客有特殊的个性化需求，为此旅行社工作人员应逐一向客房部强调和说明，这不仅是旅行社的业务服务范围，更体现了旅行社的人文关怀，为树立旅行社的良好形象打下坚实的基础；同时也可避免因为个别游客的需求不能得到满足而导致其他相关人员的不悦，保证整个旅游团队旅游计划的顺利进行。

5. 餐饮部

旅行社工作人员要根据旅游团组团时所签订的合同，向餐饮部交代用餐标准、需求的风格和口味、用餐的数量和分量等各方面的要求。在交谈时要注意语言的准确，以避免产生误会而引起争端或游客的不满。

对于有特殊服务要求或餐饮习惯的游客，旅行社方面要主动向餐饮部服务人员说明。在说明情况时，旅行社人员语速要尽量慢，用词要明确，态度要认真、仔细，不能有任何疏漏。旅行社和酒店方面要积极配合以使客人满意。如果在入住酒店的过程中，有某位游客因为身体不适或其他特殊原因要求临时换餐时，旅行社的工作人员应代表提出要求的游客与酒店的服务人员协商解决。为了尽快解决问题，满足游客的需要，旅行社的工作人员要积极配合餐饮部门，而不要用指挥或者其他恶劣的语气，这样会使酒店员工产生反感而耽误问题解决的效率和效果。

二、旅行社业务洽谈礼仪

旅行社业务洽谈是旅行社的营销人员为了拓展旅行社的业务，采取接待或者拜访的形式与相关企事业单位的业务人员进行业务洽谈的活动。通常分为旅行社商务洽谈和旅行社国际商务洽谈两类。旅行社业务部门的接待人员必须重视相关的业务洽谈礼仪知识。

（一）旅行社商务洽谈

1. 旅行社商务接待程序及礼仪

(1)认真细致地做好准备工作

当接洽人员确知旅行社将有客户来临时，首先要去会客室检查一下应该准备的事情是否有所遗漏，在与客人约定的时间之前把一切准备工作做妥。

(2)选择合适的洽谈地点

进行旅游商务洽谈活动，如果不方便在旅行社接待，可以约客人到合适的场所会晤。必须注意的是，约客人见面，应该提前到达约定的场所。宁可等候客人，也不可让客人等主人。

(3)接待人员的精神面貌

作为旅行社的商务接洽人员,要时刻保持饱满的精神,主动行礼,微笑待客,对客人存有感谢的心态。

(4)说话要谦和亲切

对于来访的同行或业务伙伴,应该像招待老朋友一样热情亲切地问候,让其感到对他们的重视。但是这种热情也要把握好分寸,过分的热情只会取得适得其反的效果,让客户产生一种高度戒备的心理。因此,对待不同的客户,要视具体情况采用对方能接受的态度。

(5)接待人员的待客之道

来旅行社的客人应该礼貌对待,强调平等待客,慎重洽谈。客人未离开时不要谈论该客人的事。旅行社应该注意有些来访者的真正目的不是进行旅游商务洽谈,而是打听企业情报或商业机密。因此,对于客人的询问要慎重处理。接待客人时,说话要谨慎,在会谈中有来客时,要用字条代替传话,一来避免打断会场气氛,二来可保守机密。

(6)旅行社人员的形象礼仪

在整个洽谈的过程中,接待人员要姿态规范,得体大方。正确使用目光表情、手势身姿、服饰等非语言信号,力争给对方留下一个好的印象。

2.旅行社商务拜访程序及礼仪

(1)遵时守约

拜访应事先预约,尽量避免失约。应注意访问前要去信或去电联系,并事先约定时间、地点及参加的人员和身份。一经约定,就不要随意变动,尤其是主要成员,而且去拜访时,应提前5分钟到达,因为许多人都以是否准时作为判断对方能否守信的初始标准。

(2)明确目的

拜访前应有明确的目的,事先应做认真的准备,带好必要的资料,适时呈现给客户,以便对方选择和判断。

(3)注重修饰

旅行社工作人员在外出拜访时,应注意仪表形象、服饰得体,在进行面谈时,注意自己的举止和对方的称呼。

(4)掌握沟通技巧

拜访时,态度要诚恳大方,言谈要得体,不要颠三倒四、不得要领。除了拜访者主动交谈外,还要注意主人的态度、情绪和反应,注意尊重主人,把握好交谈的技巧。

(5)注意喝茶时的礼节

对方恭恭敬敬地奉上茶水时,应从座位上欠身,双手捧接,对捧茶过来的人不要忘记说声"谢谢",并且趁热时浅尝一下。

(6)拜访时间

通常一般性的拜访不要超过一个小时,初次拜访不要超过半个小时。

(二)旅行社国际商务洽谈礼仪

1. 着装要求

旅行社工作人员在进行国际商务洽谈时,应注重服饰礼仪,要按旅游商务人士标准着装。

2. 正确称呼

记住对方名字并正确地称呼。不同国家的人名有不同的特点,在称呼时也应注意加以区分。在国际商务洽谈中,记住对方姓名是旅行社业务员必须具备的素质。

3. 熟知社交礼节

旅行社人员在外出拜访时,要携带足够的名片并正确使用,要注意名片的内容和正确的递接名片方式。在名片上不要使用缩写,这包括旅行社的名称、本人的职位、头衔等。

4. 了解习俗禁忌

要了解对方的商务习惯和风格。美国人办事快速且不拘礼节;法国人很注重礼节,尽管两个人在一起工作了好多年,已经非常熟悉,但仍然用名字来互相正式称呼;大多数阿拉伯人不喜欢在没有获得两三次机会了解谈判对手之前就进行严肃的商务谈判,也不喜欢被催促,不喜欢有最后通牒式的期限等。

5. 遵时守约

要了解对方的时间观念。不同国家的人时间观念不同。如在与欧美人士打交道时一定要注意守时,在与巴西、墨西哥人士打交道时要容忍谅解他们的迟到行为,与中东阿拉伯国家商务人士打交道时,要了解他们的计时习惯。

6. 用餐礼仪

出于礼貌,不要拒绝对方推荐的食物。即使食物多么不合你的口味,多么粗糙,也要尝一些。尽可能做到桌上有什么就吃什么,主人吃什么,你就吃什么。

特别提示

旅行社接待服务人员应杜绝的失礼行为[①]

遵循礼仪不单单是口头上和表面上的动作,真正遵循礼仪就必须首先在心里

① 伍海琳. 旅游礼仪. 长沙:湖南大学出版社,2009.

对顾客有尊敬之意,举止谈吐要符合礼仪规矩,外表上注重仪容、仪态、风度和服饰等。在工作中,旅行社接待人员应杜绝以下有损企业形象的失礼行为:

1. 在向旅游咨询者介绍旅游产品时,不停地接听手机。

2. 当着顾客的面抽烟。

3. 随便吐痰。

4. 随手乱扔垃圾。

5. 当着顾客的面嚼口香糖。

6. 当着顾客的面挖鼻孔或掏耳朵。

7. 当着顾客的面搔头皮。

8. 在公众场合抖腿。

9. 当众打哈欠。在为旅游咨询者提供服务时打哈欠给对方的感觉是:你对他不感兴趣,已经很不耐烦了。因此,即使控制不住要打哈欠,也一定要马上用手盖住嘴,并事后道歉说"对不起"。

10. 频频看表、手机。在顾客面前应尽量不看或少看自己的手表或者手机,否则会使他们误认为企业门市服务人员急于脱身,或有更重要的事情急着去办。

拓展知识

旅行社营业部员工服务程序及礼仪①

1. 在岗位上必须按旅行社规定着装、佩戴工作牌,要保持个人清洁卫生,保持仪容端庄。

2. 接待客人时,目光应亲切自然,正视客人,提供微笑服务。

3. 对客人提出的涉及旅游和机票等问题,必须立即作出正确回答,并伴以介绍和报价,直至帮助客人挑选出旅游产品。

4. 如果在接待客人的过程中需接听电话,应该先向客人打招呼,电话结束后,再向客人表示歉意。

5. 对客人提出的需求,如营业部能够满足,则应立即给予明确答复;如营业部不能满足客人的要求,须从帮助的角度,给予客人以合理的解释,可能的情况下,为客人提供一些建议。

6. 客人随意浏览旅游宣传品时,销售人员应保持观察,揣摩其需要和特点,寻找接近的时机和方式,以便进入交谈过程,但不能干扰和妨碍客人。

7. 电话铃响,应立即接听。对于客人的电话咨询,要耐心解答,不厌其烦,严格

---

① 谷玉芬. 旅游服务礼仪实训教程. 北京:旅游教育出版社,2009.

遵守电话礼仪的要求。

8. 客人较多时，要招呼其他客人先坐下，或将有关资料先呈上，让他们查阅，然后按先后顺序予以接待，不能使任何一位客人有受冷落的感觉。

9. 在确定客人的行程计划时，要尽可能按客户的要求提供服务。对特殊要求再重复一下，以示确认，语气要适中。

10. 客人挑选旅游产品后，销售人员须按种类和价格迅速结算，让客人付款。现钞要当面点清，收款后应将机票、零钱、身份证等双手交给客人清点，并当面向客人交代清楚。

11. 与客人道别时，应起立并道谢和祝愿。

旅游车驾驶员服务程序及礼仪①

1. 要车容整洁，车况良好，检查设施、技术性能是否正常，是否符合营运规范要求。

2. 驾驶员仪表要端庄整洁、精神饱满。营运时应统一穿着公司制服，不佩戴首饰。男士头发不过耳，不留胡须；女士头发不披肩，不染烫发。在工作岗位上，尤其在客人面前避免做打哈欠、打喷嚏、撩头发、挖耳鼻等不文明动作。

3. 站立于车门一侧微笑迎客。与客人相遇时，面带微笑，目光接触时点头示意，说话亲切，音量适中，问答规范，简洁明确。

4. 大客车及接团车驾驶员在客人上车时，坚持站立车门旁迎接，身体挺直，双手自然下垂或交握在腹前。

5. 对老、弱、病、残、孕等客人勤搀扶。对这类客人要热情、耐心、周到。客人上下车时，应主动搀一把或扶一程。

6. 对初次服务的客人，应主动介绍情况，自报姓名、工号和单位，并说："欢迎乘坐××汽车，我将竭诚为大家服务。"与客人对话时要保持一定距离（1米左右），姿势自然，称呼得当，语调热情，态度大方，使用"您好"、"请"、"谢谢"等敬语。

7. 主动提携行李包。上下车时（或迎送客时），应主动为客人提携行李包。

8. 每辆车按车型配备公司统一制作的服务伞。逢雨天客人上下车时，要为客人遮雨或提供借伞服务。

9. 下车提醒说再见。客人下车，及时做好提醒服务，关照客人勿忘随身物品，并说"请走好，再见！"等欢送语。

---

① 谷玉芬. 旅游服务礼仪实训教程. 北京：旅游教育出版社，2009.

第二节 导游接待服务礼仪

导游服务是指导游人员在旅游活动中所提供的各项服务工作。导游员是旅游服务的组织承担者、直接操作者和协调者，而且，导游服务还贯穿于旅游活动的全过程。因此，导游接待服务礼仪是旅游接待服务礼仪中十分重要的一部分。导游人员可分为出境旅游领队、全程陪同导游人员、地方陪同导游人员、景区景点导游人员，不管是哪一类导游人员，迎送服务礼仪、讲解服务礼仪、沟通服务礼仪都是其接待服务礼仪中的重要部分。以下主要以地方陪同导游人员为例进行说明。

一、导游服务礼仪

（一）迎送礼仪

旅游团队接送是导游人员的一项十分重要的工作，接团工作的礼仪是否周全，直接影响着旅行社和导游本人在客人心目中的第一印象；而送团则是带团的最后一项工作，如果前面的工作客人都非常满意，但是送团工作出现了礼貌不周的问题，同样会破坏旅行社和导游人员在客人心目中的形象，并使带团前期的努力前功尽弃。因此，搞好导游接待服务礼仪十分重要。

1. 导游迎客礼仪

①凡导游人员到机场、车站、码头迎接客人，必须比预定的时间早到，等候客人，而绝不能让客人等候接团导游。

②接团前应事先准备好足够旅游团客人乘坐的旅游车，并督促司机将车身和车内清洗、清扫干净。

③备好醒目的接团标志，最好事先了解全陪的外貌特征、性别、装束等，当客人乘交通工具抵达后，举起接团标志或旗帜，向到达客人挥手致意。

④接到客人后，应说“各位辛苦了”，然后主动介绍自己的单位及姓名。

⑤介绍过后，迅速引导客人来到已安排妥当的交通车旁，指导客人有秩序地将行李放入行李箱后，再招呼客人按次序上车。客人上车时，最好站在车门口迎宾，需要时应用手护住门顶以防客人碰头。

⑥客人上车、待客人稍作歇息后，应详细介绍旅游活动的日程，或将日程表发到客人手上，以便让客人了解游程安排、活动项目及停留时间等。为帮助客人熟悉城市，可准备一些有关的出版物给客人阅读，如报纸、杂志、旅游指南等。

⑦注意观察客人的精神状况，如客人精神状况较好，在前往酒店途中，可就沿途街景作一些介绍；如客人较为疲劳，则可让客人休息。

⑧到达酒店后，协助客人登记入住，并借机熟悉客人情况，随后，将每位客人安排妥当。

⑨客人进房前先简单介绍游程安排，并宣布第二天日程细节。第二天活动如安排时间较早，应通知总台提供团队客人的叫醒服务，并记住团员所住房号，再一次与领队进行细节问题的沟通协调。

⑩不要忘记询问客人的健康状况，如团队客人中有身体不适者，首先应表示关心；若需要，应想办法为客人提供必要的药物，进行预防或治疗，以保证第二天游程计划的顺利实施。

⑪与客人告别，并将自己的房间号码和联系方式告知客人。

2. VIP 客人的迎接礼仪

①迎接贵宾时，应事先在机场（车站、码头）安排贵宾休息室，并准备好饮料、鲜花。

②如有条件，在客人到达之前可将酒店房间号码或所乘车牌号通知客人。

③派专人协助办理入关手续。

④客人抵达前，应通知酒店总台，在客人入住的房间内摆上鲜花、水果。

⑤宾客抵达住所后，一般不宜马上安排活动，应留一些时间让宾客休息。

3. 导游送客礼仪

①客人活动结束前，要提前为客人预订好下一站旅游或返回的机（车、船）票，客人乘坐的机舱、车厢、船舱尽量集中安排，以利于团队活动的统一协调。

②为客人送行时，应使对方感受到自己的热情、诚恳、有礼貌和有修养。临别之前应亲切询问客人有无来不及办理、需要代为解决的事情，应提醒客人是否有遗漏物品并及时帮助处理解决。

③机场安检后，火车、轮船开动以后，应向客人挥手致意，直至客人看不见自己了，才能离开。如果自己有其他事情需要处理，不能等候很长时间，应向客人说明原因并表示歉意。

（二）沟通协调礼仪

1. 善于预测与把握客人的心理

俗话说："凡事预则立。"一名合格的导游，要圆满完成带团任务，并尽量使每个游客玩得开心、游得满意，应对所接团成员的姓名、国籍、种族、身份、年龄、性别、职业、文化程度等方面的资料进行详细了解，并对他们的旅游动机、心理需求、游览偏好等情况作出大致的预测，从而对合理安排旅游路线、合理分配景点停留时间、确定景点介绍的侧重点，有一个全面的把握，以使整个接团工作在团队未来之前便已经心中有数。

2. 善于激发游客的兴趣

游客游兴如何是衡量导游工作成败的关键。游客的游兴可以激发导游的灵感,使导游在整个游程中和游客心灵相融,一路欢声笑语。相反,如果游客兴趣索然,表情冷漠,尽管导游竭尽所能,也会毫无成效。

游客兴趣具有多样性和复杂性,同时也具有能动性。游客的兴趣由弱到强,并具有相对的持久性和稳定性,与导游的积极调动、引导有很大的关系。激发游客游兴的因素包括两个方面:一是景观本身的吸引力;二是导游借助语言功能调动和引导。

另外,在游览过程中,要善于变换游客感兴趣的话题,可根据不同游客的心理特点,选择不同的话题:满足求知欲的话题、刺激好奇心理的话题、决定行动的话题、满足优越感的话题、娱乐性话题。

3. 善于调节游客的情绪

情绪是人对于客观事物是否符合本身需要而产生的一种态度和体验。旅游活动中,由于有相当多的不确定因素和不可控制因素,随时都会导致计划的改变。例如,有时由于客观原因致使游览景点要减少,游客感兴趣的景点停留时间要缩短;预订好的中餐因为某些不可控制的因素,临时改变吃西餐;订好的机票因大风、大雾航班停飞,只得临时改乘火车……类似事件在接团和陪团时会经常发生。这些都会直接或间接影响到游客的情绪。

分享案例:一个旅游团因订不到火车卧铺票而改乘轮船,游客十分不满,在情绪上与导游形成了强烈的对立。导游面带微笑,一方面向游客道歉,请大家谅解,解释说这是由于旅游旺季火车票紧张导致了计划的临时改变;另一方面,耐心开导游客:乘轮船虽然速度慢一些,但提前一天上船,并未影响整个的游程,并且在船上能够欣赏到两岸的风光,相当于增加了一个旅游项目……导游成功地运用分析方法,以诚恳、冷静的态度,幽默、风趣的语言,很快消除了游客的不满情绪。

4. 掌握沟通协调技巧

(1)回答问题技巧

游客来自世界各地,兴趣爱好不同、游览动机不同,提问方式五花八门,提出的问题稀奇古怪,因而对不同问题所采取的立场态度和所选择的回答方法,是检验一个导游人员灵活运用语言的能力和临场应变的能力的标准之一。回答疑难问题可以运用下列技巧:

①原则问题是非分明。客人提出的某些问题涉及一定的原则立场,一定要给予明确的回答。如果这些问题涉及民族尊严,涉及国家形象,要是非分明、毫不隐讳,并力求用明确的回答澄清对方的误解和模糊认识。

②诱导否定。对方提出问题以后,不马上回答,而是先讲一些理由,提出一些条件或反问一个问题,诱使对方自我否定,自我放弃原来提出的问题。

③曲语回避。有些客人提出的问题很刁钻,使导游在回答问题时肯定和否定性的回答都有漏洞,左右为难,还不如以静制动,或以曲折含蓄的语言予以回避。

(2)拒绝技巧

游客的性格各异,要求五花八门,有些合理要求作为导游人员应当尽量予以满足;而有些要求虽不尽合理,按照礼貌服务的要求,导游也不要轻易对客人说“不”。如何让客人在要求得不到满足时又能处之泰然,不至陷入尴尬境地呢?下面介绍几种符合服务礼仪的拒绝方法:

①微笑不语。遭人拒绝是最令人尴尬难堪的事,为了避免遭遇这种难堪,一般人通常选择不轻易求人。所以不论是何种情况,导游人员都不应直截了当地拒绝客人的要求。但有时客人提出的一些要求,我们又不得不拒绝,此时,微笑不语可谓是最佳选择。满怀歉意地微笑不语,本身就向客人表达了一种“我真的想帮你,但是我无能为力”的信号。微笑不语有时含有不置可否的意味。

②先是后非。在必须就某个问题向客人表示拒绝时,可先肯定对方的动机,或表明自己与对方主观一致的愿望,然后再以无可奈何的客观理由为借口予以回绝。

分享案例:在故宫博物院,一批外国游客看到中国皇宫建筑的雄伟壮观,纷纷要求拍照,而故宫的有些景点是不允许拍照的,此时导游员诚恳地对客人说:“从感情上讲,我真想帮助大家,但这里有规定不许拍照,所以我无能为力。”这种先是后非的拒绝法,可以缓解对方的紧张情绪,使对方感到你并没有从情感上拒绝他的愿望,而是出于无奈,这样在心理上客人容易接受。

③婉言谢绝。这是指以诚恳的态度、委婉的方式,回避他人所提出的要求或问题的技巧,即运用模糊语言暗示客人,或从侧面提示客人,其要求虽然可以理解,但却由于某些客观原因无能为力,为此只能表示遗憾和歉意,感谢大家的理解和支持。

④顺水推舟。即拒绝对方时,以对方言语中的某一点作为拒绝的理由,顺其逻辑性得出拒绝的结果。顺水推舟式的拒绝,显得极有涵养,既能达到断然拒绝的目的,又不致伤害对方的面子。

总之,多数情况下,拒绝客人是不得已而为之,只要措辞得当、表达的态度诚恳并掌握适当的服务礼仪技巧和分寸,客人是会予以理解和接受的。

(三)引导讲解礼仪

1.致欢迎词的内容

致欢迎词是沟通导游与旅游者的第一座桥梁。所以,导游人员在接团时应认真准备,并根据不同客人的特点(如国籍、年龄、职业、旅游动机等方面的因素),选择不同的欢迎词模式。但无论采用何种模式,欢迎词通常应包括以下几项内容：

(1)问候语

向团队客人问候。

(2)介绍语

自我介绍和介绍司机。

(3)欢迎词

代表旅行社向客人表示欢迎。

(4)希望语

表明自己愿竭尽全力为客人搞好导游服务的态度。

(5)祝愿语

祝客人旅途愉快等。

如果简单地将以上内容拼凑、堆砌在一起，不免让听者感到枯燥乏味。一段好的欢迎词，应该给客人留下热情、友好、亲切的印象，起到尽快缩短导游与客人之间的心理距离、融洽导游与游客的关系并调节游客情绪的作用。

2. 致欢送词的内容

欢送词是导游带团在结束了所有计划安排的景点游程后，在即将与客人告别之时所说的最后一段话。好的欢送词就犹如一篇好文章的精彩结尾，会给游客留下长久的余味，为前面的导游讲解工作锦上添花。如果在游程中曾出现过这样或那样的遗憾和不足，也可以通过欢送词再一次向客人表示歉意，以宽慰游客，使之心态平衡。任何不辞而别或草率收场，都是对游客不礼貌、不负责任的行为。

古人云："结句如撞钟。"一次成功的导游，应有一个好的欢送词来为它画上一个圆满的句号。那么，如何致欢送词呢？致欢送词应该包括的内容如下：

(1)惜别语

表示惜别之情。

(2)感谢语

对游客的配合与支持表示感谢。

(3)征求意见语

诚恳地向游客征求意见和建议。

(4)致歉语

对行程中的不足之处，赔礼道歉，请求谅解。

(5)祝愿语

期待下一次重逢，祝游客一路顺风。

由于每一个旅行团情况各不相同，对其所致的欢送词在形式上可以随团而异。

比如,对东方人可以讲一些关怀体贴的话,而对西方人则大可不必。因为,东方人需要的关怀与温暖,在西方人看来是对其个人自理能力的怀疑和轻视。

(四)处理突发事件的礼仪

由于旅游活动有较多的不确定因素,加之需要协调、衔接的部门、环节较多,很难预料在组织游览过程中,会发生怎样的突发事件。一旦突发事件发生,导游应该如何处理呢?

1. 出团前细致的准备工作

尽量在带团出游前对游览计划、线路设计、搭乘交通工具、景点停留时间、沿途用餐地点等作出周密细致的安排,并根据以往的带团经验充分考虑容易出现问题的环节,准备好万一出现问题时所采取的对策及应急措施。

2. 配备相关的出团必需品

导游员应准备一些常用的药品、针线及日常必需品等,应付突发事件需要联系的电话号码(如急救、报警、交通票务服务、旅行社负责人、车队调度等)随时带在身上。

3. 了解旅游团成员情况

导游员在出团前应亲切询问旅游团客人的身体健康状况,对老年团队成员尤其要细心,做好预防工作,避免在出团途中发生不必要的麻烦。

4. 强调游览活动的安全问题

游览有危险因素的景点或进行有危险的活动,如爬山、攀岩、游泳等,一定要特别强调安全问题,并备有应急措施。

5. 突发事件的处理

突发事件发生以后要沉着冷静,既要安抚客人,稳定客人情绪,又要快速提出周密的处理方案和步骤,尽量减少事件带来的负面影响。

二、导游活动礼仪

导游服务工作,不仅包括游客的迎送、景点的介绍和讲解,还包括许多其他的服务工作。简单地说,在游览过程中,满足游客的一切正当需要和需求的工作,都属于导游服务工作的范畴。让客人玩得开心、游得尽兴,是导游活动礼仪的精髓所在。带团旅游,涵盖了旅游六大要素吃、住、行、游、娱、购的方方面面。各个游客的兴趣、爱好和要求各不相同,素质参差不齐,要使每个游客都满意确实不是件容易的事。对于导游人员来说,要做好接待服务工作,必须遵循一定的导游活动礼仪规范。以下就对旅游六要素吃、住、行、游、娱、购的礼仪要求进行说明。

(一)就餐礼仪

旅游团队就餐,一般可以是便餐、自助餐,也有风味餐,不管是何种形式都要认真对待,因为恰当的团队饮食安排能使旅游活动变得丰富多彩,加深游客对旅游目的地的良好印象。

1. 提前落实用餐的时间、地点、人数与标准

提前落实用餐的时间、地点、人数与标准,这是对导游人员服务工作的基本要求。提前落实是对客人的尊重,也是质量的保证,使客人一进餐厅就能得到热情的服务。

2. 了解客人的特殊要求

不同的客人饮食要求不同,老年人、小孩喜欢清淡的食物,年轻人喜欢味重的食物,女性喜欢健康、绿色、减肥的食品。宗教人士的饮食禁忌,更是一点也不能疏忽大意。例如,穆斯林通常不吃猪肉,并且不喝酒。国内的佛教徒不吃荤腥食品,这不仅是指不吃肉食,而且包括不吃葱、蒜、韭菜、芥末等气味刺鼻的食物。

出于维护健康的原因,游客对于某些食品也有禁忌。比如,患有心脏病、心脑血管硬化、高血压和中风后遗症的人,不适合吃狗肉;肝炎病人忌吃羊肉和甲鱼;高血压、高胆固醇患者要少喝鸡汤等。不同地区的人们饮食偏好往往也有不同。比如,四川人、湖南人普遍喜欢吃辛辣食物,少吃甜食;英美国家的人通常不吃宠物、稀有动物以及动物的内脏、头部和脚爪等。

因此,作为导游员必须要了解客人饮食习惯的情况,针对游客的饮食特点尽量兼顾,以满足客人的要求。

3. 引导客人入座

引座是导游人员对客人的礼遇。导游应协助餐厅服务人员把客人引向事先预订好的位置,并热情介绍本餐厅及其菜肴特色,让客人有宾至如归之感。

4. 巡视客人用餐情况,及时解决可能出现的问题

为了能使客人满意用餐,导游人员不能在安排好客人后就自己吃饭去了,还应在用餐期间至少巡视一两次,以检查餐厅是否提供了标准服务,如发现问题或客人不满意,应及时与餐厅联系寻求解决。

(二)住店礼仪

1. 导游员住店礼仪规范

作为导游人员,特别是全陪,往往随同客人一起入住饭店。在饭店内,导游人员应当掌握相应的礼仪规范以展示自己良好的职业素养。

(1)与饭店服务人员关系的礼仪要求

入住饭店时,导游员主要接触的是饭店服务员、住店游客等。在处理这些关系时,应遵守敬人为先、克己自律的原则。

(2)享受服务的礼仪要求

导游人员要享受饭店所提供的常规服务,必须对饭店有一定的了解,千万不要

自以为是、不懂装懂,硬充内行而闹出笑话。

(3)保持卫生的礼仪要求

入住饭店后,应自觉保持个人卫生和客房的清洁。这是对客房服务人员辛苦工作的起码尊重。

2. 导游员对客服务礼仪规范

(1)介绍饭店设施

游客初来乍到,对即将入住的饭店心理期待较高,总有一种"在家千日好,出门一时难"的危机感。作为导游员,在旅游车即将到达饭店时,应向客人介绍饭店的基本情况,包括饭店的名称、位置、距机场(车站、码头等)的距离、星级、规模、主要设施、服务项目及注意事项等,以满足游客的心理需求。

(2)协助办理入住手续

一般而言,办理入住手续应由领队或全陪操作,但地陪更为熟悉本地情况,理所当然地应予以协助办理,这也是对客人的尊重。同时,地陪协助办理,可掌握游客的房间号,以便及时为客人服务。

(3)照顾行李进房

游客来到旅游目的地,大都带有大件行李。导游员应等待行李送达饭店并仔细核对,督促饭店行李员送入客人房间,以防出错。一旦游客行李丢失将是十分令人沮丧的事情。如果发现行李丢失,导游员应安慰客人,积极帮助客人寻找,并为客人解决生活困难。

(4)协助处理客人入住后的各类问题

安排好客人入住后,导游员迅速离去是失礼的。因为游客入住后还可能会遇到一系列的问题,如发现房门打不开、房间不标准、房间设施不全或损坏、房间卫生没做或行李投错等。如果导游员分完房间后就一走了之,是不负责的表现,会引起客人的反感情绪。

(5)处理好与游客的关系

在入住饭店期间,导游人员与游客既是主客关系,也是邻居关系。遇见游客,应主动打招呼;要注意观察动向,随时为游客提供帮助和服务;导游员不得与同性外国旅游团领队同住一室;导游人员进入游客房间,一般应事先电话约定,未按门铃或敲门,不得擅自闯入,一般不随便单独进入客人的房间,更不要单独去异性的房间;在游客房间里,不要触摸客人的行李物品和书籍,不要随意借用客人的电话。

(三)交通礼仪

旅游活动本身就是一个"享受空间转移"的过程,而空间转移这样一个重要活动的完成是否顺利、愉快,会在很大程度上影响整个旅游过程的品质。因此,除了要让客人吃好、住好,还得让他们“走好”,而这里的“走好”就是指在为游客选择、准备、安排交通工具时,要为客人提供充分的方便与舒适,让客人便捷出行。

飞机、火车、轮船是旅游团队出行的常用交通工具。在带团过程中,导游员也常常陪同游客乘坐出租车或公共汽车等。因此,导游员懂得乘坐交通工具的礼仪是十分重要的,也是十分必要的,因为它能体现一名导游员的文明水平。

1. 乘飞机礼仪

坐飞机时,登机就座后就要把安全带系好。要遵守飞机上的一切规章制度。比如上厕所,要尽量在飞机起飞之后、降落之前进行;不要大声聊天;用餐时要将座椅复原,吃东西轻一点,少喝酒,多喝水,这样有利于身体健康。另外,要等飞机完全停稳后再起身拿行李并排队按顺序出舱。

在登机前,导游员应协助旅游团办理登机牌,要配合边防、海关等部门做好安全检查,主动取出身上的金属物品。在机舱门口应有礼貌地向空姐点头示意。当空姐不断送来食品、饮料和纪念品时,导游员不可默不做声、毫无表情。在飞机中,导游员与游客交谈不要涉及劫机、坠机、恐怖和空难事件等,以免吓坏老年游客、胆小的游客和孩子等。

在下飞机时,导游员应走在旅游团的前面,及时与前来接团的地陪联系。

2. 乘火车礼仪

一般来说,导游员上车后应该为游客开道(下车时也应如此)、找好座位,自己放好行李之后还要帮助游客安放行李。入座后,不要脱鞋或把脚伸到对面座椅下(或赤脚伸到对面座椅上),这些行为都是不文明的表现。在火车行驶中不要随意开车窗或把头伸出窗外,对不熟悉的车上设备要请教乘务员后方可使用。晚间进入车厢,若遇他人正在脱衣睡觉(特别是女士),导游员应悄悄回避。自己宽衣就寝时应背对其他游客,若是换衣服则应去盥洗室。女导游员不要当着游客的面整理衣裙和化妆。

一般在车厢里应自觉保持安静,不要大声聊天。废弃的物品要自觉放在垃圾箱里。阅读后的报纸或杂志要整理好,不要随便乱扔。吸烟者,应到列车的吸烟区或两节车厢间的过道内,自觉遵守无烟区的规定。

3. 乘轮船礼仪

客轮的扶梯,一般比较长而陡,且梯级较多。因此,导游员带领游客上船之前,务必要提醒大家注意安全,并照顾老年人和孩子,让他们走在自己的前面。

在客舱里不要吸烟或躺在床铺上吸烟。若是晕船,应到洗手间去呕吐,不要吐在舱内或甲板上,以免引起其他游客的恶心。在航行中要遵守有关规定,不要对附近船只挥动衣服或手帕,晚上不要拿着手电筒乱照,不要在甲板上大声喧哗,这些都会给轮船工作人员带来麻烦。另外,在船舱内与游客交谈要低声,不要影响其他游客的休息。

4. 乘出租车礼仪

在导游接待服务过程中,导游人员少不了要陪同个别游客或散客进行参观游览和购物等活动。在与游客同乘一辆出租车时,懂得一些乘出租车的礼仪是很必要的,能够使游客感到,在一个文明、懂礼节的导游人员陪同下活动是件愉快的事情。

若陪同游客同乘一辆出租车,导游员应帮助游客上车,即首先为游客打开出租车右侧后门,让其坐在后排右座,当游客上车坐稳后,方可关车门,并当心不要夹了游客的手或衣物。导游员以坐在司机旁边的位置为好。到达目的地后,导游员应首先下车,为游客开门,帮助其下车。若导游员为女性,特别要注意上车和下车的姿势。

5. 乘公交车礼仪

一般情况下,在公共汽车内游客之间的关系基本上是和谐的,所以,导游人员必须能够做到自我约束、互敬互让,文明用语常挂在嘴边,尽量避免发生不必要的摩擦。作为导游员,应该主动将座位让给老人、儿童、孕妇及病人,不可在需要让座的时候,闭目装睡而失掉自己的风度。不应该把果皮纸屑等扔在车内,更不能顺手从车窗扔出去,这种行为既不道德,也有损导游人员自身的形象。其实,完全可以下车后多走两步把垃圾扔进垃圾箱内。在公共汽车上吸烟是很不道德的表现。雨天乘车,应把雨伞放到事先准备好的塑料袋内。

（四）参观游览礼仪

参观游览,是导游接待工作最重要的一环。它是指在旅游期间导游员带领游客观看和欣赏名胜古迹以及其他旅游景观的活动。

1. 参观游览的一般礼仪

(1)选定项目礼仪

选择参观游览项目,应根据旅游团的出游目的、性质和游客的意愿、兴趣、特点以及旅游目的地的实际情况来确定。对年老体弱者不宜安排长时间步行的项目,对心脏病患者不宜安排登高活动。提前预订参观浏览项目的旅游团,可事先了解游客要求,提出方案,让游客确认,方案一般应提前拟订,不宜改变。如果旅游目的地情况有变,一些参观项目确有困难难以参观,可如实相告,并作出适当解释,以求谅解。

(2)安排日程礼仪

当旅游团游览项目确定后,应制订详细的活动计划和日程,并及时通知相关接待单位和人员,以便密切合作。当旅游团到达以后,导游员仍然要与游客,主要是领队核对和商定日程，这是对游客的一种礼遇。一般来说，本着“合理而可能”的原则，日程不作大的变动。

(3)陪同参观礼仪

安排旅游团前往企业、高等院校等参观时，导游员应该做好联系落实工作。如有重要人物或是外宾参观，接待单位要配备精干人员出面接待，并安排适当的解说介绍人员提供服务，切忌前呼后拥。导游员主要应做好陪同和翻译工作，不能喧宾夺主，且参观时间不宜过长。

(4)讲解服务礼仪

讲解是导游人员的基本功，也应遵循一定的礼仪规范。

①要注意树立自己良好的服务形象。导游人员从第一次接触宾客时起，就要注意自己的仪表风度和言谈举止，做到称呼得体、动作文雅、谈吐大方、态度热情友好、办事稳重干练，给游客留下良好的第一印象。

②工作走在前面。导游员作为旅游活动的组织者，应时时处处以身作则，走在游客的前面。带团时，导游员应提前10分钟到达出发地点，以便与领队交流沟通信息、协商工作。要有礼貌地招呼早到的游客，听取他们的意见和建议，不断提高服务质量。

③端正讲解姿态。在旅游车上讲解时，应面对游客，而不能背对游客坐着。讲解时目光要巡视全体游客，不可仅注视一两个人。面部表情要亲切、自然，姿势要端正、优美，给人以落落大方的感觉。

④要尽己所能为游客介绍景点。导游员在工作中要尽职尽责，不可只游不导，应该充分发挥自己的口才，为游客介绍旅游景点。

⑤遵守导购职业道德。游客在旅游过程中，会选购一些有地方特色的旅游土特产以作纪念或馈赠亲友，导游应积极主动给游客当好导购和参谋，将他们带到商品质量好、物价公平合理的旅游商店，而不应该唯利是图，为了一点好处费，昧着良心违背职业道德。

(5)乘车、用餐和摄影礼仪

出发之前应提醒司机及时检查车况，分析行车路线。要预先安排好用餐，把当日行程安排事先告知游客。一般景区(点)均允许客人摄影，应留出足够时间让客人摄影。到禁止摄影处游览，要事先提醒游客，并做好解释工作。

(6)在海外参观游览的礼节

到海外参观游览要入乡随俗、客随主便，不能强人所难。在参观过程中，应专心听取介绍，不可因介绍枯燥或不对自己口味而显露出不耐烦和漫不经心，这是极不礼貌的。同时应广泛接触、交谈，以增进了解、加深友谊。注意尊重对方的风俗和宗教习惯。如要摄影，应事先向接待人员了解有无禁止摄影的规定。参观游览，对服装的要求并不严格，不必穿礼服，穿着西装可不打领带，但应注意整洁，仪容也应修饰。参观完毕，应向主人表示感谢，上车离开时应在车上向主人挥手道别。

2. 参观博物馆、美术馆和展览馆的礼仪

博物馆、美术馆、展览馆为人们提供了很多精神上的享受，丰富了人们的文化生活，当然参观也有一些约定俗成的礼仪规定。

(1) 服装要整洁

进入博物馆、美术馆、展览馆等场馆，服装要整洁，大型背包、雨伞等一律要寄存，这是怕人们携带着它们乱碰到艺术品，无法补救。

(2) 场馆禁忌

博物馆、美术馆、展览馆等场馆内禁烟、禁食、禁饮，保持参观场地整洁。为了保护珍贵的艺术品和出土文物，几乎所有博物馆、美术馆、展览馆等场馆都禁止使用闪光灯，严禁用手触摸艺术品或古文物。当然也有例外，如有些科技馆就欢迎游客动手尝试，让人们了解科技，开启心智。在参观过程中，不要高谈阔论，要缓步前行，避免冲撞他人。

(3) 其他礼仪

在游览时，如需要引导游览，可在入场时租用一副导览随身听，既不妨碍他人，又可重复听，直至听明白为止。

(五) 娱乐活动礼仪

娱乐，是旅游六大要素之一，组织安排好游客的娱乐活动是十分重要的。一般来说，在现代旅游中，增长见识、了解旅游目的地的文化艺术已成为旅游者普遍的需求。游客是比较乐意参加计划内的娱乐活动，他们也想了解当地的民俗风情。如今，旅游娱乐场所已成为旅游接待服务的重要组成部分，导游员则承担着满足旅游者娱乐休闲需求的重要任务，导游员在带旅游团观看文艺晚会时应注意相关的礼仪要求。

1. 观看节目前

在组织安排游客观看节目前，导游员要向游客介绍所观看文艺节目的大概内容、前往演出地点的发车时间及停车位置和注意事项等。到达剧场后，首先要介绍剧场内的设施、商品部和洗手间的位置，以及安全通道的情况。

导游员最好提前 15 分钟带领旅游团到达剧场，同时做好引导游客入座工作。在观看节目或幕间休息时要保持警惕，照顾好游客的安全，并提醒游客不要分散或单独活动。

2. 观看节目时

导游员应提示旅游团成员，在观看演出时应遵守秩序，保持肃静，尽量不要谈话，不要大声咳嗽或打哈欠，更不要打瞌睡。演出场所禁止吸烟，更不能嗑瓜子、吃零食。在观看节目时，导游员可略作介绍，但主要是让游客自己欣赏，即席翻译声音要轻。在国外观看文艺演出，如非专场，最好是事前了解节目内容、情节梗概，现场大略译几句，尽量减少说话，否则会引起周围观众的不满。

3. 观看节目后

剧场散场后，按照游客的一般心理都想尽快离开剧场，回到饭店。但是，由于旅游团队的情况不同，散场时游客的事情也比较多。比如，有的想上洗手间，有的想早点出去，也有的想等观众走得差不多的时候再起身等，再加上剧场散场时人较多，情况也较复杂，因此，导游员的工作重点是放在防止游客走散上。导游员首先要劝告游客先别急着走，等到观众稍微散开一些后再请游客起身离开(最好走一条通道，不要让游客分两边走)。导游员可事前约定，让游客散场后到剧场大厅集中，然后给一部分游客上洗手间的时间，最后清点人数。在旅游车启动之前，导游员要再一次清点人数。

(六) 购物礼仪

随着人们生活水平的提高，旅游购物已经成为一个新的经济增长点，是旅游景区经营的重要内容，而旅游购物服务也是整个旅游接待服务的重要组成部分。导游服务中的旅游商品促销是个敏感的话题，对此要有正确的认识和把握：不管游客是否购物，前后态度都要一致，购物与否不是判断客人好坏的标准。

世界各国都十分重视旅游商品和纪念品的开发、生产和促销，并将其视做争夺游客的魅力因素、增加旅游收入的重要手段。据统计，在世界各国的旅游总消费中，用于购物消费的部分高达50%以上，新加坡等国家或我国香港地区，销售旅游商品和纪念品的收入比重已超过60%。导游人员对旅游商品的促销起着举足轻重的作用。为了更有效地促销旅游商品，最大限度地满足游客购物的需求，导游人员应该做到如下几点：

1. 思想重视，态度积极

每个导游人员必须认识到，满足游客的购物要求是导游服务工作的重要内容之一。因此，导游人员帮助游客购物责无旁贷。

2. 熟悉商品，热情宣传

游客在旅游过程中，会选购一些具有地方特色的土特产品以作纪念或馈赠亲友，为了满足游客不同的购物要求，导游人员应尽可能地多了解商品的产地、质量、使用价值、销售地点和价格等，并主动热情地向游客宣传，当好游客购物的向导和参谋。

3. 了解对象，因势利导

为了更好地促销商品，导游人员不仅要熟悉商品，还要做个有心人，设法了解游客是否有购物要求、购买能力及他们希望购买什么样的商品，从而有针对性地提供购物服务，满足游客的购物愿望。

4. 掌握推销原则

导游员做好购物服务，必须建立在游客“需要购物、愿意购物”的基础之上，不得强买强卖，违法乱纪。在推销旅游商品时，必须遵循以下原则：

(1)从游客的购物要求出发，因势利导

导游员在提供导游服务过程中，不要过长地安排购物时间，切忌将购物强加于人，更忌拉游客到自己的关系户那里去购物牟取私利，引起游客的反感。

(2)实事求是，维护信誉

介绍商品要实事求是，价格要公道合理；不得做失实的介绍，不得以次充好、以假乱真，不得乱涨价；严禁导游员为了牟取私利而与不法商人相互勾结，坑害、欺骗游客。

总之，导游人员应遵守导购职业道德，应将游客带到商品质量好、物价公平合理的商店，而不应唯利是图，把游客带进卖伪劣商品的黑店，给中国旅游业抹黑。

特别提示

导游员带团中礼节的注意事项①

1. 导游员在带团过程中一定要佩戴导游证

根据2002年1月1日起实施的《导游人员管理实施办法》，在导游活动中未佩戴导游证的，在导游年度考核计分中，扣4分。

2. 使用接站牌的注意事项

(1)接站牌尽量不使用白纸黑字，虽然比较醒目，但会让游客感到晦气。

(2)接站牌内容接站前尽量不给他人看到，以防他人盗用，欺骗游客。

3. 各种单据上注意要盖旅行社公章

在填写各种结算凭证时，具体数目一定要与该团的实到人数相符，人数、金额要用中文大写。

4. 清点人数注意事项

(1)在清点人数时，切忌用手指指点。可用默数的方法，或采用手指辅助记数，即右手自然垂直朝下，以弯曲手指来记数。

(2)车内清点人数时，通常沿着一定方向按顺序清点，注意被点游客与记忆库

① 葛益娟，张骏. 导游实务. 北京：旅游教育出版社，2010.

中的游客信息相符，再以车内座位数与空位间的差数来验证。

(3)清点人数时不能发出声音，特别是不能让游客听到，不可用导游旗来回比画，也不可用手在客人肩上按，更不允许用手在客人头上指指点点。

机场和火车站接团的区别①

1. 飞机由于受天气情况影响较大，故抵达时间发生变化较多，可能提前，可能晚点，也可能取消，在接团前需注意不断核实。火车相对而言晚点的情况不会很多，一般也不会提前到达。

2. 入境团队一般多乘飞机，因此要注意由于游客人数变更所带来的签证问题，而火车很少涉及补办或注销签证的问题。

3. 机场接团多配备行李车，因此要注意与行李员取得联系并交接行李。而火车站接团，多为国内客人，行李物品不会太多，一般放置在旅游车中即可。

4. 不同的航空公司的航班都有指定的航站楼出口，一般情况下都具有唯一性，方便接团。而火车站有时会有几个出口，如北京西站有北一出口、北二出口和南出站口三个出口，导游员在接站时一定要提前与组团社或全陪、领队联系好，商定走哪个出站口。如果因为客观原因没有联系上，导游员可根据取得的火车票的座位信息，购买站台票到站台迎接客人。

拓展知识

旅游安全服务礼仪②

◆乘车安全服务礼仪

1. 导游人员要照顾好客人上下车，然后清点人数，客人到齐坐稳后再示意司机开车。汽车行驶中，不得停车让无关人员乘车。遇有不明身份者拦车，不得停车。

2. 导游人员要提醒司机注意行车安全，如发现司机身体欠佳、情绪不好或酒后开车时，要及时予以劝阻，并调换司机；如遇雨、雪、雾天或路况较差时，要劝告司机减速慢行，并提醒客人扶好扶手。

3. 待汽车停稳后，再招呼客人下车，向客人讲清下次乘车的时间和地点，向司机交代清楚下次活动的乘车时间、地点和日程安排。

4. 当发生车祸时，全陪、地陪、司机要全力保护客人，迅速将客人从车内救出，

---

① 葛益娟，张骏. 导游实务. 北京：旅游教育出版社，2010.

② 舒伯阳，刘名俭. 旅游实用礼貌礼仪. 天津：南开大学出版社，2000.

随后拦住过往车辆将受伤客人送至医院救护。如无过往车辆,要迅速打电话给接团地或急救中心、医院,请求火速救援。事发后,要向领导详尽汇报事故和救护过程,并妥善处理一切善后事宜。

◆住宿安全服务礼仪

1. 导游人员要了解客人所住房间的位置、领队的房间号和酒店的安全通道位置等,一旦发生意外情况要能组织客人迅速、安全地撤离现场,尽量避免发生不必要的伤亡事故。

2. 要提醒客人锁好房门。不明身份者来访时,切不可贸然开门让对方闯入。要提醒客人晚上外出注意安全,要看管好自己的财物,防止发生被抢、被盗事件和人身安全问题。

3. 发生意外情况时,导游人员要沉着冷静,采取果断措施处理。如客人突发疾病,要迅速将其送往医院救治;如客人发生意外伤亡,要在做好客人救护工作的同时,保护好现场,并及时向接团社和公安部门报告情况,寻求处理方法等。

4. 全陪要与客人同住一个酒店,如有事需离开,必须通知领队、地陪和客人。

◆就餐安全服务礼仪

1. 导游人员要带客人安全抵达餐馆。若在抵达过程中发现商贩或可疑人员追随、拦阻、围挤客人,要出面加以阻拦,并带客人迅速离去。带客人通过餐厅通道、楼梯时,如发现地面油腻、台阶破损、地毯卷曲,要适时提醒客人注意脚下安全。

2. 客人进餐时,导游人员要了解客人对餐饮的反映和餐饮的供应情况。如发现有饭菜不洁、变质、发霉情况,要主动向餐厅主管进行交涉,要求其按标准重新提供,并向客人赔礼道歉。

3. 如发现客人就餐后出现头晕、头痛、恶心、呕吐等不适症状,导游除立即劝阻客人停止进餐外,应迅速护送客人前往医院就诊,同时尽快报告接团社和卫生检疫部门,妥善安排善后处理事宜。

◆活动安全服务礼仪

1. 客人在游览、购物、观看文娱节目时,导游要适时提醒客人看管好财物,防止被抢、被盗以至人身伤亡事故的发生。导游要随时提醒客人注意行路安全,特别在登山时,要格外照顾好年老体弱者,要随同这些客人一起活动,给予充分关怀,热情提供帮助。

2. 导游要随时注意不让与本团无关的人随团活动。导游要始终跟随客人一起活动,要注意维持好活动秩序,经常清点人数,防止客人走失。

3. 导游每天要向客人公布当日或次日的天气预报,提醒客人增减衣服,防止客人患病。天气不好时,要及时了解前往地点是否安全。如遇刮风、下雨、下雪造成路况危险,要当即请示领导,变更活动计划,同时向客人做好解释工作。

4. 客人在活动中一旦发生意外情况，导游要立即带领客人迅速撤离现场。如遇坏人威胁或伤害客人，导游应挺身而出，保护客人的安全；如客人发现财物被抢、被盗，导游应立即报告所在地的相关管理部门或公安机关，配合开展案件侦破；如客人突发疾病，导游应将客人迅速送往医院救治，并向接团社汇报所发生的情况，请求派人前往医院看护病人并处理有关事宜，导游不能轻易给客人用药。

◆为提高公民文明素质，塑造中国公民良好的国际形象，中央文明办、国家旅游局联合颁布《中国公民出国（境）旅游文明行为指南》、《中国公民国内旅游文明行为公约》。[①]

《中国公民出国（境）旅游文明行为指南》

中国公民，出境旅游，注重礼仪，保持尊严。
讲究卫生，爱护环境；衣着得体，请勿喧哗。
尊老爱幼，助人为乐；女士优先，礼貌谦让。
出行办事，遵守时间；排队有序，不越黄线。
文明住宿，不损用品；安静用餐，请勿浪费。
健康娱乐，有益身心；赌博色情，坚决拒绝。
参观游览，遵守规定；习俗禁忌，切勿冒犯。
遇有疑难，咨询领馆；文明出行，一路平安。

《中国公民国内旅游文明行为公约》

营造文明、和谐的旅游环境，关系到每位游客的切身利益。做文明游客是我们大家的义务，请遵守以下公约：

1. 维护环境卫生。不随地吐痰和口香糖，不乱扔废弃物，不在禁烟场所吸烟。

2. 遵守公共秩序。不喧哗吵闹，排队遵守秩序，不并行挡道，不在公众场所高声交谈。

3. 保护生态环境。不踩踏绿地，不摘折花木和果实，不追捉、投打、乱喂动物。

4. 保护文物古迹。不在文物古迹上涂刻，不攀爬触摸文物，拍照摄像遵守规定。

5. 爱护公共设施。不污损客房用品，不损坏公用设施，不贪占小便宜，节约用水用电，用餐不浪费。

6. 尊重别人权利。不强行和外宾合影，不对着别人打喷嚏，不长期占用公共设施，尊重服务人员的劳动，尊重各民族宗教习俗。

① http://www.nj29jt.net/shuxue_info.asp? keyno=3495.

7. 讲究以礼待人。衣着整洁得体，不在公共场所袒胸赤膊，礼让老幼病残，礼让女士，不讲粗话。

8. 提倡健康娱乐。抵制封建迷信活动，拒绝黄、赌、毒。

案例分享

导游的接机任务①

导游小高受公司领导指派，去机场迎接一位重要客人，当他赶到机场时，飞机刚刚降落。由于赶时间，小高满头大汗，于是他敞开衣服、解开领带。见到客人后，小高热情握手、寒暄，并引导客人到达停车地点，最后把客人安全送到下榻的饭店，顺利完成了接待任务。

思考题：

1. 导游小高在迎接客人时有哪些方面做得不符合导游服务礼仪？

2. 导游在迎接游客或重要客人时有哪些礼仪要求？

3. 结合本案例，谈谈导游员与游客初次见面时，应如何给游客留下良好的第一印象？

地陪未准时到达团队集合地②

小徐是从某外语学院德语专业毕业分配到旅行社从事导游工作的新员工。这天，他做地陪接了一个德国团。7:30，他就跨上自行车去游客下榻的饭店，因为旅游团 8:00 在饭店大厅集合。小徐想："从家里到饭店骑车 20 分钟就到了，应该不会迟到。"然而，当经过铁路道口时，开来一列火车，把他挡住了。待列车开过去时，整个道口已是挤得密密麻麻，因为大家都急着赶时间去上班，自行车、汽车全然没有了秩序。越是没有秩序，越是混乱，待交通警察赶来把道口疏通，时间已过8:00。10 分钟后，小徐才到达饭店。这时，离原定游客出发的时间已晚了 10 多分钟，只见等候在大厅里的那些德国游客个个脸露不悦，领队更是怒气冲冲，走到小徐面前伸出左手，意思是说："现在几点了？"

思考题：

1. 说说导游小徐在接待客人的时间安排方面做得不恰当的地方。

2. 作为德语专业的导游在接待德国旅游团时应注意哪些时间要求？

3. 作为地陪在旅游团出游之前，没有安排好接待客人的时间会给导游工作带

---

① 张金霞. 导游接待礼仪. 北京：旅游教育出版社，2009.

② 同上。

来哪些负面影响？

思考与练习

1. 请举例说说旅行社与交通部门和酒店的业务活动礼仪要求。
2. 旅行社接待人员在进行业务洽谈时应注意哪些礼仪要求？
3. 导游人员应如何运用沟通协调礼仪巧妙地拒绝客人？
4. 导游人员在进行引导讲解礼仪时应注意哪些方面？
5. 请谈谈你对导游活动礼仪中购物礼仪的认识。

第九章 旅游目的地接待与游览礼仪

引　言

旅游作为一种时尚，已成为现代人生活的一部分。人们对于旅游的要求不仅仅是增长知识、开阔视野、放松身心，还有着培养审美情趣、提升文化品位、交流情感、获取愉悦的高级精神享受等方面的期许。在满足人们日益提高的旅游需求方面，旅游目的地的接待能力与接待水平发挥着重要作用。以满足游客需求为己任，以礼相待游客，通过优质的接待服务使旅游目的地成为游客向往之地、难忘之地，是旅游目的地员工的基本职责和追求目标。做到规范而文明地游览，既是对游客的要求，也是旅游工作者应明确和应尽的职责。

学习目标

1. 掌握景区的接待服务礼仪。
2. 熟悉相关的宗教知识，掌握宗教之地旅游的注意要点。
3. 熟知游轮服务的内容、特点及游轮旅游的礼仪要点。
4. 掌握游览礼仪。

第一节　旅游景区与主题公园接待礼仪

一、旅游景区接待服务礼仪

（一）旅游景区接待人员服务礼仪

1. 售票服务

（1）方便游客

景区的售票厅位置要合理，售票要方便快捷，有遮阳避雨设施和一米线设施等，告知牌清晰美观、内容齐全。

(2)热情接待

售票处应公示门票价格及优惠办法，主动向游客解释优惠票价的享受条件。售票员要做到热情礼貌，耐心回答购票者的各种提问，做到百忙不厌，杜绝与游客发生口角，能熟练使用普通话。

(3)及时提醒

注意向接近闭园时间购票的游客提醒景区的闭园时间及景区内仍有的主要活动。

(4)遵章办理

游客购错票或多购票，在售票处办理退票手续时，售票员应按景区有关规定办理。如确实不能办理退票的，应耐心向游客解释。

(5)重视意见与建议

耐心听取游客批评意见，注意收集游客的建议，及时向上一级领导反映。

2. 验票服务

(1)礼貌待客

验票岗位工作人员，应保持良好的工作状态，精神饱满，面带微笑，使用普通话及礼貌用语。

(2)认真履行职责

对漏票、持无效证件的游客，要礼貌地耐心解释，说明无效原因，说服游客重新购票。

(3)及时相助

残疾人或老人入景区时，应予以协助。

(4)维护秩序

如遇闹事滋事者，应及时礼貌地予以制止；如无法制止，立即报告有关部门。切忌在众多游客面前与之争执，引起景区秩序混乱。

3. 咨询服务

(1)礼貌待客

接受游客咨询时，应面带微笑，且双目平视对方，全神贯注，集中精力，以示尊重与诚意，专心倾听，不可三心二意。

(2)耐心细致

咨询服务人员，应有较高的旅游综合知识，对游客关于本地及周边区域景区情况的询问，要提供耐心、详细的答复和游览指导。

(3)恰当得体

答复游客的问询时,应做到有问必答,用词得当,简洁明了。不得敷衍了事,言谈不可偏激或夸大其词。如暂无法解答的问题,应向游客说明,并表示歉意,不能简单地说"我不知道"之类的用语。

4. 投诉受理服务

(1)以礼相待

景区工作人员应把妥善处理游客的投诉视为建立诚信、改善服务的契机,受理人员要着装整洁,举止文明,热情、耐心地接待投诉游客。

(2)及时受理与反馈

受理投诉事件,能够现场解决的,应及时给予解决。若受理者不能解决的,应及时上报景区负责人,将处理结果通知投诉者,并注意收集反馈意见,科学分析,以便及时改进工作,提高服务质量。

(3)注意理解与谅解

要以换位思考的方式去理解投诉游客的心情和处境,满怀诚意地帮助客人解决问题。不可以对游客的投诉置之不理,不可以强词夺理或得理不让人。

(4)游客、景区利益兼顾

接待投诉者时,要注意礼仪礼貌,不要与客人争辩,应本着实事求是的原则,既要尊重游客的意见,又要维护景区的利益。

(5)建立长效机制

景区应设立专用投诉电话,并在景区明显位置(售票处、游客中心、门票等)标明投诉电话号码,且有专人值守。

特别提示

旅游景区从业人员文明用语

1. 您好,欢迎光临×××景区。

2. 您好,请收好门票,景区内有××个景点需要验票。

3. 谢谢,欢迎下次光临。

4. 对不起,您的证件不符合免票规定,请到售票处补票,谢谢。

5. 请拿好票,往这边走,祝您玩得愉快!

6. 您好,需要帮忙吗?

7. 对不起,这个问题我现在无法回答,让我了解清楚再告诉您,请留下您的联系方式。

8. 对不起,请再重复一遍。

9. 您好，×××景区咨询员为您服务。

10. 感谢您打电话给×××景区，希望能继续得到您的关注，谢谢！

11. 请您坐下，慢慢说。

12. 非常抱歉让你遇到这样的麻烦……

13. 这是我们工作的疏漏，十分感谢您提出的批评。

（二）旅游景区导游员（讲解员）的服务礼仪规范

“祖国山河美不美，全凭导游一张嘴”。导游员（讲解员）是风景与游客之间的一座桥梁，他们把风景解读给游客，是景区文化的传播者，也是景区形象的塑造者。导游员（讲解员）讲得好不好，素质高不高，对旅游目的地而言，十分重要。旅游景区导游员（讲解员）应遵循的服务礼仪如下：

1. 遵守规程

（1）持证上岗

景区的导游人员（讲解员），要做到持证上岗、挂牌服务。

（2）保持良好状态

景区导游员（讲解员）着装要得体、整洁，要保持饱满的工作热情，时刻处于良好的工作状态。

（3）热情待客

景区导游员（讲解员）在为游客提供服务时，要做到礼貌待客、微笑大方，热情主动并耐心地倾听游客的意见，在合理而可能的情况下，尽量满足游客的要求。

（4）遵守职业道德

导游员（讲解员）要严格按照讲解服务单位确定的游览线路和游览内容进行讲解服务，不得擅自改变游览路线、减少服务项目、减少景点解说或敷衍了事甚至中止讲解服务，不得向游客强行出售套票或者搭配物品，不应以明示或暗示的方式索要小费和强迫游客购物。

（5）及时提示

导游员（讲解员）在讲解服务中，对涉嫌欺诈经营的行为和可能危及游客人身、财产安全的情况，要及时向游客作出真实说明或明确警示。

2. 讲解规范

（1）内容准确

景区景点的导游人员（讲解员）在向旅游者讲解时，内容一定要准确，这是导游人员（讲解员）在讲解时必须遵守的基本原则。通过讲解，景区景点的导游人员（讲解员）向游客传播中华文明，传递审美信息。在这一活动中，“正确性”起着至关重要的作用。“一伪灭千真”，如果景区景点导游人员（讲解员）信口开河、杜撰史实、张冠李戴，游客一旦发现受了导游人员（讲解员）的蒙蔽，必定产生极大的反感。导游语言的科学性越强，就越能吸引游客的注意，就越能满足他们的求知欲，导游人员也会受到更多的尊重。

(2)通俗易懂

景区景点导游人员（讲解员）在进行讲解服务时，应该口齿清晰，简洁明了，确切达意。当旅游者提出质疑时，导游人员（讲解员）措辞要恰当，服务要到位。景点讲解层次要分明，逻辑性要强。所在景区景点文物古迹的历史背景和艺术价值、自然景观的成因及特征必须交代清楚。要使用通俗易懂的语言，忌用歧义语和生僻词汇。要尽量口语化，避免冗长，以免耽误旅游者的时间。讲解内容要健康、规范，不要掺杂封建迷信、低级庸俗的内容。

3. 注重细节

在为游客提供服务的过程中，要注意通过细节，如微笑、眼神交流、令人开心的举动、特定角色的表演等，为游客带去愉悦感受。此外，还要注意尊重游客的宗教信仰、民族风俗和生活习惯，并主动运用他们的礼节，表示对他们的友好和敬重。路遇危险状况时，要主动提醒，并按规程及时对游客进行安全疏散，保证游客安全。要注意善意提醒游客文明旅游。

4. 理性对待投诉

当遇到游客投诉时，应保持谦逊、克制的态度，认真倾听对方的要求，对其合理要求应及时予以解决，对不合理要求应该礼貌而委婉地拒绝。

（三）旅游景区商业人员服务规范

1. 娱乐服务

(1)认真检查，悉心维护

娱乐服务人员每天上岗前要认真仔细检查娱乐设施、设备，加强对设备、设施的定期维护和保养，使其处于良好的使用状态，保证安全运行。

(2)保障游客安全

娱乐服务人员应提醒游客注意安全事项，并帮助游客采取安全措施，确认安全有保障后再启动娱乐设施。对于不遵守安全规定的游客，娱乐服务人员要耐心说明违反规定的后果。如有解决不了的问题，应及时上报。

2. 购物服务

(1)注重形象

购物服务人员除要注意自己的着装和仪容仪表外，还要善于与游客沟通。

(2)规范经营

购物市场管理要有序，经营者应统一佩戴胸卡，亮照经营。经营者应主动向客人介绍富有本景区特色的旅游商品，明码标价，无价格欺诈行为，无尾随兜售或强买强卖现象。

3. 餐饮服务

(1)文明待客

餐饮服务人员要做到文明礼貌,热情待客。注重个人仪表仪容,保持个人卫生整洁,站立端正,面带微笑。做到来有迎声、去有送声,微笑服务,耐心解答就餐者提出的问题。

(2)注重规范

按照《中华人民共和国食品卫生法》和国务院《公共场所卫生管理条例》的有关要求,切实做到景区餐饮设施格调统一、卫生三证齐全(包括卫生许可证、经营许可证、健康证)。

(3)保障食品安全

食品储存、餐具消毒设施设备齐全、完善。无假冒伪劣商品,无过期变质食物,无食品加工过程中的交叉污染。不得使用一次性不可降解餐具。

(4)诚实守信

餐饮质价要相称,价格要公平合理。应向游客公开就餐标准,明码标价,不应降低餐饮标准或克扣游客餐费。

(5)注重环境与特色

餐厅环境要整洁,空气要清新。应注重体现本地区(景区)的饮食文化特色,有侧重地提供特色食品和当地的风味小吃。但不可以提供违反国家有关规定的野生动植物。

(四)旅游景区其他方面的服务规范

1. 景区设施配备齐全、规范

(1)景区服务项目与价格

景区应公开服务项目和服务价格,依法经营,诚实守信,按书面合同或者约定的服务项目与标准提供服务。

(2)游客接待中心

位置应合理,规模适度,设施齐全,功能完善。咨询服务人员要配备齐全,业务熟练,服务热情,应能根据游客旅游的不同需求提供相应的游览方案供游客选择。

(3)各种引导标志(包括景区全景图、导览图、标志牌、景物介绍牌等)

造型特色要突出,要能呼应景区的总体风格。标志牌和景物介绍牌文字要规范、设置要合理,能满足中外游客的需要。

(4)公众信息资料(如研究论著、科普读物、综合画册、音像制品、导游图和景点材料等)

要品种齐全,文字规范,内容丰富,制作精美,适时更新,能满足游客自愿选择的需要。

(5)游客公共休息设施

要布局合理,数量充足,舒适安全,有艺术感。

2. 公共设施布局合理、完善

景区入口处、主要景点、交叉路口和服务场所等应设置指示标志和导游标志。厕所要有专人管理,洁具洁净、无污垢、无堵塞,做到安全卫生。垃圾箱要布局合理,标志明显,造型美观,与环境相协调,应尽量分类设置。垃圾清扫及时,日产日清,无堆积,无污染。景区出入口、主要通道、危险地段、警示标志等应有照明设备,照明设施应保持完好。为特定群体(老年人、儿童、残疾人等)配备相应的设施及用品,提供特殊服务。

3. 卫生与医疗工作管理规范

景区管理部门应制定景区的卫生与医疗管理规范,做好卫生与医疗工作。景区对制作、销售和提供食品的单位制定食品采购、储存、运输、检验等管理制度,实行统一采购,统一管理,预防食品中毒和食品污染,以确保食品卫生安全。

景区应配备一定数量的医疗室(站)和有相应资质的医护人员,配备必要的药品、医疗器械设施,建立医疗服务制度。景区应配备救护车,并与地方医院建立长效联系机制,有规范的医疗急救措施和制度,能够进行医疗和急救。

4. 切实做好安全管理

景区的安全管理应贯彻"安全第一,预防为主"的方针,切实保障游客的人身、财物安全。

二、主题公园工作人员接待礼仪

主题公园具有不同于传统旅游景观的属性特征,它是一种人造旅游资源,是一种以游乐为目标的模拟景观的呈现,是集诸多娱乐内容、休闲要素和服务接待设施于一身的现代旅游目的地。

主题公园着重于特别的构想,围绕着一个或几个主题创造一系列有特别的环境和气氛的项目吸引游客。主题公园的特点就是主题鲜明、寓教于乐、科技先进、服务上乘。

(一)主题公园服务礼仪

1. 注重挖掘文化内涵

主题公园不仅是一个商业产品,更应该是一个文化产品,要有文化依托,有深厚的文化内涵。主题公园要挖掘能与游客对话的文化基础,获得游客的理解和肯定。一座主题公园,只有拥有了高品位的、表现得相当贴切的文化内涵,才能具有个性特色和品质魅力,生命力才会延长,才能成为广受人们欢迎的娱乐休闲胜地。

2. 精心打造丰富多彩的主题

现代主题公园的主题大多是复合型的,即常在一个统一的大主题下,又有不同的小主题,形成多层次的、丰富多彩的主题结构,从而能更好地满足游客的内心需求,也有利于主题公园的发展。主题公园可以通过不同的方式向人们展示优美的环境、精美的建筑艺术、浓浓的异域风情、高层次的艺术品、生动活泼又多姿多彩的表演活动等,还要兼顾科学知识的普及、艺术的陶冶和高尚情操的感召。

3. 用独特的服务思维突出主题

旅游服务的要点万变不离其宗,但主题公园通常要有一套独特的服务思维来凸显公园的主题。主题公园的服务常增加许多围绕主题的要素,使众多员工能一同实现主题,令游客充分地感受主题。

主题公园从接待游客的方式上就应与一般的公园、景区等有所不同。主题公园的接待人员要从语言到服饰等多方面凸显主题,使游客一进入园区就能真切地感受到浓浓的主题氛围。

4. 服务人性化

要以游客为中心,为游客提供个性化的优质服务。

(1)为不同类型的人群提供不同的服务

主题公园需要考虑特殊游客的特殊需求,可为儿童游客准备童车,为携带婴儿的游客准备婴儿车和婴儿护理室,其中备有更换纸尿裤的小床和暖奶器等设备。可以提供协助查找走失儿童的服务,提供轮椅出租业务。大部分餐厅、商店和娱乐设施均要方便轮椅进出。要设有寄存柜,供游客租用。要为游客提供贵重物品存放处,为游客照看宠物。要尽一切可能,促使游客玩得安心、玩得舒心。

(2)让等待变成娱乐

主题公园,特别是拥有游乐设施的主题公园,排队等待游玩已是一种必然。为减少游客等待时的烦躁感,公园在等候区的设计上应多花心思,安排一些有趣的内容供游客观赏、浏览,还可让相应的游乐项目的主题在等候排队区域就有所展现,让游客在排队的过程中就能预热甚至开始进入具体情境。

(3)采用预约方式

为了减少游客们等候的时间,公园还可采取预约方式,设置快速通道。当排队等候的游客过多时,游客就可以通过预约机获取预约卡。卡上打出预约时间,一般是一两个小时以后。游客可以先去玩别的项目,然后在预约的时间回来,直接从快速通道进入。

(4)门票价格多种多样

主题公园可根据游客游览天数,定出不同票价。可设置一日游票价、两日游票价,还可以有年票,方便距离较近的游客随时前来游玩。

(5)方便如厕

设置多个厕所,方便游客,并保证厕所的洁净卫生。

5. 营造温馨、轻松的环境

要热情周到、细致入微地提供服务,为所有游客营造一个受欢迎、被尊重和包容的环境。当有小朋友问话的时候,工作人员都要蹲下来回答问题,让自己的视线和小客人的视线在一个水平线上。要让每一位前来游玩的客人都因主题公园的服务而感到物超所值。要以服务创造价值。

(二)主题公园导游讲解礼仪

主题公园导游的核心业务就是讲解,生动形象、幽默诙谐是主题公园工作人员讲解的要点之一,它是主题公园娱乐性要求的体现。主题公园的导游人员在导游讲解时应注意以下礼仪:

1. 形象化的语言

使用形象化的语言,以求创造美的意境。使用生动流畅的语言,在充分掌握导游资料的情况下注意趣味性,以激发游客的游兴。采用恰当生动的比喻,使导游的讲解更易被理解与接受。

2. 幽默感

幽默风趣是导游语言艺术性的重要体现,它能使导游讲解锦上添花,使气氛活跃,提高游客的游兴;幽默可以稳定情绪,保持乐观,忘记(至少暂时忘记)忧愁和烦恼;幽默还是一种处理问题的手段,它可以消除人际关系中的龃龉,可以缓解甚至摆脱窘境。

3. 丰富的肢体语言

主题公园导游人员表情、动作要有机配合。在导游讲解时,导游人员的神态表情、手势动作以及声音语调若能与讲解的内容、当时的气氛有机配合、和谐一致,定会产生极佳的效果。

4. 有机穿插,内容丰富

导游人员不仅要负责游客在主题公园内参观游览的讲解工作,还要热情解答游客提出的问题,积极介绍景区的文化内涵,宣传景区的各项成就。这就要求导游人员能够通过灵活运用、有机组合讲解内容来完成工作任务。

拓展知识

游览景区礼仪

游客到各景区参观,应注重待人接物礼仪。要互相尊重,互相帮助体谅。在细节上要加以注意,比如迎面相逢,各向右靠避;排队时不要插队;导游讲解时尽量不说话;参观博物馆时不要太靠近,以免挡住别人的视线,等人群前移后,再靠近观看;在车上聊天或打电话时放低音量,以免影响别人。

游览中要有时间观念,要按导游安排及时归队归车。倘若迟到,则要适时道歉。

不要得理不让人。"出门在外,礼让三分","与人方便,与己方便",不要因一时冲动而酿出事端,以免破坏情绪或耽误游程甚至引发治安纠纷。

第二节　宗教之地　知礼知行

宗教礼仪,是指宗教信仰者为对其崇拜对象表示崇拜与恭敬所举行的各种例行的仪式、活动,以及与宗教密切相关的禁忌与讲究。

《礼记》云:"入境而问禁,入国而问俗,入门而问讳。"尊重具有宗教信仰的人及其礼规是礼仪的重要体现,也是礼仪的要求之一。

一、佛教礼仪

佛教是以信仰"佛"为中心的宗教。由公元前 6 世纪古印度迦毗罗卫国(今尼泊尔境内)的王子乔答摩·悉达多所创,因为他属于释迦族,人们又称他为释迦牟尼,意思是释迦族的圣人。

佛教的基本教义有"四谛"、"六道轮回"、"十二因缘"等。佛教的经典是《三藏经》,重要的节日有佛诞节(四月初八,又名浴佛节)、成道节(十二月初八,又名腊八节)等。

(一)佛教常用的称谓

佛教的教职、教制在各国不尽相同,称谓也不完全一样。

在我国,佛教称谓大致分为身份性称谓、礼节性称谓。身份性称谓又可分为戒律性身份称谓、职务性身份称谓。

在戒律性身份称谓中,男性出家人依据受戒的程度分为比丘和沙弥,俗称僧、和尚。女性出家人依据受戒的程度分为比丘尼和沙弥尼,俗称尼、尼姑。以上两者均可以师傅相称。佛教在家男女信众统称为居士。

在职务性身份称谓中,住持(也称为方丈)为一寺之长,协助方丈监理寺院总务的叫监院,掌管全寺接待事宜的叫知客,服侍住持的僧人叫侍者。

在礼节性称谓中,通达禅理、善修禅定的僧人称为禅师。法师本是一种学位称号,但现在已作为僧人的通称。此外,还有长老、宗师、大德、弟子、贫道等也均属此类。

（二）入佛殿礼仪

1. 两侧入门

进佛殿之前应先净化身心，洗净双手，沿左右两侧而入，不可行走正中央，以示恭敬。若靠门左侧行，则先以左脚入，右侧行则右脚先入，并注意不可踩在门槛上，而且步子迈得越大越好。出殿门也须如此。

2. 先拜后观

进入佛殿后，不可东张西望，礼拜后才可以瞻仰佛像。

3. 注意顺行

进寺院要从左往右绕，不可从右往左绕，这叫右绕塔寺。在佛殿内也只能从左往右顺时针绕行，不可逆时针绕行，以示正道。

（三）礼佛礼仪

礼佛前要先净手、上香。

1. 上香方法

上香的具体方法是：先将三支香点燃，然后用两手的中指和食指夹着香杆，两个大拇指顶着香的尾部，安置胸前，香头平对菩萨圣像，面对佛像恭敬站立。双手将香平举齐眉（敬香时，香平举，表示对一切众生以平等心来看待），观想与佛相应。观想时眼观鼻，鼻观心。将香放下，安置胸前，香头平对菩萨圣像，右手执香脚，左手将香分别插入香炉。第一支香插在中间，心中默念：供养佛，觉而不迷；第二支香插在右边，心中默念：供养法，正而不邪；第三支香插在左边，心中默念：供养僧，净而不染。上完香后，应对佛像，肃立合掌，恭敬礼佛。

特别提示

◆自己请自己的香，不要由别人付香火钱。

◆最好用自己的火点燃香。点香时，应用左手执香，右手拿烛，因为人们的右手常用来杀生，左手相对来说要平和一些。左撇子可反之。香点燃时，火越旺越好，意味着香火旺盛。注意点燃的香火不可用口将其吹熄，可采用快速向上一提的方式熄火。

◆上香时如遇人多，则可将香竖起，以免烫伤别人。

◆在寺院里，每个殿堂都会有香灯师为人们提供有关上香方面的帮助，如若有不明之处可以请教香灯师。带去供佛的香如有剩余可以交给香灯师，不可随意放在供桌上。

拓展知识

进庙烧香，意思是点燃自己的心香，点灯是点亮自己的心灯，这时就可以得到佛菩萨的加持，使自己得到智慧等。上香不在多少，贵在心诚，可以烧一支，可以烧两支，最多烧三支，不必多烧。通常以上三支香为宜，此表示“戒、定、慧”三无漏学，也表示供养佛、法、僧常住三宝。这是最圆满且文明的上香数目。

2. 礼佛形式

礼佛，是为了表示对佛、法、僧的恭敬和感恩，所以要心诚意敬。

五体投地也称顶礼，是最高的敬礼，是礼佛的最高礼节。拜佛宜从佛制，其拜法与俗制不同，具体方法如下：

①首先问讯。具体做法为：合掌于胸前，目光垂视指尖，弯腰躬身约 90 度。双手掌心朝上，右手放于左手之上，两拇指指尖相触放于腹前。直腰起身的同时将双手食指指尖轻触并支起，其余手指姿态保持不变，举至眉心前方约 3 公分的位置，头再略低一下，随后放下，合掌当胸。

②合掌肃立。端然站立垫边，目光注视合掌的指尖，两足作八字式，左右足跟距离约两寸，足尖距离约八寸。

③躬身跪下。右掌向下，按于拜垫中心，左掌不动，两膝随即跪于拜垫上。

④左手按垫。将左掌放下按于拜垫左前方。

⑤右掌前移叩头。将右掌从中心移至拜垫右前方。双手指尖平齐呈内八字形。头贴于两掌中间拜垫上。

⑥握拳翻掌。两手屈指成拳向外翻转伸平，掌心向上（意在以两手承佛足，故曰头面接足礼）。

⑦翻掌起身。两手再次握拳，反转伸平成掌仍按于拜垫之原处。双手撑起上半身。右掌再次移至拜垫中心。

⑧起身合掌。将左手掌抬起置于胸前如合掌之状。右手将身体撑起，两膝同时离开拜垫，右手合于左掌放于胸前，此为一拜。至少三拜，多则以三的倍数递加，如六拜、九拜、十二拜等。

⑨拜毕后再次问讯，而后放掌，至此拜佛礼毕。

特别提示

不论佛殿内供有多少佛，通常入殿礼佛以三拜即可。

躬身下拜时，要将臀部置于脚上，不可翘起，动作不急不缓，要内存虔诚，外观恭敬。

3. 注意站位

不可在大殿的正中间拜佛,因放置于中间的拜垫是寺院方丈主法所用,其他人不可使用。其他人宜在两侧进行拜佛,只需虔敬礼拜即可。若有出家人正在礼佛,不得与法师并行,应当位于法师之后。

4. 注意从众

若殿内已聚有多人,要随众人站立合掌问讯即可。不可一个人礼拜,以免影响大众的秩序,且不合威仪。

5. 注意敬人

凡有人礼佛时,不得从其头前行走。不要跨过蒲团,以免给人一种不庄严的感觉。

(四)敬僧礼仪

1. 路遇要施礼

在寺院遇到僧人应施以合十礼,即双腿直立,神态端庄,双手十指并拢合掌于胸前,指尖略向外侧倾斜,上身微欠,头略低,以示恭敬。不可只用一只手作揖。如果手中持物,以鞠躬示礼即可。忌握手、拥抱、摸僧人头部等不当礼节。

2. 称呼要规范

对寺庙的僧人可称法师,或称师傅,对住持僧人称其为"长老"、"方丈"、"禅师"。喇嘛庙中的僧人称其"喇嘛",即"上师"意,忌直称为"和尚"、"出家人",甚至其他污辱性称呼。

3. 谈吐要得当

与僧人交谈,不应提及杀戮之辞、婚配之事,以及食用腥荤之言,以免引起僧人反感。

(五)参观寺院的注意要点

1. 汉地佛教寺院

(1)衣着要整洁,行为要守规

进入寺庙烧香拜佛参观需心存恭敬虔诚,必须衣着整洁,赤膊或穿背心、短裤,戴帽子进入佛殿都会被视为玷污圣堂、亵渎神灵。不要以佛殿为通道,任意穿行游走。进寺庙内要肃静,不得喧哗、嬉笑、跑跳、吐痰、吸烟,在殿内打哈欠时应以袖掩口。不能用手指点佛像或摸弄乱刻佛像,不可妄加议论、嘲讽佛像和讲不敬的话语,也不能在佛灯上取火、乱动乱敲寺院法器。

(2)注意随顺

在僧人诵经拜佛时,应随顺佛教礼仪,该合掌时合掌,该跪拜时跪拜。如果不打算参与其中,则应选择靠后近门的位置,静立默视或悄然离开,一定要避免打扰他人。拜佛以后要按照顺序排队出殿,不能一哄而起作鸟兽散。

(3)不可私闯禁地

未经允许,不可随意进入僧人住所、禅堂等地,也不宜随意拍照。

(4)尊重戒规

尊重佛教徒的宗教信仰和风俗习惯,严禁将一切荤腥及其制品带入寺院。不宜向僧人敬烟。同桌就餐时,不宜将素菜荤叫,不宜对僧人敬酒。不宜邀请僧人唱歌、跳舞或参加其他不符合佛教清规戒律的娱乐活动。

(5)避免孩子失礼

如有小孩子随行,要照管好,以免因孩子无知而做出不礼貌之事。

2.藏传佛教寺院

(1)注意言行

参观时不能对着佛像指手画脚,评头论足,大声喧哗。禁止在佛前或殿内吸烟、饮酒或酒后进殿。未经管理人员同意,不能随意拍照。

(2)不可乱摸乱动

在佛殿内不准用手乱摸佛像、佛经、壁画、法器等,更不能从上面跨越过去。藏胞和僧侣的头及帽子也不能乱摸,印有藏文的纸张不能乱扔,更不能当手纸用,刻有藏文的石头要摆放到干净的地方,不能撞击或砸碎。

(3)尊重僧人

在僧众集体诵经时,忌盯看喇嘛的脸,忌穿越僧队。

(4)注意方向

在路过寺庙、佛塔、玛尼堆、旗杆以及转经轮时,都应自左向右顺时针方向行走,不可逆转。

(5)敬献哈达之礼

接触高僧大德时,首先应献哈达以示尊敬,但哈达只许献在手中,忌献在脖子上。

3.泰国佛教圣地的游览禁忌

佛教在泰国的地位是神圣不可侵犯的,任何亵渎冒犯的行为均有可能遭受拘禁,即使对于外国游客也会同样惩处。

(1)衣着要规整

游览佛寺前,要先检查一下衣着。袒胸露背者及穿短裤、背心者是禁止入内的,甚至衬衣没塞进裤子、袖子卷起的人也是不准踏进佛寺的大门的。游客在进入佛殿前还要脱鞋,否则,会被视为玷污佛堂。

(2)要尊重佛像

游客如果对寺庙、佛像、和尚做出轻率的举动,就被视为罪恶滔天。不要触摸佛像,不要攀爬寺院内外的任何一尊佛像。对所有佛像,不管大小都要尊敬。不要把佛像放在裤袋内，泰国人认为身体的下部接触佛像是对佛像的亵渎。

(3)与异性僧人避免身体接触

不能用手指点僧侣，身体不能接触僧侣。尤其女性不许与僧侣握手，在汽车上不许与僧侣邻坐，即使是僧侣主动前来打招呼也应礼貌地拉开距离。

女士若想将东西献给僧侣，宜托男士转交。如果要亲手赠送，那么僧侣便会张开一块黄袍或手巾，承接该女士交来的东西，进行过程中僧侣是不可以触碰到女性的体肤的。

遇女尼时，男子亦要小心不要触及她们的身体。

(4)施舍勿用现金

遇见托钵化缘的和尚，千万不能送现金，因为这是破坏僧侣戒律的行为。

(5)应避影而行

晴天路遇和尚时，如果从和尚面前经过，必须绕开和尚的身影。按佛教说法，和尚的身影即和尚本人，跨越和尚的身影，等于跨越和尚，这是对和尚不尊重的表现。

(6)拍照要守规

拍摄佛像尤其要小心，绝对不可爬上佛像拍照。在给僧侣拍照前，应先征得同意，拍照后应有礼貌地表示谢意。

二、基督教礼仪

基督教是信奉耶稣基督为救世主的各教派的总称，起源于公元1世纪初罗马帝国统治下的巴勒斯坦地区。经过演化，基督教分为天主教、东正教、新教三大教派。基督教目前的教徒人数约占世界人口的1/5，遍布于世界150多个国家和地区。基督教是当今世界上影响最广泛的第一大宗教。

特别提示

基督教的三大教派之间存在着一定的差异，在与基督教三大教派人士相接触时，应注意区别对待，不可混为一谈。

(一)基督教基本礼仪

1. 称谓

基督教对神职人员的称谓因教派不同有所区别。天主教的最高领袖为教皇；由教皇直接任命的最高主教为枢机主教，即俗称的红衣主教；其下设首席主教；神父通常是一个教堂教务管理的负责人；修士、修女是终生为教会服务的教职人员。东正教的最高首领为牧首,其下设都主教、大主教、神父等。新教中,负责教堂的仪式主持和教务管理的人员称为牧师,还设有传教士、长老、执事等参与者。

在基督教内部,平常普通的信徒之间可称"平信徒"。新教的教徒,可称"兄弟姐妹"或"同道"。在我国,平信徒之间习惯称"教友"。

特别提示

对外国基督教徒可称为先生、女士或称其学衔、职衔,如博士、总干事等。

2. 节日

由于使用历书不同,基督教三大教派的节日也不完全一致。从节日内容来说,主要有:圣诞节(每年的12月25日。东正教定为每年的1月7日)、复活节(每年春分月圆后的第一个星期天)、受难节(复活节前的星期五)、圣灵降临节(复活节后第50天)、升天节(复活节后第40日)等。圣诞节是西方国家最隆重的节日。

3. 圣事

圣事是基督教的重要礼仪形式,又称圣礼。天主教与东正教认为圣事有七件,分别是洗礼、坚振、告解、圣体、婚配、神品、终缚。宗教改革后出现的新教简化了原有的七件圣事,一般只保留了洗礼与圣餐。

拓展知识

基督教七件圣事

1. 洗礼:洗礼是教徒的入教仪式,分"点水礼"和"浸水礼"两种。点水礼,用手指蘸水点在额上;浸水礼,全身浸没于水中,意为受洗后,所有的罪恶就得到了赦免。

2. 坚振:也称"坚信礼"。即入教者在接受洗礼后,一定时间内再接受主教的按手礼,以坚定信仰。

3. 告解:俗称"忏悔"。教徒向神父告明所犯罪过,并表示忏悔,神父对教徒所告诸罪指定补赎方法并为其保密。

4. 圣体:新教称为"圣餐"。教徒吃经过主教祝圣后的面饼和葡萄酒,以纪念耶稣殉难。

5. 婚配:教徒在教堂内,由神职人员主礼,按照教会规定的仪式正式结为夫妻。

6. 神品：是授予神职的一种仪式。一般由主礼者将手按于领受者头上，念诵规定文句即可成礼。

7. 终缚：在教徒病情危重或临终时，由神职人员为其敷擦圣油，以赦免其一生罪过，并借此帮助受敷者减轻痛苦或是让他安心去见上帝。

（二）基督教的交往禁忌

1. 信仰方面

①忌讳崇拜除上帝以外的偶像。

②礼品禁忌。向基督徒赠送礼品，要避免上面有其他宗教的神像或者其他民族所崇拜的图腾。

③尊崇上帝。不能以上帝起誓，更不能拿上帝和耶稣开玩笑。

④心无旁骛。看相、算命、占卜和占星术（星象学）等类也为基督徒所禁止。

特别提示

◆基督教各个教派的教条有所不同，对一些问题一定要弄清楚，以避免无意中伤害感情。如神父与牧师是天主教与新教对其神职人员的不同称呼，不可混为一谈。

◆根据天主教教会的传统，其主教、神父、修女是不结婚的。同天主教神职人员交往时，忌谈其婚姻、家庭话题。

2. 饮食方面

①基督徒忌食血制品。

②基督徒有守斋的习惯。基督教规定，教徒每周五及圣诞节前夕（12 月 24 日）只食素菜和鱼类，不食其他肉类。天主教还有禁食的规定，即在耶稣受难节和圣诞节前一天，只吃一顿饱饭，其余两顿只能吃得半饱或者更少。

特别提示

◆在基督徒眼中“13”和“星期五”是不祥的，要是 13 日和星期五恰巧是同一天，他们常常会闭门不出。在这些时间，千万别打扰他们。

◆基督徒在饭前往往要进行祈祷，如和基督徒一起用餐，要待教徒祈祷完毕后，再拿起餐具。

（三）进入教堂的行为要点

1. 衣着要规整

切忌衣着不整或穿拖鞋、短裤、超短裙。戴帽子的人应脱帽后进入。

2. 要保持安静

禁止在教堂内来回乱跑、大声喧哗、争抢座位等。尽量不在教堂里东张西望、说话聊天，走动时脚步尽可能放轻。如果需要说话必须压低声音。进入教堂前应关闭手机，不可在教堂内接打电话或忙于发短信。

3. 禁烟禁食

不允许在教堂内喝水、吃东西、抽烟。

4. 注意随顺

当教徒们祈祷或唱诗时，旁观的非教徒不可出声；而当教徒全体起立时，则应当随其一同起立。

三、伊斯兰教

伊斯兰教起源于公元 7 世纪的阿拉伯半岛，创始人为穆罕默德，其经典为《古兰经》。伊斯兰教是世界三大宗教之一。

（一）称谓

“伊斯兰”的阿拉伯文原意就是“顺从”、“顺服”，即要顺服唯一的真主安拉的旨意，其信徒称“穆斯林”，意为顺从安拉的人。

信徒之间无论在什么地方，不分职位高低，都互称兄弟。

伊斯兰教的教职有伊玛目、海摊布、穆安津，合称“掌教”，在我国则称“阿訇”，它是对伊斯兰教学者、宗教家和老师的尊称，年长者称“阿訇老人家”。

其从事礼拜的地方称清真寺，对主持清真寺教务或教学的妇女，称“师娘”，对在清真寺里求学的学生则称“满拉”或“海里法”。

（二）基本功修制度——五功礼仪

伊斯兰教不像其他宗教那样需要学习、反省和巨大的牺牲，它是一种简单明了的宗教，任何人只要念诵清真言和遵守“五功”就可以成为穆斯林。“五功”包括念、礼、斋、课、朝，这是伊斯兰教规定必须履行的基本功修。

拓展知识

伊斯兰教的五功礼仪

1. 念功：指念诵《古兰经》，主要是念诵清真言，即“万物非主，唯有真主；穆罕默德，真主使者”。

以严肃和心悦诚服的态度,用阿拉伯语口念“作证词”。念作证词是“五功”之首,是最基本的功课。

2. 礼功:即做礼拜。礼拜是一项重要的宗教仪式,是每一位成人穆斯林的“天职”。礼拜有一定的朝向、时间、仪式和要求。

朝向:全世界的穆斯林在做礼拜时,必须面朝麦加圣寺内的“克尔白”(即天房,指寺内方形石殿,它是全球穆斯林朝拜的中心),因此各国穆斯林由于所处位置不同朝拜的方向也各不相同。每一个清真寺里的壁龛即表示礼拜的朝向。

时间:伊斯兰教规定每日礼拜五次,它们是晨礼(从拂晓到日出)、晌礼(从中午刚过到日偏西)、晡礼(从日偏西至日落)、昏礼(从日落至晚霞消失)、宵礼(从晚霞消失至次日拂晓)。此外,每星期五主麻日晌礼时间,要求穆斯林到清真寺做集体礼拜“聚礼”。在开斋节和宰牲节时举行“会礼”。

仪式:礼拜是由若干动作和仪式组成的,如:抄手、站立、鞠躬、叩头等。妇女的某些动作与男子稍有不同。

要求:礼拜不规定固定的地点,只要洁净、方向对即可。礼拜时要求礼拜者身心和服装都洁净。一般礼拜之前可作“小净”,即依次洗手、洗脸、洗肘、漱口、洗鼻孔、用湿手抹头和冲洗双脚;参加聚礼、会礼之前应作“大净”,即自上而下冲洗全身。一般清真寺都有自来水池供小净用。

3. 斋功:每年伊斯兰教历9月斋戒一个月。斋月里,穆斯林在日出到日落这段时间内禁止一切饮食和房事。除幼儿、病人及孕乳期妇女之外(以后补斋),一般都要恪守斋功。斋戒按伊斯兰教历,大月30天,小月29天,于教历10月1日开斋,这一天就是开斋节。

4. 课功:即天课,是伊斯兰教规法定的施舍,又称“济贫税”。天课不是人人都要交纳的,而是每年除正常开支外,财产尚有富余的人按比例交纳。在我国,穆斯林均为自愿捐奉。

5. 朝功:麦加是穆罕默德的诞生地、伊斯兰教的摇篮和圣地,凡身体健康、经济条件允许的穆斯林,不分男女,一生中至少要去麦加朝觐一次,完成过朝觐功课的穆斯林,均可获得“哈吉”的荣誉称号。

(三)参观清真寺的注意要点

清真寺是穆斯林举行宗教仪式、传播宗教知识的圣洁之地。非穆斯林进清真寺要听从清真寺接待人员的安排和要求。

1. 进殿要先请示

礼拜大殿一般不能随便进入,若要进去,应征得教长、阿訇的同意并脱鞋进入。拍照也需先征得同意。

2. 要遵守进出规矩

进入清真寺首先是右脚进,离开清真寺的时候,应当左脚先出。

3. 不得有异味

去清真寺之前,应当清洁鞋子、脚、袜子等,不要吃葱、蒜、韭菜等气味很大的食物,以免异味影响到其他做礼拜的人。

4. 注意言行举止

进清真寺不准有与伊斯兰教相抵触的语言和行为,不能随意翻阅经典,应用敬仰的眼光观看清真寺,不得从做礼拜的伊斯兰教徒的面前经过。

5. 衣着要规整

进入清真寺,要注意衣着端正、洁净,不得袒胸露臂。男士不应穿短裤、背心,女性不穿无袖衣物、超短裙或透明衣物,因为对服饰的随便是对真主和殿堂的不尊重。

拓展知识

伊斯兰教认为,男子从肚脐到膝盖、妇女从头到脚都是羞体,外人禁止观看别人羞体,违者犯禁。因此,穆斯林妇女除了穿不露羞体的衣服外,还必须戴盖头和面纱。这项规定至今在有些伊斯兰国家(如沙特阿拉伯、伊朗、伊拉克、阿富汗、科威特等)仍然施行。

6. 注意卫生,保持安静

不能随地吐痰、擤鼻子、乱扔果皮纸屑,不能吸烟、唱歌、喧哗、吵闹,不要故意打响指、吹口哨,不能讲污言秽语,不要带顽童进入清真寺,也不要把非清真食品带入清真寺,以保持清真寺的清洁和肃穆的气氛。

7. 不许做和清真寺无关的事情

在清真寺不许寻找遗失的东西,不要在清真寺吃东西,不要把清真寺当成休息之地。

特别提示

◆周五是主麻日,是穆斯林集中在清真寺做礼拜的时间,参观日程尽可能避开这个时间。

◆穆斯林一般都认为左手是不洁的,因此与穆斯林接、送东西时,要注意用右手或者双手,切忌单用左手。

◆《古兰经》规定穆斯林忌食猪肉、动物血液、自死之物和一切不是口诵安拉之名而宰杀的动物。此外，严禁饮酒。因此，不宜向穆斯林客人祝酒、敬酒，可改为敬茶。

四、道教礼仪

道教出自中国，距今已有1 800余年的历史。它扎根于中华沃土之中，具有鲜明的中国特色，并对中华文化的各个层面产生了深远的影响。

因以“道”为最高信仰，认为“道”是化生宇宙万物的本原，故得名道教。东汉张道陵创立的“五斗米道”为道教的定型化之始，南北朝时道教形式逐渐完备。道教奉老聃为教祖，尊称“太上老君”；以《道德经》、《正一经》和《太平洞经》为主要经典，奉“三清”为最高的尊神。

（一）称谓

道教对住宫观修道者称“道士”。因道教相信通过修炼可以羽化登仙，故此又称道士为“羽士”、“羽客”等。一般对男道士称为“黄冠”、“乾道”，对女道士称为“女冠”、“坤道”。道观的负责人称为“监院”或“住持”。道士之间互称“道友”，尊称“道兄”或“师兄”，无论乾道、坤道都如此称。隐居山林修道者称“隐士”，在家信仰道教的群众，称为“居士”或“信士”。教外人士对道士、道姑一般可统称为“道长”。

（二）参观道观的注意要点

道教宫观是道士生活、修道和举行各种道教活动的重要场所，无论是参访道门，还是旅游观光，均应注意道门礼仪和其中的禁忌。

1. 言行应谨慎

道观内外，都要保持清静、整洁和庄严，切忌有任何不合禁戒的言行。进入道观，应当衣冠整洁，注重形仪，不可光身赤脚，袒胸露臂，也不可高声喧哗。

2. 遇道士须施拱手礼

同道士打招呼，不能用佛教的“合十”礼仪，而要用“拱手”礼仪。拱手就是左掌抱右拳，上举不过眉，下举不过小腹，通常为齐胸位置。对神及祖师像则恭恭敬敬磕头即可。

3. 遵从“道不言寿”

在与道教徒交谈中，切莫询问其生辰和年龄，以免犯忌。

特别提示

道教有“道不言寿”的禁忌。这是因为道教的思想基石是悦生恶死，追求长生不老、成仙得道，所以无论老年还是壮年，都不言及年龄。

4. 遵从道士的“三不起”

在道士吃斋、诵经和静坐时，不要打扰。

特别提示

“三不起”也是道教的一个禁忌，即道教徒吃斋、诵经和静坐时，他人不得打扰，作为道士也不得应声而起。

5. 逢斋醮仪式应施礼

重大的道教醮仪，主祭道士都用中国传统的三跪九叩仪。如果入门问禁，可以在神坛前行鞠躬礼。

拓展知识

斋醮是道教的宗教活动，是道教信仰的表现形式。道教进行宗教活动的醮坛，是神灵降至之所，既神圣又庄严。因此，围绕醮坛的法器和活动等，自然也十分圣洁。坛场禁忌，概括而言就是诸多秽事（物）不可入坛，即道教在举行迎真祈福道场时，切不可有吊丧、问病、畜产等不洁之事物进入道场。亲临醮坛的道士的禁忌有：勿饮酒；勿食五辛；勿与别人同坐；勿视死看生；勿嗔怒，勿悲哀；勿见血。还有，醮坛中人尤应忌食牛肉。此外，道教在举行宗教活动时，不仅要有清静的醮坛，而且道士本身也应保持清净之身。在行仪式之前，道士通常要斋戒沐浴，洁净身心。道士沐浴时忌俗人见浴。所以沐浴须在密室中进行，而且忌用不洁之水。

6. 敬香要遵从道教的规矩

烧香敬神是道教的一种信仰行为。要求敬香者要虔诚，不论是道士还是信众在上香时都要注意如下禁忌：忌戊日烧香；忌双香祀神，道教祭神一般多以三炷香为准；忌用右手捻香，须左手持香，右手护香；忌以口啮香，也就是不能用嘴叼香；烧香忌回顾，要心神专一；忌用灶中火燃香。

拓展知识

道教祀神时常用香、花、灯、水、果五种祭品奉献于神坛之上，称为斋供。对于斋供中的五种供品，各有规定和禁忌。香是道士及信徒通感神灵之物。道士要上香，信众求神也要上香，上香时，持香者要手指干净，切忌“信手拈香，触以腥秽”。现代供神之花，常以梅、兰、菊、竹四季之花为上品，次为水仙、牡丹、莲花。敬神所用鲜花，首重清香芬芳，全无芳香者，或香味强烈、令人生厌者，忌用于敬神。醮坛所用之灯，须用一色芝麻油燃点，忌用六畜脂膏之油，否则会触秽神灵。道门称奉献斋坛之水为七宝浆。此水忌用生水及不洁之水。道教所用的供果必须是“时新果实，切宜精洁”，忌用石榴、甘蔗之类及秽泥之物。除此之外，食过之物、冬瓜、番石榴、李子、单碗菜等也都不能用于祭神。

7. **注意入观所带食物不能违规**

全真道士吃素食，入全真道观决不能夹带荤菜。正一道士平日可以吃荤，逢斋期必须吃素，因此，在其斋期内入正一道观，也不能带放荤菜。

拓展知识

道教现在有“正一”和“全真”两大教派。在饮食上全真道士食素，正一道士在非斋日可饮酒茹荤。但据闻，历史上天师世家还有“四不吃”的规矩，即不吃牛肉、乌鱼、鸿雁和狗肉。这种规定可能是源于牛忠、乌鱼孝、雁贞、狗义之故。

特别提示

到道观参观最好注意避开一些时日。因为道教有“戊不朝真”的规定，即逢阴历天干为“戊”之日（戊子、戊寅、戊辰、戊午、戊申、戊戌）不能焚香、朝神、诵经，也不能鸣钟鼓、做斋醮。

第三节　游轮——移动的五星级度假村

近年，随着旅游行业的发展及人们消费观念的更新，越来越多的旅游者的旅游方式已逐渐由以往的“观光旅游”向“休闲旅游”转变。正因为如此，融娱乐、休闲、度假为一体的游轮旅游成为人们向往和追求的新的休闲度假方式。游轮已不再是一种单纯的交通工具，而是汇集食、住、行、游、购、娱六种要素于一身、完美体现着休闲度假功能的巨型海上宫殿。游轮被称为“海上流动的五星级度假村”，已被公认为上佳的旅游目的地。游轮旅游是当今世界旅游休闲产业不可或缺的一部分，是中国旅游业发展的新亮点。

游轮旅游是目前最轻松、最自由、最休闲的度假旅游方式。这种方式可以使人省却舟车劳顿、提箱辗转的辛苦，有的只是从容、闲适、温馨、浪漫，饱览变化万千的景色，感受海上的魅力风光，尽情地享受游轮上的各项设施所带来的休闲惬意、盎然情趣、多姿多彩的美妙时光。舒适的住所、豪华的设施、精美的佳肴、精心设计的日程安排、丰富的活动项目、周到细致的上乘服务，令众多游客向往、留恋。尽善尽美的服务是游轮的立足之本，是使游客尽享尊贵、高品位的贵族之旅的根本保证。

一、游轮服务的内容和特点

游轮无论是在设施设备等硬件方面还是在各岗位工作人员所提供的服务方面都堪称名副其实的一流水准。

（一）完备精良的设施

游轮内部的装潢完美精致、气派非凡，配套设施完善齐全，整条船宛若一座移动的海上宫殿。舒适的房间、风格各异的餐厅、露天游泳池、按摩浴缸、商务中心、健身房、SPA馆、发廊、画苑、图书馆、舞厅、歌舞剧场、电影院、购物中心、酒吧、咖啡馆、夜总会、赌场、攀岩壁、篮球场、迷你高尔夫球场、溜冰场、儿童乐园……一应俱全，满足人们度假休闲的各种需求，给人们无尽的享受。

（二）丰富多彩的活动

在游轮这块漂浮的度假胜地上，游客完全可以按自己的意愿，随心所欲地选择活动内容和项目，拥有更多的自由空间和享受。游客既可以选择躺在泳池边的躺椅上，呼吸着海上的新鲜空气、享受美食、晒晒太阳、读本好书、观赏海上港口多变的景观，也可以参加运动课程、舞蹈课程，或其他有组织的甲板活动。除一些特别安排的活动内容外，船上还为游客提供许多可随时进行娱乐的场所和设施，宜动宜静，可玩可乐，只要愿意，游客就可以一直玩下去，直至尽兴。如在酒吧，游客可以伴着轻柔的音乐，尽兴地畅饮聊天；在歌舞厅，游客可以尽情地舞动身姿、一展歌喉、释放激情；在健身房，游客可以自由地操纵器械，活动筋骨；或在游泳池内畅游，或独享SPA，或练习网球与高尔夫球的动作，或投投篮球，还可以看电影、听演讲、玩棋牌、观看富有异域风情的演出等。

游轮公司也专为儿童设计了游乐场所，如儿童主题泳池、儿童剧场、电子游戏中心等。

除了可以享受游轮上令人目不暇接的活动和精彩外，游客还可以到游轮停靠的港口上岸观赏风景，了解不同国家和地区的历史人文，感受异域风情。

（三）尽善尽美的服务

1. 服务人员数量多

为了给游客提供及时有效、细致周到的服务，豪华游轮上的服务人员数量众多。通常,豪华游轮上乘客与服务人员的比例为3:1,有的比例高达2:1,这意味着每两位乘客就拥有一位专职的服务人员贴身服务。

特别提示

通常乘客和服务人员的比率是衡量游轮豪华程度的一项量化指标,这个比值越小则说明越豪华,即一个服务人员对应的客人越少,服务的质量相应也会越高。

拓展知识

海乘是在豪华游轮上为游客提供高品质服务的一种职业,此名称是类比空乘而言。海乘工作性质和空乘差不多,但其职业内涵与服务内容更加宽泛丰富,是稳定、高薪并可以环游世界的梦想职业。由于游轮空间较大,属酒店式豪华旅游客轮,融住宿餐饮、休闲、娱乐、文化、旅游为一体,因此海乘服务的范围和岗位远多于空乘,包括各式客房、餐厅、酒吧、大型免税商店、游轮物品拍卖部、前台、收银、娱乐、人事及证件管理、儿童护理、安全员、保安、岸上导游等。海乘这样评价自己的职业:工作与旅游并驾,碧海和蓝天共色,尽情畅游世界,饱览异国风情,品味多元文化,结交各国朋友,享受游览世界的乐趣,获得宝贵的人生阅历!"下海"到豪华游轮上做海乘已经成为不少年轻人的新选择①。

2. 服务品质高

在游轮上,所有岗位的服务人员都要按照五星级酒店的服务标准来要求和规范自己的服务(具体操作规范及对服务人员的基本要求同前面章节所述)。一流而专业的服务,使游轮上的乘客尽享尊贵、奢华、高品质的超值体验。

特别提示

游轮上的服务没有等级之分,服务品质绝对不会视舱房的价格而有所区别,每位乘客在船上都能平等地享受到相同的服务。

3. 服务语言满足需要

对于通常都是由多个国家和地区的客人汇集在一起的游轮客人而言,语言不

① http://free.21cn.com/newbbs/mainframe.jsp.

会成为其享受游轮乐趣的障碍。游轮会根据游客所讲语言的种类,有针对性地配备一定数量的会使用其相应语言的服务人员,随时满足其交流的需要。此外,游轮上还会为游客提供专属语言的餐厅菜单和节目单,对舱房内的安全须知、求生指南、电视菜单等都贴心地采用多种语言书写印制,使游客充分体验便捷、人性化的服务。

特别提示

在游轮上,如果说乘客是多国会聚的话,那么游轮上的服务人员也同样可称为“万国会”,有的游轮会由来自四十多个国家的人员组成服务团队,不同肤色、不同语言的服务人员也成为游轮旅游的一大特色景观,也是游轮为每位游客提供贴心、个性化服务的保证。

4. 饮食风格多样、种类繁多

游轮上的多个餐厅可为游客提供世界多个菜系的菜肴,如印度菜、日本料理、非洲菜、中南美洲菜、法国菜、意大利菜等,还可根据客人的口味提供个性化饮食。每天除了定时提供三餐或五餐外,还有 24 小时提供餐饮服务的餐厅,游客们可以随时享用世界各地的美食。

5. 针对儿童提供周到服务

为了保证每一位游客都能尽兴,游轮上还设有儿童专属的游乐场所,在那里家长可以陪孩子一同玩耍。为了使带小孩子的家长们也能拥有自由享乐的时间,游轮设立了“儿童寄存处”,有经过专门培训的服务人员负责孩子的照管。

(四)游轮服务流程的独特之处

游轮也被称作“移动的五星级酒店”,但其服务既有与五星级酒店相同之处,也有与之不同之处,主要体现在如下方面:

1. 高效无误地办理登船手续

游客登船时,常常是数百甚至上千人蜂拥而至,同时出现在前台办理登船手续。因此,前台接待人员必须做到业务娴熟,高效无误地办理好每一位游客的登船手续,做好相关文件、船票、信用卡等的查验工作,履行好信用卡登记、建立客账、开通并发放游轮 ID 卡(Cruise ID Card)等各项程序。

特别提示

游轮卡,也称为船卡,它既是房门钥匙,也是游客在船上的最有效的身份证件和消费记账凭证,需要游客妥善保管。

游客在游轮上的常规消费(包括住宿、饮食及船上指定的娱乐设施、娱乐节目、娱乐活动等)的费用已包含在船票之中,即大众性的吃喝玩乐的项目都可以免费进行,享受一劳永逸、一举多得的待遇。其他自费项目,如在船上消费的酒类、卫星电话;在单点餐厅享用的美食;水疗(SPA)和美容、洗衣和医疗及其小费;岸上观光等,均需要游客额外付费,但除在赌场娱乐需要使用现金支付外,其他都只需通过刷船卡进行记账(国际游轮一般都采用“无现金”支付系统),行程结束时一并使用信用卡结算。

2. 做好救生演习的组织工作

船舶在每航次起航的同时,按照规定必须进行救生演习(Lifeboat Drill),而且规定乘客一律要亲自参加,以便记住个人救生艇编号以及紧急集合点(Muster Station)。因此,船上的工作人员要及时通知乘客,提醒乘客参与并保持有序。

3. 及时发放活动指南

行程中的每一天,服务员都要适时将次日的活动安排及其介绍材料送到客舱,以便乘客选择自己感兴趣的活动(包括船上及岸上游的项目),安排好自己下一日美妙的航行生活。

4. 及时将乘客的消费账单送到舱房

在游轮航程即将结束的前一天,服务员要及时将乘客的消费记账清单一一送到客舱。乘客核对账目后,就可以在离开游轮的当天刷卡结算。

5. 做好安排,维护好秩序

在航程结束前,利用广播通知、提醒、安排乘客在相应地点等候,维持好秩序,保证乘客安全有序地离船,并做好送别工作。

二、游轮旅游的礼仪要点

游轮通常是一个典型的国际小社会,考量着不同国家的乘客的社交修养和文明素质。

遵守秩序、轻声交谈、礼貌待人、衣着规范是国际社会公认的基本的社交修养,也是一个游客文明素质的具体体现。除此之外,乘坐游轮需要注意的礼仪惯例主要如下:

(一)言行礼仪

1. 微笑示人

在与其他乘客相遇时,应微笑致意并大方地进行问候。

2. 排队等候

上船下船、参加活动、进入餐厅,尤其是在自助餐台轮流取食时,应耐心排队等候,切勿一拥而上,要注意按序进行,多次少取。

3. 混编就餐

游轮餐厅座次安排,通常会将熟悉与不熟悉的乘客混编在同一桌,以增加乘客结交新朋友的机会。如果遇到态度粗鲁或不投缘的乘客同桌时,也可以要求换桌。

4. 观看演出

观看演出时,因游轮没有预先订位的规矩,所以不宜帮人占位。此外,通常不允许在观看演出期间摄影和录像。

5. 禁入船员区域

船上如有标有"Crew Quarter"(船员宿舍)或"Crew Only"(船员专区)之场所,乘客请勿擅入,以免打扰船员的休息。

6. 不扰他人

在客舱内不要高声喧哗,以免影响邻居安宁。如果遇有吵闹不宁之恶邻时,可以通知船方要求改善或换房。

(二)服饰礼仪

1. 晚宴服饰

游轮上的晚宴,对乘客的穿着通常会有一定的要求,其中以船长晚宴最为正式而隆重。乘客应自觉按照船方晚宴服装的礼仪惯例规定穿着适宜的服装,以免在国际社交场合失礼,同时还可以增加游轮旅途中的乐趣。

船方对乘客参加晚宴的服饰要求通常称为"着装代码"(Dress Code),常见的类型有:

(1)正式服装 Formal

男士以穿着深色西装外套(Dark Suit),配以浅色衬衫、扎领结或深色领带(Black Tie)、黑色或深咖啡色皮鞋为准。女士则以穿着"连身一件式"西式晚礼服(One Piece Evening Gown)或中式长旗袍、高跟鞋为宜。

(2)半正式服装 Informal

这是游轮公司为顾及乘客的方便所常采用的晚宴服饰要求。具体就是要求男士穿着西装、西裤、衬衫、黑色或深咖啡色皮鞋,打(也可不打)领带。女士可以穿着过膝的西服套裙配半高跟鞋。

(3)轻便服装 Casual

男士可以穿着运动服饰、休闲裤,女士则穿着休闲裤装即可。关于鞋子的穿着,除了拖鞋不适宜外,休闲鞋甚至于球鞋都不失礼数。

特别提示

◆男士穿着西装时，除了坐下用餐时可以解开扣子之外，均应随时扣上扣子以示庄重。

◆无论何时进入晚宴餐厅，男士、女士均不宜穿着拖鞋，也不宜穿着无领T恤衫或牛仔装。

◆如果女士觉得半正式服装要求的装束不够浪漫的话，也可以选择晚礼服或旗袍参加晚宴。

2. 舞会服饰

参加游轮上举办的“鸡尾酒会”或“舞会”活动时，除“迪斯科 Disco 舞会”可以便装穿着之外，其余场合以着半正式服装出席为佳。

3. 观看演出的穿着

观看演出时，既可以着便装入场，也可以着较为正式的服装入场。因游轮大都有分批用餐或观看表演的规定，所以着装可以按照晚宴服装的要求而定。

特别提示

◆前往游泳池游泳或按摩浴池泡浴时，如果在客舱房间内已换好泳装，则应在前往泳池的行进途中披件外衣，以免有失礼数。回房前，则应在泳池旁的更衣室换好装，不可全身湿淋淋地四处走动。

◆无论何时何处，均不宜穿着睡衣、拖鞋、热裤甚至打赤膊出入公共场所。

拓展知识

中国游客的不文明行为

当大批中国人成为海外游客时，“中国人”却成了不文明、粗鲁的代名词。中国游客在海外最易显露的七种陋习为：

一脏：一些内地游客缺乏公德心，不注意公共卫生，到处乱扔垃圾。

二吵：一些中国游客在飞机上、车船上、餐厅里，甚至在酒店大开着房门，毫无顾忌地大声喧哗。

三抢：一些中国游客在航班上争抢行李箱空位。有的还任意摆放行李，堵塞通道，影响后来者。坐公交车抢座，排队时加塞。

四粗：在一些中国游客身上，看不到对他人起码的尊重及礼仪，如问完路没有一句"谢谢"就扬长而去。

五俗:一些中国游客将家乡习以为常但难与国际接轨的行为举止带出国门。大庭广众脱鞋脱袜、赤膊袒胸。如在豪华酒楼赴宴,竟脱鞋赤脚搁在椅子上,或盘腿而坐。吃自助餐多拿多占,爱贪小便宜。

六窘:衣着不整为不雅,衣着光鲜却举止不适当,同样令人尴尬。如有的中国游客西装革履蹲在街头,有些人身穿睡衣在入住的酒店相互串门,引起其他客人误解。

七泼:一些中国游客在海外遇到纠纷的时候,显得火气特别大;碰到不顺心的事,不是粗言恶语就是拳脚相加。

案例分享

如此就餐

一天傍晚,巴黎的一家餐馆来了一群中国人,老板安排了一位中国侍者为他们服务,交谈中得知他们是东北某县的一个考察团,今天刚到巴黎。随后侍者向他们介绍了一些法国菜,他们不问贵贱,主菜配菜一下子点了几十道,侍者担心他们吃不完,何况菜价不菲,但他们并不在乎。

点完菜,他们开始四处拍照,竞相和服务小姐合影,甚至跑到门外一辆凯迪拉克汽车前面频频留影,还不停地大声说笑,用餐时杯盘刀叉的碰撞声,乃至嘴巴咀嚼食物的声音,始终不绝于耳,一会儿便搞得杯盘狼藉,桌子、地毯上到处是油渍和污秽。坐在附近的一位先生忍无可忍,向店方提出抗议,要求他们马上停止喧闹,否则就要求换座位。侍者把客人的抗议转述给他们,他们立刻安静了。看得出来,他们非常尴尬。

中文警示牌频现

到国外旅游的中国人也许会发现,泰国清迈餐厅里悬挂有用简体中文写的"请勿吸烟"的警示牌,此外,法国巴黎街头、美国纽约地铁站也分别有"请勿喧哗"、"请勿插队"的中文警示牌。如今,"中国人,便后请冲水"、"请安静"、"请不要随地吐痰"……这些仅以简体中文标出的警示牌,正在中国人出境游的一些主要目的地国频现。这些警示牌让中国人感到十分尴尬。

思考题:

看到以上两则介绍内容你有何感想?你认为可以改变这种状况的具体措施有哪些?作为旅游工作者,我们能做的努力有哪些?

思考与练习

1. 旅游景区接待人员在售票服务、验票服务过程中应注意的礼仪规范各有哪些？

2. 参观佛教寺庙的注意要点有哪些？

3. 参观清真寺的注意要点有哪些？

4. 参观道观的注意要点有哪些？

5. 请谈谈你对游轮的认识及对海乘这个职业的看法。

第十章 我国主要客源国的习俗礼仪

引 言

礼仪是文化的载体。由于不同国家文化背景的差异,使得其礼节礼仪的形式也大不相同。旅游接待工作是面向世界的工作,旅游工作者必须了解世界各地的习俗礼仪,尤其是我国主要客源国的习俗礼仪,同时掌握出境旅游规程,才能使旅游接待工作顺利展开,为旅游者提供完美的服务,从而体现我国高质量的旅游接待水平。

学习目标

1. 掌握我国主要客源国的风俗习惯和禁忌。
2. 了解熟悉我国主要客源国的基本概况。

第一节 亚洲

一、日本

(一)基本概况

日本的全称是日本国,是位于亚洲东部、太平洋西侧的一个群岛国家,总面积37.78万平方公里,全境由本州、北海道、九州、四国四个大岛和许多小岛组成。大和族是日本的主体民族,主要宗教是神道教和佛教。日本的首都是东京,国语是日本语,国花樱花,货币名称为日元。

（二）风俗习惯

1. 社交

在人际交往中，日本人通常都是以鞠躬礼作为见面礼节，日本人在行鞠躬礼时，还规定手中不能拿东西，头上不得戴帽子。初次见面互递名片，否则即被理解为不愿与对方交往。只有见到老朋友或非常熟悉的人时才施握手礼，有时还互相拥抱。日本人在人际交往中对清洁十分重视，他们每天都洗澡，不仅如此，日本人还有请人一起去浴室洗澡的习惯。

2. 服饰

日本的传统民族服装是"和服"。日本人在交际应酬之中对穿衣打扮十分介意，在商务交往、政务活动中以及对外的场合，日本人通常穿西式服装，但在婚礼、庆典、传统花道、茶道以及其他隆重的社交场合上，和服仍是公认的必穿礼服。

拓展知识①

与日本人打交道时，衣着上有四点必须予以注意：第一，日本人认为衣着不整齐便意味着没有教养，不尊重交往对象，所以与日本人见面，一般不宜着装过分随便，特别是不要光脚，不要穿背心、短裤；第二，到日本人家中做客，进门时要脱下大衣、风衣和鞋子；第三，拜访日本人时，切勿未经主人许可把外衣乱放乱挂；第四，参加庆典或仪式时，不论天气多么热，都要穿套装或套裙，上身单穿衬衫、短袖衫或是将长袖衫卷起来，都会被日本人视为失礼。

3. 饮食

在饮食方面，日本人可以说是自成一体，世人一般称为和食或日本料理。具体而言和食以大米为主，多用海鲜、蔬菜，讲究清淡与味鲜，忌讳油腻。典型的和食有：寿司、拉面、天妇罗、刺身、煮物、铁板烧、酱汤、蒸物等。此外，还有饭团与便当，其中尤以刺身即生食鱼片最为著名。每逢喜庆之日，爱食红豆饭，也有端午节吃粽子、中秋节吃团子的习惯，过春节时他们一定要吃汤年糕。水果偏食瓜类，如西瓜、白兰瓜、哈密瓜等。

日本人非常爱喝酒，中国酒、西洋酒、日本清酒统统是他们的所爱。在日本斟酒讲究满杯，多喝几杯，甚至喝得酩酊大醉，人们也会见多不怪，不以为奇。以酒待客时，他们认为让客人自己斟酒是失礼的，应由主人或侍者斟酒为妥。

在日本，人们普遍爱好饮茶，久而久之形成了讲究"和、敬、清、寂"四规的茶道。

---

① 薛建红. 旅游服务礼仪. 郑州：郑州大学出版社，2006：141.

（三）禁忌

1. 数字禁忌

忌讳4、8、13、42等数字，因为在日文里“4”的发音与死相同，“8”的发音则与“苦”相近，而“42”的发音是死的动词形。日本人有着敬重“7”这一数字的习俗。商人忌2月和8月，因为这两个月是营业淡季。

2. 花卉禁忌

荷花在日本仅用于丧葬活动，菊花在日本是皇室的标志，所以不要把荷花、菊花送给日本人。探望病人时忌送盆花和带泥土的花，以避免有卧床不起的恶兆。送山茶花、仙客来花、白色的花和淡黄色的花，也是不受欢迎的。

3. 颜色禁忌

日本人大都忌绿色和紫色，认为绿色和紫色是不祥和悲伤的颜色。日本人大都喜爱白色和黄色。

4. 礼品禁忌

日本人讲究送礼，注重实惠，送成双成对的礼物，但送新婚夫妇红包时，忌讳送2万日元和2的倍数的日元，日本民间认为“2”这个数字容易导致夫妻感情破裂。忌送玻璃、陶瓷等易碎物品，忌送梳子、圆珠笔、T恤衫、火柴、广告帽等物品。包装礼品不要扎蝴蝶结。日本人喜欢中国的书法篆刻，但在他们的观念中不完整的印篆是不吉利的。

5. 动物图案禁忌

对饰有狐狸和獾图案的物品很反感，认为它们是贪婪、狡诈的象征。讨厌金眼睛的猫。日本人喜欢仙鹤和龟，因为它们是长寿和吉祥的象征。也很喜欢猕猴和绿雉，并且分别将其定为国宝和国鸟。

6. 饮食禁忌

日本人在宴客时，大都忌讳将饭盛得太满，且不允许一勺盛一碗饭，客人也不能只吃一碗饭。此外，忌用一双筷子给宴席上所有的人夹菜。日本人有忌“八筷”之说，即舔筷、迷筷、移筷、扭筷、插筷、掏筷、跨筷和剔筷。

7. 其他禁忌

忌讳三人合影，认为夹在中间是不幸的预兆。忌邮票倒贴，因为这表示绝交。进入日本人的住宅时必须脱鞋。访问主人家时，窥视主人家的厨房是不礼貌的行为。日本人待客时一般不用香烟。茶道被作为最高礼遇来款待尊贵宾客。语言方面，忌问“您吃饭了吗？”称呼残疾人时往往使用“眼睛不自由的人”、“腿不自由的人”等，而忌用“残疾”之类的词语。

二、韩国

(一)基本概况

韩国的全称是大韩民国,位于亚洲东北部的朝鲜半岛南部,北接朝鲜,隔海与中国相望,全国总面积为9.9万平方公里。单一的韩族人,也就是朝鲜族人。通用朝鲜语(亦称韩国语),信奉佛教、基督教、天主教、道教等多种宗教。首都是首尔,国花为木槿花和金达莱,货币名称为韩元。

(二)风俗习惯

1. 社交

在正规的交际场合,韩国人一般都采用握手礼作为见面礼节,有时也同时采用先鞠躬后握手的方式作为相见时的礼节。韩国妇女一般不与男子行握手礼,而往往鞠躬或者点头致意。韩国人在不少场合同有地位、有身份的人相见或告别时往往要多次行礼,甚至讲一句话行一次礼。与外人初次打交道时,韩国人非常讲究预先约定、遵守时间,并且十分重视名片的使用。在社交场合,韩国人特别是年轻人大部分都会讲英语。

韩国人尊重长者,长者进屋时大家都要起立,和长者谈话时要摘去墨镜,吃饭时应先为老人或长辈盛饭上菜。未征得同意,不能在上级、长辈面前抽烟,不能向其借火或接火。到韩国人家里做客,最好送一束鲜花或者一些小礼物,见面时双手递给主人,感谢主人的盛情接待。

2. 服饰

韩国人在交际应酬之中通常都穿西式服装,但他们的着装非常讲究朴素整洁、庄重保守。韩国妇女在正式场合的着装绝对不会过于前卫。逢年过节韩国人往往会穿自己本民族的传统服装。

3. 饮食

韩国人以米饭为主食,最喜爱的传统面食是辣椒面和冷面。喜欢吃牛肉、鸡肉、猪瘦肉和海鲜,大酱汤和泡菜是每餐不可缺少的两道菜。饮食以辣和酸为主要特点。烹制方法多采用烧烤,烧烤中要加辣椒、胡椒、大蒜等辛辣的调味品。韩国人通常不喝稀饭,不喝清汤,他们认定只有穷人才会如此。韩国人的饮料种类较多,平时爱喝茶和咖啡,有许多韩国人还喜欢喝凉开水。

(三)禁忌

1. 数字禁忌

韩国人对“4”这一数字十分厌恶,因为与“死”发音相同。受西方习俗影响,也有不少韩国人不喜欢“13”这个数字。

2. 交谈禁忌

与韩国人谈话时，发音与“死”相似的“私”、“师”、“事”等几个词最好不要使用。逢年过节相互见面时，不能说不吉利的话，更不能生气、吵架。对其国家或民族不宜称呼为“南朝鲜”、“南韩”或“朝鲜人”，而宜分别称为“韩国”或“韩国人”。在韩国不宜谈论政治腐败、经济危机、意识形态、南北分裂、韩美关系、韩日关系等话题。

3. 饮食禁忌

韩国人一般不吃过腻、过油的食物，不吃鸭肉、羊肉和肥猪肉。渔民吃鱼不许翻面，因忌翻船。吃饭的时候不宜边吃边谈、高谈阔论，吃东西时嘴里响声太大也是非常不体面的。

4. 礼品禁忌

向韩国人赠送礼品时，宜选择鲜花、酒类、工艺品，但切忌日本货。韩国人在接受礼品时不习惯当场打开。

5. 行为禁忌

在韩国，不能光脚穿鞋子，进屋之前须脱鞋，放置鞋子时不准将鞋尖对准房间，不然的话会令对方极度不满。韩国人在家中设宴招待来宾时，盘腿席地而坐切勿用手摸脚或双腿叉开、伸直，否则会被认为是不懂礼貌或侮辱人。忌到别人家里剪指甲，否则两家人死后结怨。睡觉时忌枕书，否则读无成。

三、泰国

（一）基本概况

泰国的全称是泰王国，位于亚洲中南半岛的中南部，国土面积51.4万平方公里。居民由泰族、老挝族、马来族、高棉族、华裔泰人等30多个民族构成。佛教为泰国国教，全国80%以上的人都信奉佛教，因此泰国有“黄袍佛国”的美名。泰语为国语，英语则为通用语。首都为曼谷，国花为睡莲，货币名称为泰铢。

（二）风俗习惯

1. 社交

在泰国最多的见面礼是带有浓厚佛门色彩的合十礼，通常合十的双手举得越高，表示对对方越尊重。在交际场合，泰国人习惯以“小姐”、“先生”等国际上流行的称呼彼此相称，不同的是为了表示友善和亲近，习惯于在其名后加上“小姐”、“先生”。跟外人打交道时，泰国人一贯讲究“温、良、恭、俭、让”，并且总喜欢面含微笑。

2. 服饰

泰国的各个民族都有自己的传统服饰，在正式场合泰国人讲究穿着自己本民族的传统服饰，并且以此为荣。从总体来讲，泰国人的服饰喜用鲜艳之色。由于泰国人大多信仰佛教,所以常用项链将金、银、铜、陶制成的小佛像挂于胸前。

3. 饮食

泰国人主食是大米,副食主要是鱼和蔬菜。泰国菜用料以海鲜、水果、蔬菜为主,口味上喜酸、辣,在用餐时爱往菜肴中加入辣酱、鱼露等。他们最爱吃的食物当数具有民族特色的"咖喱饭"。用餐时,人们围桌跪坐,不用碗筷而以右手抓食。泰国人爱喝啤酒、白兰地和苏打水,喝咖啡、红茶时爱吃小蛋糕和干点心,喝果汁时他们还有在其中加入少许盐末的偏好。饭后有吃苹果、鸭梨的习惯,但不吃香蕉。

(三)禁忌

1. 颜色禁忌

泰国人忌褐色,忌用红笔签名,因人死后用红笔将其姓氏写在棺木上。喜欢红色和黄色,对蓝色也颇有好感,蓝色象征着永恒与安定。

2. 行为禁忌

在泰国,行握手礼时,男女之间不握手,俗人与僧人之间不握手。向僧人赠送现金被视为一种侮辱。在公共场合,尤其在参观王宫、佛寺时,穿背心、短裤、超短裙是被禁止的。跟泰国人接触不要动手拍打对方,用左手接触对方、讲话时用手指指点点都是不允许的。泰国人的头部尤其是孩子的头部绝对不准触摸,也不准拿着东西从泰国人头部通过。他们睡觉时忌讳"头朝西,脚向东",因为在泰国只有停尸时才那么做。到泰国人家里做客时,忌讳客人坐到男主人的固定座位上。上楼忌讳穿鞋,更忌拒受主人敬上的茶水、食品、水果等待客之物。与泰国人坐着交谈时,不要跷二郎腿,不能以脚指物,不能以脚底对着他人。妇女侧身而坐时,并拢的双腿不得朝向客人。从坐着的人面前走过时,要微躬身子,绝不能大摇大摆地走过去。在人经常走过的地方,如门口、房顶等禁止悬挂衣物,特别是裤衩和袜子之类的东西。

特别提示①

泰国人认为人的右手清洁而左手不洁,左手只能用来拿一些不干净的东西。因此,重要东西用左手拿会招来嫌弃。左撇子在日常生活中可以不注意,但在正式场合绝对不可以。在比较正式的场合,还要双手奉上东西,用左手则会被认为是鄙视他人。泰国人吃饭用右手,给别人递东西时也用右手,以示尊敬。如不得已要用左手时,应先说声"左手,请原谅"。

---

① http://www.szkp.org.cn/display.asp? id=204578.

3. 饮食禁忌

泰国人忌食鲜牛肉，不吃海参。泰国人不喝热茶，他们的做法是在茶里加上冰块，令其成为凉茶。在一般情况下，他们绝不喝开水，而直接喝冷水。

4. 交谈禁忌

和泰国人交谈应回避有关政治和宗教方面的话题，也不要议论或打听国王及王室的秘密。购买佛饰时，忌讳用“购买”之类的词语，而必须用“求租”或“尊敬”之类的词语。

5. 礼品禁忌

送礼最好选用有包装的食物、糖果等，并以右手递给受礼者。接受礼品时除非对方要你打开，否则不要当面打开。

6. 有关佛教的禁忌

在游览佛寺时，进入佛殿前要脱鞋，否则会被视为玷污佛堂。不要触摸佛像，不要把佛像放在裤袋内，泰国人认为身体的下部接触佛像是对佛像的亵渎。不能手指僧侣，身体不能接触僧侣。在给僧侣拍照前，应先征得同意，拍照后应有礼貌地表示谢意。

四、新加坡

（一）基本概况

新加坡的全称是新加坡共和国，位于东南亚马来半岛的南端，是一个由 50 多个大小岛屿组成的岛国。新加坡国土面积为 618 平方公里，居民由 28 个民族组成，主要为华人，还有马来人和印度人。居民主要信奉佛教、伊斯兰教、基督教和印度教。官方语言是英语，国语是马来语，各民族也保留自己的语言。新加坡的首都是新加坡市，国花为卓锦 · 万代兰，货币名称为新加坡元。

（二）风俗习惯

1. 社交

在社交场合，新加坡人所行的见面礼节多为握手礼。新加坡人十分讲究礼貌礼节，服务质量很高，其风俗习惯因民族及宗教信仰而异。当地工商界人士多讲英语，见面时要交换名片，名片可以用英文印刷。新加坡人不喜欢挥霍浪费，宴请对方不要过于讲排场，尤其是在商务活动中答谢宴会不宜超过主人宴请的水平。

2. 服饰

新加坡人的国服是一种以胡姬花作为图案的服装，在国家庆典及其他一些隆重的场合新加坡人经常穿着自己的国服。在对外交往中新加坡人则大多按国际惯例穿深色西服或套裙。

3. 饮食

新加坡人主食为米饭、包子，不吃馒头，副食主要为鱼虾等海鲜。口味上喜欢清淡，偏爱甜味，讲究营养，粤菜、闽菜、上海菜都很受他们的欢迎。有相当一部分新加坡人喜食西餐，不信奉佛教者爱吃咖喱牛肉。水果方面，爱吃桃子、荔枝、梨等。在一般情况下，新加坡人特别是新加坡华人大都喜欢饮茶。

（三）禁忌

1. 数字禁忌

新加坡人认为数字 4、7、13、37 和 69 是消极数字，最讨厌“7”，平时尽量避免这个数字。对“3”（表示“升”）、“6”（表示“顺”）、“8”（表示“发”）、“9”（表示“久”）等数字较喜欢。

2. 颜色禁忌

新加坡人视黑色为倒霉、厄运之色，紫色为不吉利。他们偏爱红色，视红色为庄严、热烈、喜庆、幸福、勇敢和宽宏之象征。绿色、蓝色也很受欢迎。

3. 图案禁忌

在商业上反对使用如来佛的形态和侧面像。在标志上禁止使用宗教词句。忌讳猪、乌龟的图案。

4. 礼品禁忌

去新加坡人家里吃饭，如能带一份礼物（一盒巧克力或一束鲜花），女主人将会很欣赏。不能当着送礼人的面打开礼品，新加坡人认为这种做法是不礼貌的。

5. 交谈禁忌

新加坡人忌讳说“恭喜发财”，他们认为“发财”指“发不义之财”，是对别人的侮辱。交谈不要涉及新加坡国内的政治、宗教、民族以及新加坡与邻国的关系等问题。最受新加坡人青睐的话题主要是运动、旅游、传统文化以及有关经济建设方面的成就。

6. 行为禁忌

当代新加坡人将男子蓄长发视为“鬼怪式”而列为禁忌。双手不要随便叉腰，因为那是生气的表示。用食指指人，用紧握的拳头打在另一只手掌张开的掌心上，或紧握拳头把拇指插入食指和中指之间，均被认为是极端无礼的动作。

第二节　欧洲

一、英国

（一）基本概况

英国的全称是大不列颠及北爱尔兰联合王国，位于欧洲西部，是由大不列颠岛、爱尔兰岛的东北部及其周围一些小岛所组成的岛国。英国的国土总面积为24.48万平方公里,居民主要有英格兰人、苏格兰人、威尔士人和爱尔兰人,此外还有少量的犹太人,绝大部分人信奉基督教,只有少部分人信奉天主教。英国的官方语言是英语。首都伦敦,国花为蔷薇花,货币名称为英镑。

(二)风俗习惯

1. 社交

英国人处世谨慎保守,含蓄宽容,在正式场合注重礼仪和风度。在日常交谈中待人十分客气,常使用"请"、"谢谢"、"对不起"等礼貌用语,即使家庭成员之间也是如此。上层社会尤其讲究"绅士"、"淑女"风度,握手礼是英国人使用最多的见面礼节。在称呼方面,英国人一般喜欢别人称他们的世袭头衔或荣誉头衔,至少也要郑重其事地称为"阁下"或是"先生"、"小姐"、"夫人"。"女士优先"是英国男子崇尚的绅士风度,也是在社交场合必须遵循的原则。如果被邀请到英国人家里做客,早到是不礼貌的,如果晚到,以10分钟最佳。

2. 服饰

英国人十分重视形象,在交际应酬中的衣着非常注意其绅士、淑女风范。在正式场合英国人一般是男士要穿深色西装,女士则要穿深色的套裙或素雅的连衣裙;参加宴会时,一般男士着黑色燕尾服,女士着低胸晚礼服。庄重、肃穆的黑色服装往往是英国人的第一选择。英国人在正式场合的着装禁忌:忌打条纹式领带;忌不系长袖衬衫袖口的扣子;忌以浅色皮鞋配西装套装;忌在正式场合穿凉鞋。

拓展知识①

在英国的传统民族服装之中,苏格兰男子所穿的"基尔特"最为著名,它实际上是一条由腰至膝的花格子短裙。穿它的时候,还要配上很宽的腰带,并在裙前系上一小块椭圆形的垂巾。在苏格兰,每逢喜庆聚会之时,男人都要穿上"基尔特",以寄托自己强烈的民族感情。

3. 饮食

英国人口味清淡,很少吃辣,特别爱吃牛肉,也喜欢吃海鲜、蛋、禽类、甜点、水果等。每天分四餐:早餐、午餐、午后茶点和晚餐。烹饪方式一般包括烩、烧烤、煎和油炸,香料喜欢用肉蔻、肉桂等。

---

① 薛建红. 旅游服务礼仪. 郑州:郑州大学出版社,2006:154.

绝大多数英国人嗜茶如命,一般以红茶为主,在饮茶时他们首先要在茶杯里倒入一些牛奶,然后才冲茶加糖。喜欢喝冰过的威士忌苏打水,也喝葡萄酒和香槟酒,很少喝啤酒。英国人饮酒很少自斟自饮,他们习惯去酒吧饮酒。

(三)禁忌

1. 数字禁忌

绝大多数英国人忌讳数字“13”与“星期五”,认为不吉利。如果13日又是星期五的话,认为是双倍的不吉利。

2. 颜色禁忌

英国人对墨绿色很讨厌,认为墨绿色会给人带来懊丧。

3. 花卉禁忌

忌送被视为死亡象征的百合花和菊花。

4. 动物图案禁忌

英国忌用人像、山羊作服饰图案和商品装潢,山羊有“不正经男子”和“坏人”的意思;忌用大象、孔雀图案,认为大象是蠢笨的象征,孔雀是淫鸟、祸鸟,连孔雀开屏也被认为是自我炫耀的表现;很忌讳黑猫,尤其是黑猫若从面前穿过,会感到恶心,认为这预示要遭到不幸。

5. 礼品禁忌

涉及私生活的服饰、香水,带有公司标志的广告物品不宜送给英国人。

6. 交谈禁忌

忌问别人的私事,如职业、收入、婚姻、存款、女子的年龄等,也不要问别人属于哪个党派。交谈切勿涉及英王、王室、教会以及英国各地区之间的矛盾,特别是不要对女王和北爱尔兰独立问题说三道四。

7. 行为禁忌

吃饭时忌刀叉与水杯相碰,认为如果碰响后不及时终止将会带来不幸。忌讳把食盐碰撒,认为这是引发口角或与朋友断交的一个预兆。忌讳打碎玻璃,认为打碎玻璃就预示着家中要死人或起码要有7年不幸。忌讳当众打喷嚏,忌讳把鞋子放在桌子上,忌讳同一根火柴连续点三支香烟,忌讳从梯子下面走过,忌讳在屋子里撑伞,忌讳四个人交叉式握手,和英国人坐着谈话忌讳两腿张得过宽,更不能跷起二郎腿。

二、法国

(一)基本概况

法国的全称是法兰西共和国,位于欧洲西部,总面积为55.16万平方公里。法兰西人为其主体民族,另外还有布列塔尼人、科西嘉人、巴斯克人以及一些外籍人。

主要宗教是天主教,此外还有部分人信奉基督教、犹太教或伊斯兰教。法语为国语,首都巴黎,国花为鸢尾花,货币名称为法郎。

(二)风俗习惯

1. 社交

在人际交往中法国人通行握手礼,但男女见面时,男子要待女子先伸手后才能与之相握。如是亲朋好友相遇,一般行吻面礼和拥抱礼。法国人常用的敬称主要有:普遍喜欢使用"您",对陌生人称"先生"、"小姐"、"夫人"等,对官员、贵族、有身份者称"阁下"、"殿下"等。正式称呼法国人姓名时宜只称呼姓,或是姓与名兼称;家人、同事、朋友、同学之间宜直呼其名;对于关系至为密切者则宜直呼爱称。

从总的方面来讲,法国人的社交具有以下特点:爱好社交,善于交际;诙谐幽默,天性浪漫;自尊心强,偏爱国货;渴求自由,纪律性较差;具有骑士风度,尊重妇女等。

2. 服饰

在正式场合,法国人通常要穿西装、套裙或连衣裙,颜色多为蓝色、灰色或黑色,质地则多为纯毛。出席庆典仪式时一般穿礼服,女士多穿连衣裙式的单色大礼服或小礼服,并且讲究同时戴薄纱面罩和薄纱手套,男士所穿的多为配以蝴蝶结的燕尾服。法国男士在正式场合亮相时,要剃须修面,头发一丝不苟,身上略洒一些香水,这些已被法国人看成是男人所应具备的基本教养。

3. 饮食

法国人爱吃面食,爱吃牛肉、猪肉、鸡肉、鹅肝,喜食清汤,也爱吃新鲜蔬菜、冷盘和各种水果。口味上喜欢肥浓,偏爱鲜嫩。做菜时选料要新鲜,常用大蒜、丁香、香菜调味,而且烹饪大多半生不熟。另外,法国人大都爱吃奶酪,待客时会拿出各式各样的奶酪让客人品尝。法国人用餐时,两手允许放在桌上,但却不许将两肘放在桌子上。在正式的宴会上,有"交谈重于一切"的说法,只吃不谈是不礼貌的。

法国人特别善饮,几乎餐餐必喝,而且讲究吃不同的菜肴要喝不同的酒水,常规是餐前要喝开胃酒,吃鱼要喝白葡萄酒,吃肉要喝红葡萄酒,餐后适当喝利口酒或白兰地。除此之外,法国人平时爱喝咖啡。

(三)禁忌

1. 数字禁忌

忌讳的数字和日期是"13"和"星期五",认为都是不吉利的。

(二)花卉禁忌

忌讳菊花,因为人们通常把黄色的菊花放在墓前吊唁死者。忌黄色的花,认为是不忠诚的表现。送花的枝数忌双数。

3. 颜色禁忌

忌墨绿色,因第二次世界大战期间德国纳粹军服是墨绿色。忌讳黄色。

4. 礼品禁忌

初次与法国人见面不宜送礼,否则会认为你不善交际,甚至认为粗俗。忌讳男子向女子送香水,认为男子向女子送香水意味着求爱;男人也不能送红玫瑰给已婚女子。忌讳送刀、剑、餐具或带有明显广告标志的物品。在接受礼品时若当着送礼者的面打开其包装,被视为是一种失礼的表现。

5. 动物图案禁忌

忌黑桃图案,认为不吉祥;视孔雀为祸鸟;认为大象、仙鹤是蠢汉和淫妇的象征。

6. 交谈禁忌

法国人忌讳的称呼是“老人家”、“老先生”、“老太太”。交谈时忌问别人的隐私。对于恭维美国、英国、德国,贬低法国的国际地位与历史贡献,以及谈论国内经济滑坡、种族纠纷、科西嘉独立等问题应予以回避。

7. 饮食禁忌

不吃肥肉、肝脏之外的动物内脏、无鳞的鱼。

三、德国

(一)基本概况

德国的全称是德意志联邦共和国,位于欧洲中部,全国总面积为35.70万平方公里。主体民族是德意志人,此外还生活着少量的丹麦人、吉卜赛人、索布人以及外籍人。主要宗教是基督教和天主教。德语为国语,首都柏林,国花为矢车菊,货币名称为马克。

(二)风俗习惯

1. 社交

德国人在社交场合一般行握手礼,只有夫妻和情侣见面时才行拥抱、亲吻礼,有些上了年纪的德国人与人相逢时还往往习惯于脱帽致意。称呼习惯要称头衔,不喜欢直呼姓名。宴会上,一般男子要坐在妇女和职位高的人的左侧,女士离开和返回餐桌时男子要起立,以示礼貌。

一般而言,德国人在人际交往中通常会表现出如下四个特点:第一,纪律严明,法制观念极强;第二,讲究信誉,重视时间观念;第三,极度自尊,非常尊重传统;第四,待人热情,十分注重感情。

2. 服饰

德国人在着装打扮上的总体风格是庄重、朴素、整洁。在一般情况下，男士爱穿西装、夹克，妇女爱穿翻领长衫和淡雅的长裙。在正式场合，必须要穿戴得整整齐齐，衣着一般为深色。德国人对发型较为重视，在德国男士不宜剃光头，德国少女的发式多为短发或披肩发，烫发的女士大多都是已婚者。

3. 饮食

德国人十分讲究饮食，一般胃口较大，喜食油腻之物。德国人的饮食以多种多样的肉肴和面包片为主，大量食用蔬菜。爱吃冷菜和偏甜、偏酸的菜肴，烹饪方法以烤、焖、串烧、烩为主。特别爱喝啤酒，也爱喝葡萄酒，对咖啡、红茶、矿泉水也很喜欢，还喜欢吃甜点心和各种水果。另外德国人也很爱选择自助餐。

德国人在用餐时，吃鱼的刀叉不得用来吃肉和奶酪；食盘中不宜堆积过多的食物；若同时饮用啤酒与葡萄酒，宜先饮啤酒，后饮葡萄酒。

拓展知识

慕尼黑啤酒节①

举世闻名的“慕尼黑啤酒节”是德国最大的传统节日之一，源于1810年德国慕尼黑Ludwig王子的婚礼及加冕仪式，逐渐发展成今天的啤酒节。该节每年从9月下旬到10月上旬，人们倾巢而出，亲朋好友欢聚在一起，喝着自制的鲜酿啤酒，吃着德国独有的各式各样的香肠和面包，其间乐队身着民族服装穿梭于人群之中，娴熟地演奏轻松欢快的乐曲。节日期间，人人举杯开怀畅饮，啤酒的消费量为世界第一，因此，慕尼黑有“啤酒之都”之称。

（三）禁忌

1. 数字禁忌

德国人忌讳“13”和“星期五”，所以很多建筑、旅馆等都没有13层和13号房间。如果13号赶上星期五这天早上出门又看到溜墙根的黑猫，那可能就倒霉得没救了，是死是活都交给老天爷了，所以这一天是德国人的大忌。

2. 颜色禁忌

忌讳以茶色、红色和深蓝色做物品的包装色。喜欢黑色、灰色。

3. 礼品禁忌

受邀到德国人家中做客，忌以葡萄酒作为礼物。忌向女士或小姐送香水等化

① 朱彩云. 旅游服务礼仪. 郑州：郑州大学出版社，2006：102.

妆品以及红玫瑰。忌送刀、剑、剪、餐刀和餐叉。用褐色、白色、黑色的包装纸和彩带包装礼品也是不允许的。

4. 图案禁忌

德国人最禁忌的符号是纳粹党的标志“卐”。

5. 交谈禁忌

与德国人交谈时，不宜涉及纳粹、宗教、两德统一、党派之争等话题。不要向德国人，特别是向女性询问其私人情况，如年龄、职业、婚姻状况、宗教信仰、政治态度以及个人收入等。在公共场合窃窃私语，德国人认为是十分失礼的。德国人也比较反感四个人交叉握手或在交际场合交叉谈话。

6. 其他禁忌

德国人一般认为黑猫、公羊、仙鹤、孔雀、核桃是不吉利的象征，认为蔷薇、菊花是专门为悼念死者所用，请客送礼时均应回避。按德国的习俗，生日不得提前祝贺。

四、意大利

（一）基本概况

意大利的全称是意大利共和国，位于欧洲南部，全国总面积大约为30.13万平方公里。意大利的主体民族是意大利人，主要宗教是天主教。意大利语为官方语言，首都罗马，货币名称为里拉。国花为雏菊、玫瑰，民间公认紫罗兰。

（二）风俗习惯

1. 社交

在交往应酬中，意大利人与他人初次见面时礼数周全，极其客气。在一般情况下，他们会以握手礼作为见面礼节，并同时向对方问好。在熟人之间，举手礼、拥抱礼、亲吻礼也比较常用。对长者、有地位和不太熟悉的人须称呼其姓，并冠以“先生”、“太太”、“小姐”和荣誉职称。为了向交往对象表示恭敬之意，往往以“您”相称。一般来说，与别人进行约会时，许多意大利人都会晚到几分钟，他们认为这既是一种礼节，也是一种风度。

2. 服饰

意大利的时装、制鞋和皮具举世闻名。意大利人在商务、政务活动中，通常穿西装套装或套裙。一般而言，意大利人衣着极为考究、时髦，在着装打扮上具有讲究个性、标新立异的特点。

3. 饮食

意大利人喜欢吃面食，在他们的餐桌上通常第一道菜就是上面食，而且大都是半生不熟。另外，意大利人喜欢吃炒米，但他们讲究每次用餐面食和炒米只能选择其中的一种。爱吃牛肉、羊肉、猪肉和鸡肉、鸭肉、鱼虾等，菜肴特点是味浓、香烂，偏爱酸、甜、辣，尤以原汁原味闻名。在烹饪方法上多采用焖、烩、煎、炸。饭后爱吃苹果、葡萄、橄榄等。意大利人大都嗜酒，最爱喝葡萄酒，还爱喝咖啡和酸奶。

（三）禁忌

1. 数字禁忌

忌讳的数字和日期是“13”和“星期五”，认为“13”这一数字象征着“厄兆”，“星期五”也是不吉利的象征。

2. 称呼禁忌

忌使用“爱人”、“小鬼”等称呼，因为在意大利这二者分别被理解为“情人”和“小妖怪”。意大利人忌老，“老人家”的称呼也不宜使用。

3. 花卉禁忌

意大利人普遍忌讳菊花，视菊花为墓地之花；不可送玫瑰，因为其有示爱之意。给意大利女士送花，通常以单数为宜。

4. 颜色禁忌

忌讳紫色。意大利人喜爱绿、蓝、黄三色，视绿色为春天的色彩，认为蓝色会给人带来吉祥，黄色一般常用于婚礼服装。

5. 礼品禁忌

忌将手帕、丝织品和亚麻织品送给意大利人，他们认为手帕是擦泪水用的，是一种令人悲伤的东西，所以用手帕送礼是失礼的。而精致典雅的鲜花、名著、书画、工艺品、巧克力等都深受意大利人欢迎。

6. 图案禁忌

忌讳仕女图案、十字花图案、菊花图案。

7. 交谈禁忌

忌谈黑手党、贪污腐败、政治暗杀、小偷遍地、各地发展不均衡以及第二次世界大战时意大利曾追随过德国法西斯的历史。

8. 行为禁忌

意大利人忌讳别人用目光盯视他们，认为用目光盯视人是对人的不尊敬，可能还有不良的企图。一般也忌讳用食指指着对方，讲对方听不懂的语言，认为这样做造成的后果将不可收拾。在与不认识的人打交道时，忌讳用食指侧面碰击额头，因为这是骂人“笨蛋”、“傻瓜”的意思。

五、俄罗斯

（一）基本概况

俄罗斯的全称是俄罗斯联邦，位于欧洲东部和亚洲北部，国土面积1707.5万平方公里。居民主要是俄罗斯人，此外还有鞑靼人、乌克兰人、楚瓦什人等多个民族。主要宗教为东正教，其次为伊斯兰教。官方语言是俄语，许多少数民族都拥有各自的语言文字。首都莫斯科，国花为向日葵，货币名称为卢布。

（二）风俗习惯

1. 社交

在交际场合，俄罗斯人惯于和初次见面的人行握手礼，但对于熟悉的人则大多要与对方热情拥抱。对有职务、学衔、军衔的人最好用其职务、学衔、军衔相称。在比较隆重的场合男子常弯腰吻女性的左手背以示尊重。在欢迎贵宾之时，俄罗斯人通常会向对方献上“面包和盐”，这是给予对方的一种极高的礼遇，对方必须欣然接受。参加俄罗斯人的宴请时，宜对其菜肴加以称道，并且尽量多吃一些。

特别提示[①]

俄罗斯人在遇到上级或长辈时，不能先伸手握手。握手时要脱手套站直。与不熟悉的人握手，只能轻轻握。遇到妇女时也要等对方先伸手，不能主动去握手。握手时，禁忌形成十字交叉形，即当他人两手相握时，不能在其上下方再伸手，更不能依在门槛或隔门握手，俄罗斯人认为，门槛会把友谊隔断。所以，见面或告别时，一定要走进屋门或走出门槛后再握手。俄罗斯有“左主凶，右主吉”的传统说法，因此，切忌伸左手给对方，无论是握手还是递还物品。若因伤情伸左手，要特别说明，以表歉意。称呼女性时，切莫用“太太”一词，这将引起对方的不快。

2. 服饰

在社交场合俄罗斯人多穿西装和套裙，一般场合女性偏爱裙装，有一年四季穿裙子的传统。俄罗斯人崇尚皮装，穿着时讲究搭配相同质量的皮帽、皮手套。传统服饰只在重大民间节日才能见到。

3. 饮食

在饮食习惯上，俄罗斯人以面食为主，他们爱吃用黑麦烤的黑面包，喜食牛、羊肉。俄罗斯人饮食，讲究量大实惠，油大味厚，他们喜欢酸、辣、咸味，烹调方法多用煎、煮、炸、烤、烩等。俄罗斯人爱喝酒，酒量一般很大，他们都很能喝烈性酒，特别喜欢名酒伏特加。在饮料方面，俄罗斯人很能喝冷饮，平时他们十分爱吃冰激凌，喜欢喝红茶，习惯在茶中加柠檬片和糖。

---

① 尚千琳. 俄罗斯社交忌讳15例. 大经贸，2006(7).

（三）禁忌

1. 数字禁忌

忌讳“13”和“星期五”，偏爱“7”，认为它是成功、美满的预兆。

2. 颜色禁忌

俄罗斯人忌黑色，认为它是不吉利的颜色。

3. 礼品禁忌

忌送他人尖利的东西，如刀、别针等物，如一定要送，则应讨回一枚硬币，或用要送的尖东西扎对方一下。忌送别人手帕，送手帕预示着分离。

4. 动物禁忌

忌讳兔子，认为兔子胆小无能；讨厌黑猫；途中遇到猫（尤其是黑猫），或看到兔子穿过道路，认为预示此行不吉；乌鸦在屋顶叫，认为预示死亡。

5. 交谈禁忌

与俄罗斯人交谈，要坦诚相见，忌在背后议论第三者，忌谈政治矛盾、寡头政治、经济难题、宗教矛盾、民族纠纷、苏联解体、阿富汗战争以及大国地位等问题。忌问女子的年龄和衣饰价格等。

6. 行为禁忌

忌以左手接触别人。忌用一根火柴替三个人点烟。忌讳用餐发出声响，并且不能用匙饮茶。忌在家里和公共场所吹口哨，认为口哨声会招鬼魂。忌让姑娘对着桌角坐，认为坐在这种地方预示姑娘三年嫁不出去。

7. 其他禁忌

不慎打翻了盐罐，或不小心将盐撒在地上，便意味着家庭可能发生不和，是一种凶兆，一旦发生此事，他们总习惯将撒在地上的盐捡起来一些，撒在自己的头上来消灾。镜子被认为是神圣的物品，打破一面镜子会招致七年厄运。相反，打碎杯、盘、碟则意味着富贵和幸福，因此在喜筵、寿筵和其他隆重的场合，他们还特意打碎一些碟盘表示祝贺。

第三节　美洲

一、美国

（一）基本概况

美国位于北美洲南部，总面积约 937.3 万平方公里。居民大部分是欧洲移民的后裔，主要为白人、黑人，还有墨西哥人、印第安人、阿拉伯人、华人等。美国的官方语言是英语，一些少数民族也用西班牙语。居民主要信奉基督教新教，其次为天主教、犹太教和其他宗教。首都华盛顿,国花为玫瑰花,货币名称为美元。

(二)风俗习惯

1. 社交

美国人以不拘礼节、自由自在著称,在待人接物方面具有随和友善、热情开朗、城府不深、喜欢幽默、自尊心强、好胜心重等特点。在正式场合行握手礼,一般场合见面时相视一笑,说声“嗨”或“哈罗”即为见面礼节,言谈中经常使用敬语。美国人一般不主动递名片给别人,送名片给他人时并不期待他人回送名片。美国人相互称呼时直呼姓名,只对法官、医生、高级官员、教授、高级神职人员称呼头衔。被邀请赴宴时不能早到,最好在约定的时间到或者过10分钟之后到。做客时不可随意翻动主人的东西、抚弄摆设,也不能打听摆设的价格。

拓展知识①

美国的主要节日有感恩节和万圣节。每年11月的最后一个星期四为感恩节,这是美国最古老的节日之一,其来源于早期移民为感谢上帝赐予的丰收和印第安人的友谊而举行的家庭宴会,以后这一习俗便一年又一年地沿袭下来,直至美国独立之后,感恩节才成为全国性节日。在节日里家人团聚,吃着传统风味的火鸡,畅谈往事,街上举行化装游行、戏剧表演和体育比赛。万圣节是美国式的狂欢节,每年10月31日夜晚,孩子们便戴上假面具,打扮成各种妖魔鬼怪的模样,提着把南瓜掏空后做成的“杰克灯”挨家挨户乞食。大多数人家都非常乐于接待这些小客人,小客人常常口念着“给我糖果,否则我要捣蛋了”,而兜里则塞满了各式各样的糖果。

2. 服饰

崇尚自然、偏爱宽松、讲究着装、体现个性是美国人穿着打扮的基本特征。正式场合或上班时女性以裙装为主,男性穿深色西服并佩戴领带,参加宴会或舞会时穿燕尾服、晚礼服。

拓展知识②

美国人虽然在着装方面较为随便,但与美国人交往时,还是应注意下列事项:第一,美国人非常注意服装的整洁,十分重视着装的细节;第二,拜访美国人时,进

① 朱彩云. 旅游服务礼仪. 郑州:郑州大学出版社,2006:106.

② 薛建红. 旅游服务礼仪. 郑州:郑州大学出版社,2006:165.

了门一定要脱下帽子和外套；第三，在美国女士最好不要穿黑色皮裙，最好不要随便在男士面前脱下自己的鞋子；第四，美国人认为出入公共场所时浓妆艳抹，或是在大庭广众之下化妆、补妆，都是缺乏教养的表现。

3. 饮食

美国人的口味比较清淡，饮食追求快捷方便，注重营养而不是口味，喜食“生”、“冷”、“淡”的食物。美国人以肉、鱼、蔬菜为主食，面包、面条、米饭为副食，牛肉是他们的最爱，鸡肉、鱼肉也受欢迎。主要烹调方式是煎、炸、炒、烤，喜欢在用餐时根据自己的口味选择盐、胡椒粉、番茄沙司、辣椒粉做调料。喜欢用水果做辅料，爱吃水果沙拉、蔬菜沙拉。美国人喜欢喝牛奶、咖啡、冰水、可口可乐、啤酒、威士忌、白兰地，还喜欢在饮料中加冰块，但不喜欢饮茶。

（三）禁忌

1. 数字禁忌

在美国最忌讳的数字是“13”和“3”，日期是“星期五”，认为“13”这个数字是凶险或不吉利的，若恰逢13日又是星期五，则认为是“凶日”，被称为“黑色的星期五”。

2. 颜色禁忌

忌讳黑色，因为黑色在美国主要用于丧葬活动。美国人最喜爱的色彩是白色。

3. 礼品禁忌

美国人特别忌讳赠送带有公司标志的便宜礼物；忌讳以白色百合花作为礼物送人；忌讳向妇女赠送香水、衣物和化妆用品；忌讳送厚礼，怀疑你另有所图。

4. 动物图案禁忌

美国人忌讳蝙蝠图案，认为是吸血鬼与凶神的象征；黑猫被视为不祥之物，白象则被喻为无用而累赘之物，故送人玩具或工艺品时应避开这些形象。白头雕亦名白头鹰或秃鹰，是美国人最珍爱的飞禽。白猫是美国人喜欢的宠物。

5. 饮食禁忌

忌讳吃各种动物的趾及内脏等，忌讳吃狗肉、猫肉、蛇肉、鸽肉、淡水鱼与无鳞无鳍的鱼。生蒜、韭菜、皮蛋他们也不爱吃。美国人用餐时不允许发出声响、不允许替他人取菜、不允许向别人劝酒、不允许吸烟、不允许当众脱衣解带、不允许议论令人作呕之事。

6. 交谈禁忌

美国人不习惯自谦，常把过谦视为虚伪、口是心非、装腔作势。忌讳盯视他人、冲别人伸舌头、用食指指点他人等体态语言。忌讳他人打探其个人隐私。与美国黑人打交道既要少提“Negro”（黑种人）这个词，也不能打听对方的祖居之地。

二、加拿大

（一）基本概况

加拿大位于北美洲北部，总面积为998.47万平方公里，居民大部分是欧洲英法等国家移民的后裔，多数人信奉天主教与基督教，英语和法语为官方语言。首都渥太华，国花为枫叶，国树为枫树，货币名称为加元。

（二）风俗习惯

1. 社交

加拿大人既讲礼貌又喜欢无拘无束，十分容易接近。在加拿大与相识的人见面时要互相问候，通常行握手礼，即便是互不相识的人见面也会主动向对方打招呼、问好。在一般场合往往喜欢直呼其名而且省去其姓。在非常正式的情况下，连姓带名一同称呼对方，并且冠以“先生”、“小姐”、“夫人”之类的尊称。在官方活动中，要称呼对方的头衔、职务或学位。与加拿大人交往不必过于自谦，不然会被误认为虚伪和无能。

2. 服饰

在日常生活里加拿大人的着装以欧式为主。在正式场合男子一般穿西装，女子一般穿裙装。参加社交活动时他们往往要穿礼服或时装，男子必须提前理发、修面，妇女们则无一例外地要进行适当的化妆，并选戴一些首饰。每逢节假日，尤其是在欢庆本国的传统节日时，加拿大的各民族大都有穿着自己传统民族服装的习惯。

3. 饮食

在一般情况下，加拿大人对法式菜肴比较偏爱，并且以面包、牛肉、鸡肉、鸡蛋、土豆、西红柿等为日常之食。在口味方面，喜食酸甜、清淡、不辣的食品。在烹制菜肴时极少直接加入调料，而是上桌后由用餐者自由选择调味品。加拿大人特别爱吃烤制的食品，烤牛排、羊排、鸡排、土豆都是他们喜爱吃的。此外，他们也爱吃野味。总体上他们以肉食为主，爱吃奶酪和黄油。在用餐之后，他们喜欢吃一些水果。在饮料方面，咖啡、红茶、牛奶、果汁、矿泉水都受到欢迎。

特别提示①

由于加拿大是一个移民国家，所以也拥有丰富多彩的饮食文化。其中，“三不”饮食文化便别有一番情趣。

一是不设烟酒。对于中国人来讲，不论是在家里还是到酒店招待朋友吃饭，一

① http://www.xici.net/d101145798.htm.

般都离不开烟酒,否则就有怠慢之嫌。然而,在加拿大请客吃饭则都不设烟酒招待客人。因为,在加拿大有禁烟规定,并且必须是16岁以上者方可购买香烟。在联邦政府大楼、电梯、银行、商店、学校及多数公共场所吸烟都是违法的。如发现有人在酒楼、餐馆吸烟不加制止或者是纵容其吸烟,那么经法院判决成立,最高可处以酒楼、餐馆5 000加元罚款。同时,对于酒也是如此。如阿尔伯塔省规定,19岁以上的人方可买酒,而烈性白酒则被禁止出售。另外,餐厅、酒吧只可以在上午11时到凌晨的1时卖酒,饮酒者只能在领有酒牌的地方或住宅内喝酒。在这些地方以外饮酒都是违法的。

二是不吃热食。热食是中国饮食文化的一大特色,一般是现烧现炒趁热吃,弄几碟冷盘,也只是供饮酒时用。而加拿大的饮食文化则大不相同,尤其喜欢吃冷食,但冷盘菜肴则又很少见到。一般是主人先将各式菜肴烧好,用碗、盘、碟等器皿盛好后,依次将各式菜肴摆在厨房内的餐桌台上,待客人到齐后,供客人们享用。

三是不排桌席。在加拿大,宴请是不安排桌席的。通常是客人们手拿一次性使用的塑料餐盆和叉子,一个个排在摆满饭菜的台前,然后自己动手随意选取自己喜爱吃的食物和菜肴,最后自找地方用餐。因为不排桌席,所以客人们取好饭菜后,各奔东西,有坐有站,随随便便,无拘无束。如自感腹中没有吃饱,还可以再去取食。食毕,将一次性餐具扔到存放废物的大塑料口袋中。

(三)禁忌

1. 数字禁忌

忌讳数字“13”、日期“星期五”,“13”被视为厄运之数,“星期五”则是灾难的象征。

2. 颜色禁忌

加拿大人一般不喜欢黑色和紫色。红、白两种色彩则深得加拿大人的广泛喜爱,并且被正式定为加拿大的国色。白雪在加拿大人的心目中有着崇高的地位,并被视为吉祥的象征和避邪之物。

3. 花卉禁忌

加拿大人忌讳以白色的百合花送人,因为它会给人带来死亡的气氛,人们习惯用它来悼念死人。

4. 饮食禁忌

忌食肥肉、动物内脏、腐乳、虾酱以及其他一切带有腥味、怪味及奇形怪状的食物;忌食脚爪;也不爱吃辣味菜肴。

5. 交谈禁忌

与加拿大人交谈时,要避免谈死亡、灾难、性等方面的问题。与加拿大土著居民交往时千万不要自以为聪明地将其称为“印第安人”或“爱斯基摩人”，前者被认为暗示其并非土著居民，后者的本意则为“食生肉者”，因而具有侮辱之意。也不能探讨魁北克的独立问题，更不能评说英裔加拿大人和法裔加拿大人的矛盾，或是大谈美国的优点和长处。

第四节 非洲

一、埃及

（一）基本概况

埃及的全称是阿拉伯埃及共和国，位于非洲东部，是地跨亚、非两洲的国家，大部分国土位于非洲的东北，面积100.2万平方公里。居民主要是阿拉伯人，此外还有科普特人、贝都因人和努比亚人等多个民族。主要宗教是伊斯兰教，埃及宪法规定伊斯兰教为国教。首都开罗，国花为莲花，阿拉伯语为官方语言，货币名称为埃镑。

（二）风俗习惯

1. 社交

在人际交往中，埃及人所采用的见面礼节主要是握手礼，最广泛使用的问候是“祝你平安”、“真主保佑你”、“早上好”、“晚上好”等。在埃及学生称老师为“爸爸”、“妈妈”，老年人将年轻人称为“儿子”、“女儿”，穆斯林之间互称“兄弟”，其实二者并没有血缘关系，只是表示尊敬或亲切。和埃及人打交道应注意三点：其一，事先要预约；其二，穆斯林家中的女性，尤其是女主人是不待客的；其三，就座之后，切勿将足底朝外，更不要朝向对方。

2. 服饰

在大城市中埃及人的着装打扮早已与国际潮流同步，然而普通百姓，尤其是上了年纪的人着装观念依旧保守。从总体上讲，埃及人的着装主要是长衣、长裤、长裙。

特别提示①

按伊斯兰教教义，妇女的“迷人之处”是不能让丈夫以外的人窥见的。即使是同性之间，也不应相互观看对方的私处，因此，短、薄、透、露的服装是禁止的。哪怕是婴儿的身体也不应无掩无盖，街上也不见公共澡堂。在埃及，看不见袒胸露背或

① http://www.17u.com/wd/showguide/576285.

穿短裙的妇女,也遇不到穿背心和短裤的男人。虽然埃及人对外国人是宽容的,不像某些伊斯兰国家那么严厉,但必须提醒一点,在埃及穿背心、短裤和超短裙是严禁到清真寺去的。

3. 饮食

埃及人的主食为不发酵的面饼,爱吃鸡肉、鸭肉、羊肉、土豆、萝卜、豌豆、茄子、南瓜、西红柿、洋葱等,不喜油腻,口味清淡,爱吃又甜又香的东西。在饮料上,埃及人酷爱酸奶、茶和咖啡。待客时对于主人所上的茶水,客人必须喝完,要是杯中遗留了一些茶水是会触犯埃及人的禁忌的。

(三)禁忌

1. 数字禁忌

忌讳最令人晦气的数字“13”,喜欢数字“5”和“7”,认为“5”会带来吉祥,“7”则意味着完美。

2. 颜色禁忌

埃及人忌黑色、蓝色和黄色,认为黑色是不祥的色彩,蓝色是恶魔,黄色是不幸的象征。埃及人最喜欢被称为“吉祥之色”的绿色与“快乐之色”的红色。

3. 动物图案禁忌

对于绘有星星、猪、狗、猫以及熊猫图案的衣服,埃及人是绝对不会穿的,因为有悖于他们的习俗。

4. 饮食禁忌

埃及人忌喝酒,忌食猪肉、海味和各种动物的内脏(肝除外)以及奇形怪状的食物。吃饭时不与人谈话,喝热汤及饮料时禁止发出声响,食物入口后不可复出,而且忌讳用左手触摸食具和食品。

5. 交谈禁忌

与埃及人交谈时,不要称道埃及人的物品,他们会认为你想索要;切勿夸奖埃及妇女身材窈窕,因为埃及人以体态丰腴为美;不要与埃及人讨论宗教纠纷、中东政局。

6. 其他禁忌

针在埃及是贬义词,每日下午3时至5时是严忌买针和卖针的时间,以避“贫苦”和“灾祸”。

拓展知识[①]

针是缝衣的工具,几乎是家家必备的日常用品,但在埃及人的心目中却有几分

① http://www.easytour.cn/Home/Information/InformationContent/4213.

神秘的色彩。每天下午3—5点,埃及人绝不卖针,这已成为他们生活中的一条不成文的戒律。据传说,每天的这个时间里,有天神下凡赐给人们一些生活必需品,但天神要亲自体察人们各自的境遇。越是富有的人,得到的赏赐会越多;越是穷的人,所得的赏赐则越少。而穷人整天总是穿针引线,缝缝补补,为了使穷人得到的赏赐多一些,免于窘困终身,所以人们在这个时候绝不卖针。

在这个神话传说的影响下,埃及的一些人甚至连夜晚也不敢做针线活,否则认为会给自己的母亲带来灾祸。农村里有些妇女把借针也看做忌讳之事,在非借不可时,出借人要把针插在面包里递给借针人,借针人也不敢当面用手把针取出来。

针有时也成为一些妇女相互对骂的口头语,如果一个妇女被人骂做针,那她便如同受了奇耻大辱,痛不欲生。

如今,针在埃及人的心目中仍有其独特的、传奇般的地位,对针的忌讳也沿袭下来,成为埃及民间的一个习俗。

二、南非

(一)基本概况

南非的全称是南非共和国,位于非洲大陆的最南端,全国总面积为122万平方公里。南非居民可分为黑人、白人、有色人和亚洲人(主要是印度人与华人)四大种族,主要宗教为基督教。与众不同的是南非拥有三个首都,他们分别是行政首都比勒陀利亚、立法首都开普敦、司法首都布隆方丹。南非官方语言为英语,国花是帝王花,货币名称为兰特。

(二)风俗习惯

1. 社交

南非社交礼仪可以概括为“黑白分明”、“英式为主”。“黑白分明”是指受到种族、宗教、习俗的制约,南非的黑人和白人所遵从的社交礼仪不同;“英式为主”是指在很长的一段历史时期内,白人掌握南非政权,白人的社交礼仪特别是英国式社交礼仪广泛地流行于南非社会。

以目前而论,在社交场合南非人所采用的见面礼节主要是握手礼,称呼则主要是“先生”、“小姐”或“夫人”。在黑人部族中,尤其是广大农村,南非黑人往往会表现出与社会主流不同的礼仪风格,比如,他们习惯以鸵鸟毛或孔雀毛赠予贵宾,客人此刻得体的做法是将这些珍贵的羽毛插在自己的帽子上或头发上。

2. 服饰

在城市中,南非人的着装已经基本上西方化了,在一些正式场合,他们都讲究着装端庄、严谨,穿样式保守、色彩偏深的套装或裙装。而在日常生活中,他们大多也爱穿休闲装，并且对色彩艳丽的衣服更为偏爱一些。南非黑人通常还有穿着本民族服装的习惯，不同部族的黑人在着装上往往会有自己不同的特点。

3. 饮食

南非当地白人平日以吃西餐为主，经常吃牛肉、鸡肉、鸡蛋和面包，爱喝咖啡与红茶；黑人喜欢吃牛肉、羊肉，但是一般不吃猪肉、鱼肉，主食是玉米、薯类、豆类，不喜生食，爱吃熟食。南非最著名的饮料是被称为“南非国饮”的“如宝茶”。在南非黑人家做客，主人一般送上刚挤出的牛奶或羊奶，有时还会献上以高粱自制而成的、风味独特的啤酒，遇到这种情况，一定要多喝，最好一饮而尽。

（三）禁忌

1. 数字禁忌

最忌讳数字“13”，对于“星期五”，特别是与13日同为一天的“星期五”他们更是讳言忌提，并且尽量在这一天避免外出。

2. 交谈禁忌

不要说negro和black强调肤色不同，这是在南非最大的禁忌；也特别忌讳外人对南非黑人的祖先在言行上表现出失敬。因此在南非交谈要注意以下四点：不要非议黑人的古老习俗；不要评论不同部族或派别之间的关系及矛盾；不要为白人评功摆好；不要为对方生了男孩而表示恭贺。

3. 行为禁忌

在南非跟当地人交谈或碰面的时候，不能目不转睛地瞪着对方，因为他们认为被瞪看的人不是灾祸必至，就是死神要找上他。与南非人握手时如果握得有气无力，表示毫无诚心，虚情假意，他们会生气的，他们认为用力的程度跟对方好意的程度是成正比的。

4. 其他禁忌

在许多黑人部族里，妇女的地位比较低下，被视为神圣宝地的一些地方，诸如火堆、牲口棚等处是禁止妇女接近的。

第五节　大洋洲

一、澳大利亚

（一）基本概况

澳大利亚全称是澳大利亚联邦，位于南半球，在太平洋西南部和印度洋之间，面积768万平方公里。居民大多是英国及其他欧洲国家移民的后裔，还有一些土著人、华人。信奉的主要宗教是基督教，也有信奉犹太教、佛教和伊斯兰教的。首都堪培拉，通用英语，国花为金合欢花，货币名称为澳元。

（二）风俗习惯

1. 社交

澳大利亚人在待人接物方面的总体特征是人情味很浓，朴实无华。澳大利亚人见面时喜欢热烈握手，表示亲热。在正式场合一般称呼用全称，有时冠以“先生”、“女士”或“小姐”。关系亲密的男性相见时可亲热地拍打对方的后背，女性密友相逢常行亲吻礼。土著居民的见面礼仪是行勾手礼。

特别提示①

到澳大利亚进行商务活动的最佳月份是3—11月。澳大利亚是一个讲求平等的国家，人们不喜欢以命令的口气指使别人。他们把公和私分得很清楚，所以不要以为一起进过餐，生意就好做了。

澳大利亚不流行小费，但服务人员如果为你提供了额外的服务，可以给适当的小费，数目不宜多。到商店里买东西不要讨价还价。坐车不系安全带是违法的，小孩也要系安全带。大部分旅馆的电话拨0是外线，拨9是旅馆总机。

2. 服饰

澳大利亚人非常注重公共场所的仪表，男子大多数不留胡须。在极为正式的场合穿西装、套裙，平时一般着装大都是T恤、短裤、牛仔装、夹克衫等，喜欢戴一顶棒球帽来遮挡阳光。

3. 饮食

澳大利亚人主食是面包，一般喜欢英式西餐，口味清淡，不喜油腻，忌食辣味，对于牛肉、羊肉、鸡肉、鱼肉、禽蛋较为偏爱。不论西餐还是中餐，他们都习惯在餐桌上放很多调味品，自己调味。爱喝牛奶、咖啡、啤酒和矿泉水等饮料，也喜欢红茶和香片花茶。

（三）禁忌

1. 数字禁忌

忌讳数字“13”和“星期五”，认为“13”会给人们带来不幸和灾难。

2. 花卉禁忌

忌送菊花、杜鹃花、石竹花和黄颜色的花。金合欢花与桉树，是澳大利亚人最喜欢的花树，并且被视为澳大利亚的象征，因此它们分别被定为澳大利亚的国花与

① http://www.tripgarden.com/node/2000999.

国树。

3. 动物禁忌

澳大利亚人对兔子特别忌讳，认为兔子是一种不吉利的动物，人们看到它都会感到倒霉。最喜爱的动物是袋鼠和琴尾鸟。

4. 交谈禁忌

澳大利亚人忌将本国与英国处处联系在一起，不喜欢听“外国”或“外国人”这一称呼。“竖起大拇指”的手势被认为是粗鲁和不得体的。忌讳议论种族、宗教、工会和个人私生活以及等级、地位等问题。忌讳自谦的客套语言，认为这是虚伪和无能或看不起人的表现。

5. 饮食禁忌

一般来讲，澳大利亚人不吃狗肉、猫肉、蛇肉，不吃动物的头、爪和内脏，不吃辣味，个别人也不吃酸味。伊斯兰教徒恪守教规，禁食猪肉和使用猪制品。

6. 其他禁忌

在人际交往中，尽量不要拒绝澳大利亚人外出游玩的邀请，那会被视为极不礼貌的行为。

二、新西兰

（一）基本概况

新西兰地处澳洲，位于太平洋西南部，是一个岛国，面积27.05万平方公里，居民由欧洲移民后裔（其中大多是英国移民的后裔）以及毛利人、华人等民族组成，主要宗教是基督教和天主教。首都惠灵顿，通用英语，货币名称为新元。

（二）风俗习惯

1. 社交

新西兰人的见面礼仪主要有握手礼、鞠躬礼（抬头挺胸地鞠躬）、注目礼。习惯的握手方式是紧紧握手，目光直接接触。对于与自己身份相同的人在称呼姓氏时应冠以“先生”、“夫人”或“小姐”，但熟人间可直呼对方的名字，这样更为亲切。

新西兰人做人比较严肃寡言，并且很讲究绅士风度，在男女交往方面较为拘谨保守，并且有种种清规戒律。

拓展知识①

新西兰毛利人能歌善舞。男子跳舞时还用丰富的面部表情（吐舌头、瞪眼睛、

① www.gzwaishi.gov.cn.

做鬼脸等)来表达自己的心情;女性多头戴花环,腰系蒲草裙,用手的姿势及抖动方式来抒发自己的感情。他们对初次来访的尊贵客人盛情款待,主人要集合全部落的人,并用具有浓郁民族色彩的歌舞来欢迎宾客的到来。在这时候,客人要在手持刀剑的武士面前,拾起一块事先放置好的木块交给头人,以表示真诚的友谊。他们把水视为纯洁神圣之物,重要集会上都要举行泼水仪式,向参加者的身上洒清水,以此来互相祝福。他们以用“烧石烧饭”(即:将灶内鹅卵石烧红后,泼上一瓢冷水,再把盛有食物的铁丝筐放进灶里,先盖湿土,最后用稀泥糊严,经过数小时,饭即成熟)招待客人为最高礼仪。

2. 服饰

新西兰人比较注重服饰,正式盛大的集会大都穿深色西服或礼服,但在一般场合人们的穿着趋于简便,妇女打高尔夫球时都是穿裙子。

3. 饮食

新西兰人以米饭为主食,讲究菜肴花样,注重菜品量少质精,口味喜清淡。爱吃瘦肉、牛肉、羊肉、鸡肉、鱼肉,对炒、煎、烤、炸等烹调方法制作的菜肴偏爱,调料爱用咖喱、番茄酱、味精、胡椒粉等。特别喜欢喝葡萄酒、啤酒,国家对烈性酒严加限制。爱喝矿泉水、咖啡、红茶和香片花茶等饮料。

(三)禁忌

1. 数字禁忌

新西兰人讨厌“13”、“666”与“星期五”,他们把“13”视为凶神,无论做什么事情,都要设法回避“13”。

2. 交谈禁忌

新西兰人不干涉别人的事务,绝不说他人的坏话,私人事务避免触及。新西兰人对朋友的政治立场,宗教信仰等不闻不问,不愿谈论有关种族方面的问题,相互间话题多为运动。

3. 动物禁忌

在新西兰民间,一向有“勤奋的牧羊犬创造了新西兰”的说法。因此,若是对新西兰人谈论狗肉如何好吃,如何大补,定然会触怒对方。在所有动物之中,新西兰人最喜爱的是几维鸟和狗,小小的几维鸟,被新西兰人看做民族的化身,因而“晋升”为国鸟。

4. 行为禁忌

毛利人信奉原始宗教,相信灵魂不灭,对拍照、摄像十分忌讳。新西兰人视当众剔牙和咀嚼口香糖为不文明的举止,视当众闲聊、吃东西、喝水、抓头皮、紧裤带等为失礼的举止。在新西兰国内忌讳男女同场活动,即使看戏或看电影通常也分为男子场和女子场。

案例分享

国别习俗[1]

国内某家专门接待外国游客的旅行社,有一次准备在接待来华的意大利游客时送每人一件小礼品。于是,该旅行社订购制作了一批纯丝手帕,是杭州制作的,还是名厂名产,每个手帕上绣着花草图案,十分美观大方。手帕装在特制的纸盒内,盒上又有旅行社社徽,显得是很像样的小礼品。中国丝织品闻名于世,料想会受到客人的喜欢。

旅游接待人员带着盒装的纯丝手帕,到机场迎接来自意大利的游客。欢迎词致得热情、得体。在车上他代表旅行社赠送给每位游客两盒包装甚好的手帕,作为礼品。没想到车上一片哗然,议论纷纷,游客显出很不高兴的样子。特别是一位夫人,大声叫喊,表现极为气愤,还有些伤感。旅游接待人员心慌了,好心好意送人家礼物,不但得不到感谢,还出现这般景象。

思考题:

1. 中国人总以为送礼人不怪,这些外国人为什么怪起来了?

2. 欧洲国家的礼仪禁忌是什么。

"左撇子"的尴尬[2]

张女士是商务工作者,由于业务成绩出色,随团到中东地区某国家考察。抵达目的地后,受到东道主的热情接待,并举行宴会招待。席间,为表示敬意,主人向每位客人一一递上一杯当地特产饮料。轮到张女士接饮料时,一向习惯于"左撇子"的张女士不假思索,便伸出左手去接,主人见此情景脸色骤变,不但没有将饮料递到张女士的手中,而且非常生气地将饮料重重地放在餐桌上,并不再理睬张女士。

思考题:

1. 请分析上述案例,主人为什么会生气?张女士应该怎样做?

2. 在考察其间,张女士还应该注意哪些礼仪禁忌?

---

① 王连义.怎样做好导游工作.1版.北京:中国旅游出版社,1993.

② 陆永庆.旅游交际礼仪.大连:东北财经大学出版社,2001.

客人生气了①

张红是某旅行社的导游，在她刚参加工作的一段时间里，许多亲身经历让她深刻体会到了解不同国家、民族礼仪习俗的重要性。有这样一次接待工作让她记忆犹新。张红被安排带领一个泰国旅行团游览。某天，张红带两名成员乘坐出租车外出购物回到入住的宾馆，门童看到出租车停靠在宾馆大门口，就首先打开后排右座的车门，然后一手做好护顶，请客人下车。此时，张红突然意识到没有跟门童解释，这两位是泰国客人，但是为时已晚。两名客人满面怒容，向张红大声抱怨着，而门童也是非常疑惑，到底发生了什么。

思考题：

1. 客人为什么会向张红大声抱怨？
2. 在接待泰国客人时应该注意什么？

思考与练习

1. 日本人的社交有哪些风俗习惯？
2. 与德国人交往应注意什么？
3. 美国人的见面礼节有哪些？
4. 与埃及人打交道应注意什么？
5. 新西兰人饮食有什么习惯？

① 张红，李天顺. 旅行社经营管理实例评析（第1版）. 天津：南开大学出版社，2000.

责任编辑:陈　志

图书在版编目(CIP)数据

旅游接待礼仪/吕欣主编. —北京:旅游教育出版社,2011.10
新编高职高专旅游管理类专业规划教材
ISBN 978-7-5637-2229-7

Ⅰ.①旅…　Ⅱ.①吕…　Ⅲ.①旅游业—礼仪—高等职业教育—教材
Ⅳ.①F590.63

中国版本图书馆 CIP 数据核字(2011)第 167548 号

新编高职高专旅游管理类专业规划教材

旅游接待礼仪

吕　欣　主编

韩　枫　裴智君　副主编

出版单位	旅游教育出版社
地　　址	北京市朝阳区定福庄南里 1 号
邮　　编	100024
发行电话	(010)65778403 65728372 65767462(传真)
本社网址	www.tepcb.com
E-mail	tepfx@163.com
印刷单位	北京中科印刷有限公司
经销单位	新华书店
开　　本	787×960　1/16
印　　张	19.375
字　　数	309 千字
版　　次	2011 年 10 月第 1 版
印　　次	2011 年 10 月第 1 次印刷
定　　价	33.00 元

(图书如有装订差错请与发行部联系)